MAAN KORVEN MATKALAISET

Kainuun herännäisyyden juurilla

Kerttu Kokkonen

© 2019 Kerttu Kokkonen
Kansi: Books on Demand
Kustantaja: BoD – Books on Demand, Helsinki, Suomi
Valmistaja: BoD – Books on Demand, Norderstedt, Saksa
ISBN: 978-952-80-7711-4

Sisällysluettelo

Lukijoille

Maan korven matkalaiset -kirja on uusittu ja laajennettu painos aikaisemmasta kirjastani *Kotimaallensa matkaavaiset,* jota pienenä painoksena oli yleisesti myytävänä vähän. Kirjat pohjautuvat lisensiaattityöhöni *Uuden ja vanhan herännäisyyden kohtaaminen*[1]. Niiden nimet on otettu Siionin virsistä.[2]

Olen kiitollinen Helsingin yliopiston professorille Kaarlo Arffmanille, jolta aikoinaan sain tämän aiheen. Kiitän häntä sekä professori Jouko Talosta, Kyllikki Tiensuuta ja silloista dosenttia Ilkka Huhtaa heidän kärsivällisestä ohjaamisestaan lisensiaattityöni aikana. Olen kiitollinen Jouko Talosen jatkokoulutusseminaarissa saamastani evästyksestä tätäkin kirjaa varten. Ei riittänyt vain edellisen kirjan pieni korjaileminen, vaan siihen tuli lisätä varsinkin kirkkoon ja yhteiskuntaan liittyvää ainesta. Kiitän ystäviäni ja sukulaisiani suuresta avusta töitteni aikana.

Apua olen siis saanut monessa muodossa. Toivottavasti se koituu hyödyksi ja iloksikin myös Teille, Lukijat!

Suomussalmella 23.7.2019.
Kerttu Kokkonen

---

[1] *Kokkonen* 2010.
[2] *SV* 2017, 9:1 ja 59:2.

Johdanto

Tehtävä ja lähteet

Pohjanmaalla ja Savossa esiintyi pietistisiä herätyksiä 1700–1800 -lukujen vaihteessa. Niistä muotoutunut herännäisyys kuitenkin laantui siellä hajaannuksen myötä 1800-luvun puolivälissä. Kainuussa, jonne herännäisyys myös levisi, oli sitä vielä 1900 luvullakin.

Vanhoilla herännäisalueilla esiintyi taas uusia herätyksiä 1800-luvun lopulla. Niiden vaikutuksesta herännäisyys uudistui niin, että puhutaan uudesta herännäisyydestä. Sekin levisi 1890–1930-lukujen vaihteessa Kainuuseen. Liike on uudistunut jatkuvasti, mutta ei niin ratkaisevasti kuin 1800-luvun lopulla.[3]

Työssäni olen etsinyt vastauksia muun muassa seuraaviin kysymyksiin: Miten vanha ja uusi herännäisyys tulivat Kainuuseen? Miten ne erosivat toisistaan? Miten niiden kohtaaminen sen eri paikkakunnilla tapahtui? Mitä seurauksia kohtaamisilla oli? Miten heränneet elivät ja osallistuivat kirkon ja yhteiskunnan toimintaan?

Kirja etenee aikajärjestyksessä ja seurakunnittain. Johdannossa, kirjan ensimmäisessä luvussa selvitän Kainuun olosuhteita ja herännäisyyteen johtaneita herätyksiä. Toisessa luvussa on esillä vanhan herännäisyyden leviäminen Kainuuseen 1800-luvulla, kolmannessa luvussa vanhat ja uudet heränneet 1800–1900-lukujen vaihteessa ja neljännessä luvussa heränneet 1920- ja 1930-luvuilla. Viidennessä luvussa on käsiteltävänä Kainuun kansanopisto ja sen merkitys seurakunnille, kuudennessa luvussa heränneiden lehdet ja kirjat.

Merkittävimpiä lähteitäni ovat olleet seurakuntien kirkolliset ilmoitukset ja kokousten pöytäkirjat, piispantarkastuspöytäkirjat sekä synodaali- ja kirkolliskokouksille laaditut yleiskertomukset[4]. Käytössäni on ollut kirjeitä, joista olen ottanut paljon lainauksia. Suomen kirkkohistorian laitoksen 1960- ja 1970-luvuilla toimeenpaneman ja ylioppilaiden toteuttaman Kirkollisen kansanperinteen yleiskyselyn tiedoilla[5] on ollut työlleni iso merkitys, vaikka "aika on kullannut muistot". Myös itse olen haastatellut muutamia henkilöitä.

---

[3] *HK* 1998, 369. Ilkka Huhta: Körttiläisyyden muuttumattomuus on myytti.
[4] OMA. Seurakuntien piispantarkastuspöytäkirjat ; TUMA K Tilastot. Yleiskertomus seurakunnista synodaali- ja kirkolliskokoukselle 1927–1931, 1932–1936, 1937–1941.
[5] SKS KKA XVIII, XIX, XX.

Kirjallisuudestani mainittakoon *Mauno Rosendalin* Suomen herännäisyyden historia XIX:llä vuosisadalla I—III[6], *Olavi Kareksen* Heränneen kansan vaellus III[7], *Viljo Remeksen* Herännäisyyden nousu ja hajoaminen[8], *Olavi Moilasen* Elämän puhuteltavana[9], *Antero Heikkisen* Kainuun historia III[10], *Jorma Keräsen* Paltamon seurakunnan historia ja Kirkko Kainuussa 450 vuotta[11], *Panu Pulman ja Oiva Turpeisen* Kajaanin historiasta kertova kirja, Pikkukaupungin unelmia[12], *Kaarlo Arffmanin* Ristijärveläisen uskon historia[13], joka on eripainos Ristijärven Historia - kirjasta, *Toivo Hyyryläisen* tutkimukset Säräisniemi—Vaalan ja Puolangan seurakuntien historiasta[14], *Jussi Järvilehdon* pastoraalityö kiertokoulunopettaja Paavo Lassilasta[15], *Matti Malisen* pro gradu -tutkielma ristijärveläisestä herätysjohtajasta Matti Mikkosesta[16] ja *Maire Tuovisen* laudaturtutkielma Kajaanin kirkollisista herätysliikkeistä 1900-luvulla.[17]

Lehdistä ovat mainittavimpia *Hengellinen Kuukauslehti* sekä sanomalehdet *Kajaani* ja *Kainuun Sanomat*.

Kajaanin lääni, Kajaanin kihlakunta, Kainuu

Keskiajalla Kainuu tarkoitti Perämeren rannikkoa. Vuonna 1739 Kajaanin kirkkoherra *L. H. Backman* käytti Kainuu-nimeä nykyisestäkin Kainuusta käsikirjoitukseksi jääneessä kirjassaan Totuudenmukainen kertomus Kajaanin linnan ja seurakunnan tilasta. Siinä hän toteaa: "Kajaanin lääni, jota vanhastaan on kutsuttu nimellä Cainoa, Cainuhun maa, on muinaisuudessaan ollut Lapinmaata."[18]

Myös *Eino Leino* oli ensimmäisiä Kainuu-nimen käyttäjiä. Hän kirjoitti 12-vuotiaana vuonna 1890: "Mä vuorel´ seison Vuokatin, ihailin maisemaa, ihastuin sekä huudahdin: "Oi kaunis Kainuunmaa!" Kainuu-nimi tuli tunnetuksi *Ilmari Kiannon* kirjoittamasta Nälkämaan laulusta, jossa lauletaan: "Kainuhun kansa, ah

---

[6] *Rosendal* 1902, 300—318; 1912, 485; 1915,315—366.
[7] *Kares* 1947, 35—104.
[8] *Remes* 1995.
[9] *Moilanen* 1987.
[10] *Heikkinen* 1986.
[11] *Keränen* 2009.
[12] *Keränen* 1977, 230—244; *Pulma* 1994, 252—256.
[13] *Arffman* 2004.
[14] *Hyyryläinen* 1973, 1979, 1985.
[15] *Järvilehto* 1954.
[16] *Malinen* 2004.
[17] *Tuovinen*, 1971.
[18] *Vilkuna* 1957, 17—18; *Heikkinen* 1986, 15.

arpasi lyö". Kajaanin maanviljelysseura oli tilannut sen sanat omaa lauluaan varten. Kajaanin maanviljelysseuran sihteeri Hugo I. Linna ja laulun säveltäjä Oskari Merikanto lyhensivät ja muokkasivat sitä. Esimerkiksi sanat: "Nosta jo rintaasi maausko uus" olivat Kiannon mukaan "Nosta rintaasi uskonto uus". Laulu laulettiin ensimmäisen kerran 21.12.1911 Kajaanin maanviljelysseuran kokouksessa. Seppälän maamieskoululla. Kainuun maalaisliiton piirijärjestön lehden, *Kainuun Sanomien* alettua ilmestyä vuonna 1917, Kainuu-nimi yleistyi. Se vakiintui maailmansotien välillä maakuntatietouden vahvistuttua.[19]

Kainuun historia on ollut monivaiheinen. Vuonna 1555 perustettiin nykyisen Länsi-Kainuun alueelle Oulujärven erämaan pitäjä ja vuonna 1559 sitä vastaava kirkkopitäjä. Sodan aikana autioitunut seutu kuului vuosina 1585–1599 entiseen emäseurakuntaansa Liminkaan. Ruotsin saatua alueen Täyssinän rauhassa vuonna 1596 pitäjä ja seurakunta perustettiin uudelleen vuonna 1599. Nimi muuttui pian Kajaanin pitäjäksi. Sen keskuksena oli pienen Kajaanin vieressä oleva Paltamo, nykyinen Paltaniemi. Kajaanin pitäjä jaettiin vuonna 1647 Paltamoksi ja Sotkamoksi. Vuonna 1786 erotettiin Paltamon pohjoisosasta Hyrynsalmi. Tällöin Paltamo, Sotkamo ja Hyrynsalmi muodostivat Kajaanin kihlakunnan ja Kajaanin rovastikunnan. Sitä sanotiin Kajaanin lääniksikin, vaikka se kuului Oulun lääniin.[20]

Sotkamon kappeliksi erotettiin Kuhmoniemi (Kuhmo)[21] vuonna 1854, Paltamon kappeleiksi Säräisniemi vuonna 1779 ja Kajaani vuonna 1786. Hyrynsalmen kappeleiksi tulivat samana vuonna Puolanka ja Kianta (Suomussalmi)[22] sekä vuonna 1805 Ristijärvi. Näistä muodostui myöhemmin itsenäisiä seurakuntia. Seurakuntien itsenäistymisajankohdat olivat seuraavat: Paltamo 1559, Sotkamo 1647, Hyrynsalmi 1786, Kianta (Suomussalmi) 1856, Kuhmoniemi (Kuhmo) 1856, Säräisniemi 1864, Puolanka 1867, Vuolijoki 1897, Ristijärvi 1921 ja Kajaani 1925.[23]

---

[19] Http://www.kainuunliitto.fi/nalkamaan laulu. *Heikkinen* 1986, 12, 15–16, 11–113; 1998, 17.
Antero Heikkinen käyttää kirjansa alussa enemmän Kajaanin läänin kuin kihlakunnan nimeä.
[20] *Heikkinen* 1986, 12, 123; *Keränen* 2009, 9–11, 69; Liite 1.
[21] Vuonna 1935 alettiin Kuhmoniemestä käyttää nimeä Kuhmo. *Väisänen* 2002, 116. Se tuli viralliseksi vuoden 1937 alussa. https://fi.wikipedia.org/wiki/Kuhmo
[22] Vasta 12. lokakuuta 1867 pidetyssä Suomussalmen ensimmäisessä kuntakokouksessa päätettiin, että Suomussalmella siirrytään kunnallishallintoon 1. tammikuuta 1868. Kirkko ja kunnallishallinto erotettiin toisistaan ja samalla kunnan nimi muutettiin Kiannasta Suomussalmeksi.
https://fi.wikipedia.org/wiki/Suomussalmi.
[23] *Colliander* 1910, 136, 200, 301, 488, 544, 593, 661, 674, 684; *Keränen* 1977, 50–51; *Heikkinen* 1986, 12, 123; *Arffman* 2004, 501; *Rönkä* 2009, 14, 15. *Keränen* 2009, 9–11, 69; Liite 1.

Vuonna 1726 Johan Simonpoika Knubbin johdolla valmistunut Paltaniemen kuvakirkko sisältä. Alttaritaulun on maalannut vuonna 1727 Margareta Capsia. Kattomaalaukset ovat Emanuel Granberg vuosina 1778–1781 maalaamia.[24] (Kainuun Opiston arkisto)

Kun Suomi vuonna 1554 jaettiin hiippakunnallisissa hallinnossa Turun ja Viipurin hiippakuntaan, Pohjois-Suomi kuului Turun hiippakuntaan. Vuonna 1851 perustettiin Kuopion hiippakunta, johon myös Kajaanin rovastikunta kuului. Piispanistuin oli aluksi Kuopiossa, mutta vuodesta 1900 lähtien Oulussa. Siitä tuli vuonna 1923 Oulun hiippakunta. Kuopion hiippakunta perustettiin uudelleen vuonna 1939, ja sen pääkaupungiksi tuli Kuopio.[25]

Kainuu oli vielä 1850-luvulla miltei tietöntä aluetta. Vesistöt olivat tärkeimpiä kulkureittejä. Tiet olivat pääasiassa talviteitä, joista merkittävin oli Paltamosta Suomussalmelle johtava tie. Vuoden 1828 lopulla saatiin tehdyksi valtion varoilla ajokuntoinen maantie Iisalmesta Kajaaniin. Venäjän keisari Aleksanteri I oli tehnyt sen rakentamiseksi aloitteen nähtyään huonot tieyhteydet Kainuuseen. Teiden teko pääsi vauhtiin 1800-luvun puolivälissä. Sotkamon ja Kuhmon välinen maantie valmistui vuonna 1868 ja Paltamon ja Hyrynsalmen välinen maantie vuonna 1870.[26]

Kainuuta on nimitetty myös *Nälkämaaksi*, koska siellä on nähty suoranaista nälkää. Vuonna 1791 siihen ja sitä seuranneisiin tauteihin kuoli kainuulaisista 10 prosenttia. (Normaalikuolleisuus oli 2–3 prosenttia.). Vuosina 1832–1833, joita

[24] Http://fi.vikipedia.org/wiki/Paltaniemen kuvakirkko.
[25] *Talonen* 1988, 36; *Murtorinne* 1992, 224–225, 318–319 ja 1995, 156–157.
[26] *KS* 22.1.1921. Kainuuta ei ole oikeus enää syrjäyttää; *Kares* 1947, 43; *Turpeinen* 1985, 174, 175; *Malinen* 2004, 5, 25; *Romppanen* 2008, 28.

sanottiin "moruvuosiksi" tai "suureksi moruksi", kuolleisuus oli 14 prosenttia. Vuosina 1857–1858, joita nimitettiin jäkälävuosiksi, koska silloin Elias Lönnrot yritti huonolla menestyksellä opettaa asukkaita valmistamaan pettuleivän sijasta jäkäläleipää, kuolleisuus oli 10 prosenttia, samoin nälkävuosina 1866–1868. Sotkamossa kuoli tällöin asukkaista 20 prosenttia. Syynä tämän Kainuun vauraimman kunnan korkeaan kuolleisuuteen olivat köyhäintalot, joiden epähygienisissä tiloissa punatauti, lavantauti ja pilkkukuume levisivät. Myöhemmin, kun Kainuuseen voitiin järjestää avustuskuljetuksia muualta, kuolleisuutta oli vähemmän.[27]

Elias Lönnrotin mukaan "korkean esivallan" toimet olivat riittämättömiä Suomen nälänhädän lievittämiseksi. Oiva Turpeisen mukaan myös nälkiintyneet kerjäläislamat olivat joukkokuolemien syynä. Kun talonpojat eivät voineet palkata palvelijoita, näistä tuli kerjäläisiä. Sairaina paikasta toiseen liikkuessaan ja ruokaa kerjätessään he levittivät tauteja varsinkin maanteiden lähistöllä asuviin.[28]

Herännäisyyteen johtaneita herätyksiä

Pietististen herätysten lähtökohtana on pidetty Länsi-Euroopassa 1600-luvulla alkanutta yksilöllisyyden korostamista. Puhdasoppisuuden aikana oli kirkon piirissä painotettu oikeaa oppia, yhteisöllistä uskoa ja jumalanpalveluksiin osallistumista. Nyt ne eivät enää sielun pelastumiseen riittäneet. Jokaisen tuli saada herätys ja omakohtainen usko, joka johti kilvoitteluun ja hurskaaseen elämään. Saksalaisten pietistien Johann Arndtin, Philip Jacob Spenerin ja August Herman Francen kirjat levittivät tätä tietoa. Suomessa pietismi eteni lukutaidon lisääntymisen myötä. Seurakuntalaisia alettiin jakaa "uskovaisiin" ja "suruttomiin".[29]

Juha Siltala on pitänyt ihmisen sisäistä ja ulkoista ahdistusta yhtenä herätysten taustatekijänä. Nälkä- ja kuolonvuosien lisäksi sitä saivat aikaan sota, venäläisten miehitysaika sekä muuttuneet elämäntavat ja katsantokannat. Oiva

---

[27] Calamnius 1912, 89, 99–108; Turpeinen 1985, 57–75; Heikkinen 1986, 215–217; Turpeinen 2002, 9, 34–51; Malinen 2004, 9–10; Romppanen 2008, 54–60, 221.
[28] Heikkinen 1986, 20; Turpeinen 1985, 98, 1986, 40–73, 2002, Kainuu Nälkämaana, 44–45.
[29] Keränen 1977, 193–195; Siltala 1992, 169; Arffman 2004, 452–453; Malinen 2004, 25.

Turpeinen on todennut, että kun hätä nähtiin Jumalan rangaistuksena, ajateltiin, ettei entinen usko enää riittänyt. Kirkoissa ja seuratuvissa pidettiin parannussaarnoja.[30]

Eri puolella Suomea esiintyi 1700-luvulta lähtien useita pietistisiä herätyksiä, joista vähitellen syntyi 1800-luvulla herätysliikkeitä. Niistä herännäisyys oli yksi ja *Erkki Kansanahon* mukaan huomattavin. Herännäisyyteen on vaikuttanut myös Ouluun ja Tornion seudulle levinnyt herrnhutilaisuus. Siihen oli Ruotsissa tutustunut Torniojokilaakson pappi ja herättäjä Nils Wiklund (1732–1785) ja saanut siitä Kristus-keskeisen uskonnäkemyksen. Hänen ympärillään syntynyttä liikettä sanotaan viklundilaisuudeksi.[31]

Oulussa toimi vuosina 1757–1764 kirkkoherrana Juhana (Johan) Wegelius nuorempi, jolla jo Upsalassa opiskellessaan oli ollut "pietistisiä harrastuksia" ja joka oli perehtynyt herrnhutilaisuuteen. Edellisessä työpaikassaan Tornion pedagogion rehtorina hän oli kirjoittanut suomenkielisen kaksiosaisen, yli 2000-sivuisen *Se Pyhä Evangeliumillinen Walkeus Taiwallisessa Opisa ja Pyhäsä Elämäsä* -nimisen postillan, joka oli painettu Tukholmassa vuosina 1747 ja 1749. Hän kirjoitti myös rippiväelle tarkoitetun kirjan *Yxi tarpeellinen koetus ja tutkistelemus*, joka ilmestyi vuonna 1761. Wegeliuksen postilla on ollut suosittu heränneiden ja rukoilevaisten hartauskirja Suomessa 1900-luvun alkupuolelle saakka. Se oli myös Paavo Ruotsalaisella. Jopa Elias Lönnrot luki sitä. Hänen vaimonsa kuuluikin heränneisiin.[32]

Johan Wegelius nuorempi oli kiintynyt P. J. Spenerin kirjoihin ja Thomas V. Vestenin julistukseen. Tuon ajan käytännön mukaan hän saattoi aivan hyvin ottaa Spenerin kirjallisuudesta töihinsä pitkiäkin lainauksia. Pia Desideria (Hurskaita toiveita) -kirjan kirjoittajana tunnettu P. J. Spener oli herrnhutilaisuuden perustajan Ludvig von Zinzendorfin kummi ja vaikutti myös hänen uskonnäkemykseensä. Zinzendorf sai pietistisiä vaikutteita vielä lisää ollessaan kasvatettavana A. H. Francken perustamassa laitoksessa. Herrnhutilaisuus on siis kreivi N. L. Zinzendorfin johtama pietismin haara. Siinä ei kuitenkaan painoteta pietismin tavoin ihmisen syntisyyttä, synnintuntoa ja parannuksen tekoa vaan Kristuksen kärsimystä, verta, haavoja ja sovintokuolemaa.[33]

---

[30] *Keränen* 1977, 193–195; *Siltala* 1992, 169; *Malinen* 2004, 25; *Turpeinen* 2002 Kun kahvituli Kainuuseen, 34.
[31] *Halila* 1953, 560–570; *Kansanaho* 1958, 418.
[32] *Halila* 1953, 543, 562, 569, 570, 630; *Haavio* 1965, 28; *Koivulahti* 2003, 93.
[33] *Kares* 1932, 15; *Kansanaho* 1950, 51–52, 79–94, 101.

Herrnhutilaisuuden sammuttuakin sen vaikutus tuntuu herännäisyydessä ja muissa Suomen vanhoissa herätysliikkeissä. Sen jäänteitä on Siionin virsissä, jotka Elias Lagus suomensi Ruotsalaisesta herrnhutilaisperäisestä Sions Sånger -kirjasta. Jonas Laguksellakin (1798–1857) oli herrnhutistisia piirteitä. Hänen isoisänsä Jonas Lagus, Elias Laguksen veli oli herrnhutilaisuushenkinen.[34]

Herännäisyydellä on ollut yhteyksiä viklundilaisuuteen ja herrnhutilaisuuteen muutenkin kuin kirjojen välityksellä. Pohjois-Savossa Iisalmen (nykyisen Lapinlahden) pitäjän Savojärven kylällä alkaneen herätyksen johtajana toiminut Juhana Puustjärvi eli Lustig (1771–1833) oli Ylitorniolla asuessaan tutustunut viklundilaisuuteen. Hänen kummeinaankin oli Nils Wiklund puolisonsa kanssa. *Remeksen* mukaan Lustigilla oli "valoisa herrnhutilaispohjainen uskonkäsitys".[35]

Paavo Ruotsalainen (1777–1852) oli 1700–1800 lukujen vaihteessa kysellyt neuvoja seppä Jaakko Högmanilta (1750–1806), jonka sukunimenä oli alkuaan Hökkä. Hän oli vuosina 1783–1784 Alatornion seudulla asuessaan ollut yhteydessä wiklundilaisuuteen ja tutustunut Wegeliuksen postillaan. Vuosina 1785–1788 hän asui Iissä ennen Pielavedelle muuttoaan. Pielavedellä kirkkoherra Jakob Gummerus oli muuttanut vuonna 1791 hänen sukunimensä Högmaniksi.[36]

Jaakko Högman oli polveutunut Vienan Karjalasta 1600-luvulla vanhauskoisten vainojen vuoksi Suomeen paenneista ortodokseista. Vuokkiniemen Venehjärvellä "tietäjinä ja taitajina" tunnetut Hökät olivat muuttaneet Iijoen Karjalankylään ja Pudasjärvelle, jossa he olivat pappien sielunhoitajina ja "opasisina". *Esko Jaatisen* mukaan näihin pappeihin kuuluivat Johan Wegelius vanhempi ja nuorempi.[37]

Myös *Paavo Rissasen* on todennut herännäisyydessä olevan ortodoksisuuden vaikutusta. Hänen mukaansa se johtuu itäsuomalaisten ja Venäjän karjalaisten vilkkaasta kanssakäymisestä Suomen ja Venäjän rajan ollessa vielä auki.[38]

---

[34] *Kares* 1932, 15, 16; *Saarnivaara* 1975, 180;*Murtorinne* 1992, 136; *Koivulahti* 2003, 89—90.
[35] *Remes* 1995, 19—26, 66.
[36] *Jaatinen* 1991, 58—63,. 93—94.
[37] *Akiander* VII 1862, 2—3; *Kares* 1932, 15, 16; *Remes* 1995, 19, 36, 44; *Ruokanen* 1989, 36—52.
[38] Paavo Rissasen alustus Valamon luostarissa 20.4.1985 pidetyssä herännäisyyden ja ortodoksisuuden kohtaaminen -seminaarissa. *Rissanen* 1985, 31; *Jaatinen* 1991, 9—110.

Kainuussa herätään

Kiannalla (Suomussalmella) herätyksiä Saxa-pappien aikana

Kainuun kodeissa pidettiin 1800-luvulla sunnuntaisin kotihartauksia, joissa luettiin pietistisiä postilloja eli saarnakirjoja. Näihin aikoihin oli Kainuussa myös ankaria nälkä- ja kuolonvuosia (1791, 1832—1833, 1857—1858), jolloin ahdistukseen etsittiin hengellistäkin apua ja lohtua. *Matti Malisen* mukaan "Nälkä ja kuolema olivat väkeväsanaisia saarnaajia, joiden edessä ihmisen oli pakko olla hiljaa". Kainuussa herätyksille oli siis "sosiaalinen tilaus".[39]

Kun Kiannasta tuli vuonna 1786 Hyrynsalmen kappeliseurakunta ja sinne rakennettiin oma kirkko, jumalanpalveluksiin voitiin osallistua entistä useammin. Herännäisyyteen johtaneita pietistisiä herätyksiä alkoi esiintyä kappalaisten välityksellä. Heistä ensimmäisiä olivat Carl Saxa vanhempi (1754—1821) ja Carl Saxa nuorempi (1796—1849). Joukkoherätyksiä ei Kiannalla syntynyt, mutta *Rurik Calamniuksen* mielestä Saxojen aikana "verrattain paljon heräämisiä ympäri seurakuntaa syntyi, ja sanan nälkä seurakunnassa oli ilmeinen". Carl Saxa vanhempi oli kotipaikkakunnallaan Oulussa saanut vaikutteita viklundilaisuudesta. Ollessaan Suomussalmen kappalaisena vuosina 1786—1821 hän teki töitään innokkaasti. Varsinkin kinkereiden pidossa hän oli tarkka. Hän kuitenkin sairastui "mielenhäiriöön", jota oli potenut jo nuorena. Hän oli sairaslomalla vuosina 1792—1811, jolloin hänen sijaisenaan toimi Johan Gerhard Snellman. Saxan apulaispappeina toimivat Jonas Mellin vuosina 1813—1817 ja Anders Engelberg vuosina 1817—1819. Heillä ei ollut erikoista herätyspohjaa. J. G. Snellmania ja Jonas Melliniä on sanottu jopa juopoiksi.[40]

Kappalaisen sairauden aiheuttajina olivat mielenhäiriöalttiuden lisäksi monet työpaineet. Varsinkin kuolonvuosi 1791 oli synkkää aikaa. Pappilaan tultiin hakemaan aineellista ja hengellistä apua. Piirilääkärit toimittivat sinne lääkkeitä ja ohjeita. Lisäksi Matti Tapio, jolla pappilan tila oli ennen ollut, yritti surmatakin kappalaisen. Hän oli mielestään kärsinyt vääryyttä hallitsemansa kruununtilan

---

[39] *Heikkinen* 1995, 116; *Malinen* 2004, 25.
[40] *Rosendal* 1902, 301; *Colliander* 1910, 674; *Calamnius* 1912, 24, 165—169; *Malinen* 2004, 17—20, 24—26; *Romppanen* 2008, 9, 26—31, 76—78, 83.

lunastuksen vuoksi, vaikka oli ensin siihen suostunut. Korvaukseksi hän oli saanut haltuunsa toisen tilan, välirahaa ja vapautuksen rakentamisvelvollisuuksista.[41]

Carl Saxa nuorempi oli isänsä apulaisena ja virkaa tekevänä kappalaisena vuosina 1819–1821 ja kappalaisena vuoteen 1847. Hänenkin mielenterveytensä horjui. Sairaslomansa aikana, vuosina 1825–1827 hän suoritti pastoraalitutkinnon. Hän oli lahjakas saarnamies. Jumalanpalvelusten jälkeen osa kirkkokansasta tungeksi sakastiin kysymään häneltä lisää. Carl Saxa nuorempi sai vaikutteita jo Pohjois-Savon herännäisyydestä, kun Paavo Ruotsalaisen ystävä, paltamolainen räätäli-talonpoika Pekka Jansson pitkästä matkasta huolimatta kävi häntä usein tervehtimässä.[42]

Carl Saxa nuoremman apulaisina toimivat Johan Ahlholm vuosina 1825–1833 ja myöhemmin herännäispappeina mainitut Josef Vilhelm Durchman vuosina 1833–1834 ja Jakob Fredrik Liljeblad vuosina 1834–1836.[43]

Carl Saxa nuoremmalla oli huomattava merkitys myös Elias Lönnrotin tukijana hänen kirjallisissa ja tieteellisissä töissään. Hän keräsi kansanrunoja, kirjoitti lehtiin ja toimitti painokuntoon jostakin syystä julkaisemattomaksi jääneen kansanrunokokoelman *Muinoisia Suomalaisten synty- ja runolauluja*. Hän rakasti myös musiikkia ja valmisti viuluja jopa myytäväksi. Hän oli siitä erikoinen herätysjohtaja, että piti pappilassa tanssiaisia ja toimi niissä pelimannina. Tätä monet heränneet paheksuivat. Esimerkiksi Ristijärven kappalainen Frans Fredrik Lönnrot on myöhemmin arvellut, ettei hän ollut "herännyt sanan syvimmässä mielessä" eikä "totuudella voitettu".[44]

"Liikehdinnät" Matti Mikkosen ympärillä

Talonpoika Matti Mikkonen (1768–1849) aloitti seurojen pidon Ristijärvellä 58-vuotiaana lokakuussa 1826. Seuraväkeä oli ristijärveläisten lisäksi Paltamosta, Säräisniemeltä, Hyrynsalmelta ja Kiannalta. Seuroja pidettiin myös Säräisniemellä ja Kiannalla, jossa Jaakko Hiltunen oli toisena puhujana.[45]

---

[41] *Rosendal* 1902, 301; *Colliander* 1910, 674; *Calamnius* 1912, 24, 165–169; *Malinen* 2004, 17–19, 24–26; *Romppanen* 2008, 9, 26–31, 76–78, 83.
[42] *Rosendal* 1902, 301–302; 1912, 474–475; *Romppanen* 2008, 30, 76–78.
[43] *Turpeinen* 1992, 174.
[44] *Colliander* 1910, 675; *Calamnius* 1912, 149; *Turpeinen* 1992, 180–182; *Malinen* 2004, 22.
[45] *Rosendal* 1902, 303–304; *Heikkinen* 1986, 64–65; *Remes* 1995, 88; *Malinen* 2004, 64; *Arffman* 2004, 454.

Mikkonen oli voinut saada "herätyskipinänsä" monelta suunnalta. Hän oli tavannut Kiannan heränneitä, jotka olivat kulkeneet Kajaanin matkoillaan hänen kotinsa, Mikkolan kestikievarin kautta. Kajaanin markkinoilla hän oli tutustunut Paavo Ruotsalaiseen ja tämän työtoveriin Lauri Juhani Niskaseen. Hän oli myös hankkinut Oulusta paljon kirjoja ja saanut niistä viklundilaisuuden vaikutusta. Mikkosen seuroissa veisattiin Siionin virsiä. Hänellä olikin komea lauluääni.[46]

Tapani Ruokanen nimittää Mikkosta Paavo Ruotsalaisen ja Lauri Juhani Niskasen "hiukan harhautuneeksi oppilaaksi". *Matti Malisen* mukaan Mikkosen aikaiset herätykset olivat "irrallisia hänen ympärillään tapahtunutta liikehdintää".[47]

Mikkosen hurmosseurat herättivät mielenkiintoa. *Kaarlo Arffmanin* mukaan myös Ristijärven säätyläisten maallistunut elämäntyyli ja asenteet saattoivat vaikuttaa siihen, että seurat olivat suosittuja. Vuosina 1817–1850 Ristijärven kappalaisena oli Carl Saxa vanhemman apulaisena toiminut Jonas Mellin.[48]

Mikkosta arvostettiin syvällisen raamatuntuntemuksen vuoksi, mutta Jonas Mellinin mielestä hänen kristinoppitietonsa olivat keskinkertaista tasoa. Pekka Janssonin mukaan Mikkonen puhui hyvin raamatunlauseista, mutta ei pystynyt pitämään kokonaisuudesta kiinni. *Mauno Rosendal* toteaa, että Mikkonen "sai aikaan heräämistä suruttomuudesta ja tylsyydestä", mutta ei johtanut kuulijoita sen pidemmälle. Kuitenkin hänen mukaansa Mikkonen oli lähettänyt Pietarista ystävilleen kirjeen, jossa hän oli kehottanut heitä "pysymään lujina uskossa maailman ja anttikristuksen vainoja vastaan ja yksin Kristukseen luottamaan".[49]

Mikkonen ei ollut yhteistyössä pappien kanssa. Joskus hän piti seuroja myös jumalanpalvelusten aikana. *Rosendalin* mukaan hän pysyi kirkolle "uskollisena" käyden sen vaatimuksen mukaisesti ehtoollisella kolme kertaa vuodessa.[50]

Jonas Mellin vaikutti siihen, että Mikkonen ja Hiltunen haastettiin heti vuonna 1827 konventikkeliplakaattiin vedoten käräjille. Siellä heille määrättiin tuntuvat sakot. Mikkosen sakko oli 280 hopeataalaria, jolla olisi saanut ostetuksi 4–5 hyvää hevosta tai 30 lehmää. Hän yritti saada niitä Pietarissa anteeksi, mutta

---

[46] *Arffman* 2004, 453; *Malinen* 2004, 29–31, 82–87.
[47] *Ruokanen* 2002, 203; *Malinen* 2004, 72.
[48] *Arffman* 2004, 454, 466.
[49] *Rosendal* 1902, 303–304; *Malinen* 2004, 33.
[50] *Rosendal* 1902, 303–304; *Halila* 1953, 56–570; *Remes* 1995, 18–19.
Malinen 2004, 34; *Keränen* 2009, 82.

tuloksetta. Hän maksoi ne ehkä uskonystäviensä tuella. Hiltunen kärsi sakkotuomionsa Kajaanin vankilassa.[51]

Pietistien yksityiset hartauskokoukset kieltänyt konventikkeliplakaatti oli säädetty 12.1.1726 ja oli voimassa vuoteen 1869. Vaikka pietismi ei ollut puhdasoppisuutta vastaan, sen pelättiin omakohtaisen uskon korostuksellaan tuovan epäjärjestystä. Katsottiin, että se oli uhkana kirkon ja valtion eli "alttarin ja valtaistuimen" liitolle. Puhdasoppisuuden aikana kirkollinen kontrolli ulottui tarkasti jäsentensä tapakristillisyyteen. Näin yhteiskuntarauha oli taattu.[52]

Mentyään toisenkin kerran Pietariin ja palattuaan sieltä viiden vuoden päästä Mikkonen piti seuroja vuosina 1834–1835. Kun Lönnrotin kirjoitukset heränneistä oli julkaistu kesällä 1835 *Helsingfors Morgonbladet* -lehdessä, Paavo Ruotsalainen vaati Mikkosta lopettamaan seurojen pidon. Monet heränneet erosivat hänestä. Mikkonen luopui seuratoiminnasta ja ryhtyi lasten opettajaksi, jona hän oli toiminut aikaisemmin. Hän oli myös kirjansitojana, minkä taidon hän oli oppinut Pietarissa.[53]

Elias Lönnrot heränneiden tarkkailijana

Jo 1800-luvun alussa kutsuttiin Kainuussa jo herätykseen tulleita heränneiksi, vaikka he eivät vielä varsinaiseen herännäisyyteen kuuluneetkaan. Heitä seuraten he kuitenkin kävivät seuroissa, veisasivat Siionin virsiä ja pukeutuivat körttipukuun.[54]

Elias Lönnrot (1802–1884) kiersi Kainuuta runoja kerätessään ja varsinkin toimiessaan Kajaanin piirilääkärinä vuosina 1833–1853. Hän ei hyväksynyt heränneiden hurmoksellisuutta eikä sitä, että he hyljeksivät kansanrunoutta. Tätä hän oli kokenut jo Savossa ja Hämeessä vuonna 1828.[55]

Kun Lönnrot viipyi vuonna 1831 muutaman viikon Kiannalla, hän "ojensi" kirkossa saarnatessaan heränneitä. Se käy ilmi entisen Suomussalmen apulaispapin Johan Ahlholmin vuonna 1859 Lönnrotille kirjoittamasta kirjeestä.[56]

---

[51] *Malinen* 2004, 49–50; *Arffman* 2004, 454–455.
[52] *Ylikangas* 1979, 11–14.
[53] *Rosendal* 1902, 303–307; *Remes* 1995, 88; *Malinen* 2004, 48–50, 65–66.
[54] *Ruokanen* 2002, 64–66; *Malinen* 2004, 67.
[55] *Anttila* 1934, 16–17.
[56] Johan Ahlholm kirjoitti Lönnrotille: "Veli muistanee ajan, jolloin Sinä filosofiankandinaattina vaeltaessasi ja suomalaisia runoja kerätessäsi lähes 30 vuotta sitten vierailit minunkin luona Kiannalla, jossa silloin olin kappalaisen apulaisena, viivyit jonkin viikon sikäläisessä kappalaisen virkatalossa, saarnasit eräänä sunnuntaina Kiannan kirkossa ja vuodatit ankaria opetuksia Kerettiläisille..." (kirjeen suomentaja *Aarne Anttila* huomauttaa, että se tarkoittaa heränneitä).. Elias Lönnrot on merkinnyt matkaohjelmaansa Kiannasta vain saapumisajankohdan, 5.8.1931 (senkin nähtävästi perästä päin rivien väliin). *Anttila* 1934, 16–17; *Wilenius* 1984, 96.

Kiannan Alajärven kylällä asunut Kylänmäen ukkokin, jonka kotona kirkkoherra A. B Calamnius poikansa Ilmarin kanssa oli joskus 1800-luvulla vieraillut, oli kertonut nähneensä Elias Lönnrotin saarnaavan kirkossa. Hän ei kuitenkaan ollut maininnut saarnan sisällöstä mitään.[57]

Kiannalla Lönnrot ei ollut tavannut hurmosta, mutta *Rosendalin* mukaan myös siellä esiintyi "epäraitista hurmoshenkisyyteen taipuisaa henkeä". Hänen mielestään se johtui Carl Saxa vanhemman sairaudesta. "Myös poika esiintyi kummallisesti". *Matti Malinen* pitää hurmoksien syynä radikaalipietismiä ja viklundilaisuutta, joihin Carl Saxa oli Oulussa tutustunut.[58]

Viklundilaisuudessa oli hurmoksellisuus yleistä. Ylitornion kirkkoherra Isaac Grapen mukaan hänen seurakunnassaan oli vuonna 1776 horrospuhujia joka kolmannessa talossa eli yhteensä 87.[59] Mikkosen seuroissa oli myös epäjärjestystä, mikä lisäsi Lönnrotin ennakkoluuloa. Hän myönsi, ettei hän ymmärtänyt tätä "sielunsairautta" ja kirjoitti 5.5.1835 Lääkintöhallitukselle:

> Tauti ilmenee kuulemma äkkiä ilman mitään valmistavia merkkejä. Sen vaivaamat makaavat tunnin tai puoli tiedottomina ja ovat herättyään jälleen terveitä, mutta tietävät kertoa kaikenlaisista asioista ja näyistä, joita heillä kohtauksen aikana on ollut. Tavallisesti he sanovat sinä aikana olleensa taivaassa tai helvetissä ja kummassakin paikassa tutustuneensa kuolleihin tai vasta kuoleviin henkilöihin. Useimmiten saavat kohtauksen ne, jotka jonkin aikaa ovat hautoneet pietistisiä mietteitä, mutta eivät vain he, sillä henkilöiden, joiden ei tiedetä olleen missään tekemisissä niiden kanssa, käy samoin. Pienet lapsetkin ovat muutamissa paikoin saaneet kohtauksen.[60]

Lönnrot lähetti selostuksensa myös J. L. Runebergille, joka julkaisi sen *Helsinfors Morgonbladet* -lehdessään 29.6.1835. Siinä oli samana kesänä neljä Lönnrotin artikkelia otsakkeella *Om sekterismen i trakterna af Kajana* (Lahkolaisuudesta Kajaanin seudulla). Niissä kerrotaan Matti Mikkosesta ja Säräisniemen seuroista, joissa veisataan, rukoillaan, puhutaan kielillä ja pidetään puheita. Lönnrotin mukaan heränneet suhtautuvat kansanrunouteen, maailmaan ja kirkkoon kielteisesti. He veisaavat yömyöhään Siionin virsiä, lukevat hartauskirjoja ja käyttävät körttipukua. Heidän uskonsa mukaan kukaan ei pääse muulla tavoin puettuna Taivaaseen.[61]

---

[57] Ilmari Kianto kertoo siitä: Kylänmäen ukkopa... kertoi nähneensä Elias Lönnrotin – kuului suuri Elias Vienan matkoillaan kerran saarnanneen rajaseurakunnan kirkossa. *Kianto* 1962, 100–101.
[58] *Rosendal* 1902, 301–302; *Remes* 1995, 91.*Malinen* 2004, 18.
[59] *Remes* 1995, 18–19.
[60] *Anttila* 1931, 326–327.
[61] *Rosendal* 1902, 302–303, 311–317; *Anttila* 1931, 327, 332; *Ruokanen* 1989, 191–196; *Remes* 1995, 91–96.

Lönnrotin mukaan Mikkonen puhui "kauhtuen" ja käsiään pöytään lyöden. Jos hän ei saanut seuroissa ketään "maahan langetetuksi", hän sanoi: "Niinkö nyt on perkele vallan saanut, ettei yhtään sielua päässyt tällä kerralla hänen verkostansa".[62]

Näin Mikkonen nähtävästi hakemalla haki tilaisuuksiinsa hurmosta. Sitä esiintyi maallikkojohtoisissa seuroissa muuallakin ja sai puhujia kohtaan arvostusta. Herännäispappien seurat eivät hurmosta tarvinneet. Heitä arvostettiin muutenkin.[63]

Kajaanin heränneet olivat sentään toisenlaisia. He kuuluivatkin jo 1830-luvulla Paavo Ruotsalaisen ohjaamiin heränneisiin. Lönnrot kirjoitti heistä:

> Yleensä he ovat hiljaista, siivoa väkeä, joista yhteiskunnalle ole muuta suurempaa vahinkoa kuin, että yksi ja toinen heistä menettää järkensä ja he tuomitsevat kaiken maallisen ilon. He eivät suvaitse tanssia, musiikkia, laulua – paitsi hengellistä.[64]

Lehtikirjoitukset herättivät huomiota. Niihin vastattiinkin *Helsingfors Tidningar*- ja *Helsingfors Morgonbladet* -lehdessä, jossa puolustettiin heränneitä.[65]

Lönnrot sai myös yksityisiä ohjeita. Suomussalmen entinen apulaispappi J. F. Liljeblad, jolle hän oli kirjeessään arvostellut heränneitä, puolusti heitä kysyen:

> Vaikka heränneillä olikin "omia harjoituksiaan ja erikoinen vaateparsi", miksei Lönnrot "jaksanut antaa anteeksi heille ja kärsiä heidän heikkouttaan, sillä eihän pilkatuilta, hulluilta, alaspainetuilta pitänyt odottaa sen enempää kuin kunniallisilta, viisaina ja kiitettyinä pidetyiltä ihmisiltä?"[66]

Tutustuttuaan heränneeseen sivistyneistöön, kuten Anders Malmgreniin ja J. F. Berghiin Lönnrot alkoi suhtautua heränneisiin myönteisesti. Vuonna 1839 hän totesi Beghille, että "ensimmäisen kuohuntavaiheen" jälkeen heränneissä seuraa entistä parempi elämä. Bergh ja Malmgren pitivät Lönnrotia jopa heränneenä ja antoivat hänelle hengellisiä ohjeita. Hän pysyi vain heränneiden tarkkailijana, vaikka oli joskus ollut Paavo Ruotsalaisen "kirjurinakin".[67]

Lönnrot avioitui vuonna 1849 oululaisen värjärimestarin nuorimman tyttären Maria Piponiuksen (1823–1868) kanssa. Maria lukeutui heränneisiin ja käytti körttipukua. Avioliiton ehtona oli kuitenkin se, ettei hän enää kävisi seuroissa, vaan ainoastaan kirkossa. Perheen tyttäret ovat muistelleet, että heidän kodissaan veisattiin Siionin virsiä.[68]

---

[62] *Nieminen & Dobrinin* 1999, 88.
[63] *Malinen* 2004, 72.
[64] *Ruokanen* 1989, 205.
[65] Kirjoituksen taustalla oli ehkä N. K. Malmberg tai J. F. Berg ja kirjoittajana Lars Stenbäck. He olivat oppineita ja herännäisyydestä hyvin perillä olevia henkilöitä. *Remes* 1995, 93–94.
[66] *Ruokanen* 2002, 309.
[67] *Anttila* 1931, 332; *Remes* 1995, 96; *Ruokanen* 2002, 207.
[68] *Anttila* 1962, 93–94.

Vanha herännäisyys Kainuussa

Papit ja maallikot heränneiden hoitajina

Kainuun vanha herännäisyys, "vanhan kansan usko" muotoutui herännäispappien ja -maallikoiden ohjaamana siellä syntyneistä herätyksistä. Papeista useimmat olivat tulleet 1700–1800-lukujen vaihteessa Pohjanmaalta, missä he olivat liittyneet herännäisyyteen protestina maallistuneita kirkkoherroja ja muita ylempiä virkamiehiä kohtaan. Kainuuseen heidät sai apupappia korkeampi virka.[69]

Hyödyn aikakaudella, 1800-luvulla oli Kainuussakin pappeja, jotka näkivät tehtäväkseen hengellisen työn ohella seurakuntalaistensa taloudellisista asioista huolehtimisen. Vuoden 1865 kuntauudistukseen saakka he joutuivat virkansakin puolesta paneutumaan niihin pitäjänkokousten kokoonkutsujina ja puheenjohtajina. Papit vaikuttivat näin myös yhteiskunnallisella alalla. Tiehankkeet ja koskien perkaamiset liikkumisen helpottamiseksi olivat heidän mieliaiheitaan.[70]

Hyrynsalmen kirkkoherra Johan Wegelius oli kuuluisa talousasioidensa vuoksi. Papin työt tahtoivat jäädä toiseksi. Hänen poikansa joutui kirkkoherran apulaisena huolehtimaan niistä. Wegelius oli mukana rautaruukkihankkeissa Kiannalla, hänellä oli Kajaanissa vesimylly ym. Pappilan pellot olivat pitäjien mallitiloja. Wegelius viljeli innolla perunaa ja opetti sitä taitoa saarnoissaankin.[71]

Paltamon valistushenkisiä pappeja olivat vuosina 1806–1831 kirkkoherrana toiminut Carl Fredrik Aejmelaeus ja hänen poikansa Carl Aejmelaeus, joka oli kappalaisena vuosina 1827–1832 ja kirkkoherrana vuosina 1835–1858. Carl Aejmelaus vanhempi myös keräsi kansanrunoutta. Molemmat toimivat myös lääninrovasteina. Adolf Forbus, joka oli Paltamon kappalaisena vuosina 1839–1870, kuului valistushenkisiin pappeihin. Carl Aejmelaeus nuoremman ja Adolf Forbuksen pappiloiden elämä oli maallistunutta. Niiden juhlissa pelattiin korttia, näyteltiin pieniä näytelmäkappaleita ja käytettiin alkoholia.[72]

Heränneet eivät hyväksyneet pappiensa maallista toimintaa, eivätkä he saaneet heiltä toivomaansa hengellistä apuakaan. Niinpä he turvautuivat

---

[69] Esim. *Colliander* 1910, 315; 570, 543, 240; *Kares* 1947, 50–51; *Ylikangas* 1979, 211–217; *Malinen* 2004, 17; *Arffman* 2004, 471.
[70] *Malinen* 2004, 11.
[71] *Malinen* 2004, 11, 12
[72] *Keränen* 1977, 231; *Malinen* 2004. 11–12.

maallikoihin. Nämäkin olivat kirkollisia heränneitä, sillä herätykseen tultuaan he olivat lukeneet herännäishenkistä kirjallisuutta, käyneet ahkerasti kirkossa ja olleet muutenkin pappiensa kanssa vuorovaikutuksessa.[73]

Pekka Jansson ja Henrik Trast heränneiden ohjaajina Etelä-Kainuussa

Matti Mikkosen lähdettyä vuonna 1828 Pietarin matkalleen heränneiden hoitajaksi tuli paltamolainen räätäli-talonpoika Pekka Jansson (alkuaan Kärkkäinen, 1803–1882). Hän oli muuttanut sukunimensä Jeansoniksi, kun häntä oli Oulussa räätäliammatin lisäopissa ollessa nimitetty Kärkkäpuuksi (tarkoittaa vaateripustinta). Jeansonista muotoutui nimi Jansson. Hän sai 1920-luvun puolivälissä Paltamossa hengellisen herätyksen unen vaikutuksesta. Hänen toverinsa oli nähnyt kylpyunen, jonka sanottiin tietävän kuolemaa. Tämä oli ollut siitä huolissaan ja kuollutkin. Myös Jansson näki saunomisunen. Hän ajatteli, että nyt hänkin kuolee ja joutuu pelimannina kadotukseen. Hän kävi ahkerasti kirkossa, luki hengellistä kirjallisuutta ja sai herännäishenkisen uskonkäsityksen. Ensimmäisenä paltamolaisena hän pukeutui körttipukuun. Hän muutti perheineen 1830-luvulla Ristijärven rajan lähelle, Paltamon Saukkovaaralla olevalle Sorjola-nimiselle kruununtilalle.[74]

Perimätietojen mukaan Paavo Ruotsalainen vieraili kaksi kertaa Janssonin luona Sorjolassa. Siitä tuli vähäksi aikaa heränneiden seura- ja kokoontumispaikka. Siellä yövyttiinkin Kajaanissa ja kirkkomatkoilla käydessä, jolloin Jansson johti keskustelun uskonasioihin. Janssonin luona käytiin myös asiasta tehden kysymässä neuvoja. Hän opasti kyselijöitä kirjeilläkin, joissa näkyy hänen uskonkäsityksensä. Niissä hän neuvoi pitämään kiinni Jumalan sanan lupauksista, pysymään Jumalan edessä sellaisena kuin itsensä tunsi ja luottamaan siihen, että Jumala vielä kirkastaa armonsa ja vie "pyhien iloon".[75]

Janssonin seuroihin tultiin joukoittain, vaikka niissä ei ollutkaan hurmosta kuin alussa Mikkosen "perintönä". Hän rauhoitteli kielillä puhujia sanomalla esimerkiksi: "So, so, täällä on paljon suruttomia". *Mauno Rosendalin* mukaan hänen puheensa oli "tyyntä ja maltillista, vaatimatonta ja hiljaista", mutta sisälsi

---

[73] *Malinen* 2004, 11.
[74] *Rosendal* 1902, 304–309; 1912, 474; *Kares* 1947, 39; *Keränen* 1977, 231; 2009, 82; *Malinen* 2004, 52–58.
[75] *Rosendal* 1902, 304–309; 1912, 474; *Saarisalo* 1969, 106; *Keränen* 1977, 231; 2009, 82; *Malinen* 2004, 53–57; *Arffman* 2014, 8.

"hengen voimaa". Hän puhui seuroissaan vähän. Silti hän joutui lääninrovasti Carl Aejmelaeuksen puhutteluun. He tulivat yhteisymmärrykseen, ja seuratoiminta sai jatkua entiseen tapaansa. Näin Jansson, kuten *Matti Malinen* on todennut: "liitti Ristijärven herätykset herännäisyyteen".[76]

Janssonin toverina oli Kajaanin apteekkari Anders (Antti) Malmgrenin apteekkiapulainen Henrik Trast (alkuaan Turuinen, 1805—1856). Hän oli muuttanut Kuopiosta Malmgrenin mukana vuonna 1831 Kajaaniin. *Mauno Rosendal* kuvaa Trastia eteväksi herätyssaarnaajaksi ja Janssonia "evankeliseksi opettajaksi, jonka julistamassaan evankeliumissa on aina suolaa". Paavo Ruotsalainen luotti heihin ja kutsui Janssonia rakkaimmaksi ystäväkseen. Kun hän kerran oli menossa Kajaanin markkinoilta tämän luo, hän kääntyi Oulujärven Juanlahden jäällä äkkiä takaisin sanoen: "Ei mulla ole lupa lähteä sinne, missä Trast kyntää ja Jansson karhitsee. Siihen ei saa koskea kukaan".[77]

Jansson ja Trast muuttivat 1800-luvun puolivälissä Sotkamoon. Nähtävästi Janssonin luona nuorena käynyt K. R. Petterson oli "vetänyt" heidät sinne. [78]

Kajaanissa markkinaseuroja

Heränneet osallistuivat 1820 luvun alkupuolelta lähtien Kajaanin markkinoilla seuroihin, joita voitiin silloin pitää huomiotta myös konventikkeliplakaatin aikana. Seuraväkeä tuli sinne Savosta ja Pohjois-Karjalasta asti. Myös Paavo Ruotsalainen kävi markkinoilla ja seuroissa "adjutanttinsa" Lauri Juhani Niskasen kanssa. Kainuuseen tuli näin Savon herännäisyyden piirteitä.[79]

Seurat pidettiin Anna Pikkaraisen kotona ja apteekkari Anders (Antti) Malmgrenin luona hänen muutettuaan vuonna 1831 Kuopiosta Kajaaniin. Kun hän meni vuonna 1832 naimisiin nilsiäläisen Maria Elisabet Vesterlundin kanssa, seuroista tuli lämminhenkisiä ja niissä veisattiinkin. Maria-rouva oli jo Nilsiässä pukeutunut körttipukuun ja oppinut seuratavat, *Siionin virret* ja *Halullisten sieluin*

---

[76] Tuomo Ruuttusen haastattelu 1.4 2012; Matti Mäkelän haastattelu 20.11.2012; *Rosendal* 1915, 474; *Ruuttunen* 1984, 39; *Malinen* 2004, 57—58, 72.
[77] *Rosendal* 1912, 474; *Saarisalo* 1969, 106.
[78] *Rosendal* 1902, 307; *Malinen* 2004, 53—58.
[79] *Rosendal* 1902, 310; *Colliander* 1910, 570, 661—662, 1009; *Ahonen* 1961, 170—173, 179—180; *Saarisalo* 1969, 275; *Keränen* 1977, 232; *Remes* 1995, 183; *Ruokanen* 2002, 166, 325.

hengelliset laulut. Perimätiedon mukaan Paavo Ruotsalainen oli ollut puhemiehenä Maria Vesterlundin ja Anders Malmgrenin välillä.[80]

Seurojen puhujana oli vuodesta 1845 lähtien myös Raahesta Kajaanin ala-alkeiskoulun rehtoriksi tullut pastori Viktor Lars Helander (1822–1905). Hän oli tutustunut evankelisuuteen ja häntä sanottiinkin "Suomen evankelisimmaksi pietistiksi". Lisäksi Paavolan kappalaisen virasta vuonna 1844 Kajaanin ala-alkeiskoulun opettajaksi tullut Johan Krank (1818–1858) puhui seuroissa.[81]

Suomen Pipliaseuran jäsenenä Anders Malmgren myi apteekissaan Tukholmasta tilaamiaan kirjoja. Ehkä senkin vuoksi kainuulaisilla niitä oli jo 1800-luvun alkupuolella huomattava määrä. Henrik Renqvistin ystävänä Malmgren tilasi kirjoja myös häneltä. Renqvistin esimerkkiä noudattaen hän piti ystäviensä kanssa pitkiä rukouksia Kajaanin "kujien kulmissa ja kirkon seinäin vieressä". Maria-rouva oli miehensä ja Renqvistin välisestä ystävyydestä huolissaan ja ilmoitti siitä Paavo Ruotsalaisen työparille L. J. Niskaselle. Malmgren kutsuttiinkin vuonna 1835 Kiuruvedelle eräisiin hautajaisiin, jossa hänet otettiin N. K. Malmbergin ja Paavo Ruotsalaisen puhutteluun. Silloin hän liittyi entistä selvemmin herännäisyyteen.[82]

Säräisniemellä hieman herännäisyyttä

Säräisniemellä tavattiin hieman herännäisyyttä seuroineen ja körttipukuineen 1830-luvulta lähtien. Pekka Jansson kävi siellä. Säräisniemen Manamansalon saarelta oli käyty myös Kajaanissa pidetyissä seuroissa. Kun Pohjanmaalla tunnetuksi tullut herännäispappi Henrik Schwartzberg (1811–1857) oli Säräisniemen kappalaisena vuosina 1848–1857, herännäistoiminta oli siellä virkeääkin. Schwartzberg oli sitä ennen ollut Pyhäjärven kappalaisen Jonas Laguksen apulaisena. Hänen aikanaan myös Kajaanin seudun herännäisjohtajat vierailivat Säräisniemen seuroissa.[83]

---

[80] *Rosendal* 1912, 96–97. *Aapeli Saarisalo, Viljo Remes* ja *Tapani Ruokanen* kertovat *Aukusti Oravalan* säilyttämän perimätiedon siitä, että Malmgren olisi ottanut vaimokseen Paavo Ruotsalaisen tyttären, Sohvin. Paavo ei suostunut antamaan tytärtään ruotsinkieliselle ja eri säätyyn kuuluvalle apteekkarille, vaan oli puhemiehenä Malmgrenin ja Maria Vesterlundin välillä. Tätä kertomusta heränneet eivät kuitenkaan aina ole pitäneet totena. *Saarisalo,* 1969, 105; *Remes* 1995, 90; *Ruokanen* 2 002, 165–166, 389.

[81] *Rosendal* 1902, 307–310; 1912, 94–97; *Saarisalo,* 1969, 105; *Remes* 1995, 90; *Ruokanen* 2002, 165; *Malinen* 2002, 60–61.

[82] *Remes* 1995, 89; *Malinen* 2004, 62.

[83] *Colliander* 1910, 314, 685; *Rosendal* 1912, 376–377; *Mustakallio* 1958, 99, 127–129; *Hyyryläinen* 1979, 62–63.

Frans Fredrik Lönnrot ja muitakin herännäispappeja Ristijärvellä

Ristijärvellä oli 1800-luvun puolivälistä lähtien heränneisiin lukeutuneita pappeja. Jonas Mellinin apuna oli vuonna 1842 Johan Gabriel Lagus ja vuonna 1848 Kustaa Reinhold Petterson. Mellinin kuoltua kappalaisena toimi Carl Johan Engelberg (1812–1894) vuodesta 1851 (virkanimitys vuonna 1854) vuoteen 1859.[84]

C. J. Engelbergin mentyä Nurmekseen Ristijärven kappalaiseksi tuli Elias Lönnrotin veljen poika Frans Fredrik Lönnrot (1830–1907) vuosiksi 1860–1907. Hän oli syntynyt Paikkarin torpassa Nurmijärvellä ja ollut Kajaanissa setänsä Elias Lönnrotin "kasvattina". Jo opiskeluaikanaan hän oli kuulunut heränneiden opiskelupiiriin. Hän oli ollut pappina Kemijärvellä, Sodankylässä, Kiimingissä ja Paltamossa. *Aarne Anttilan* mukaan hän oli saanut pietistisen herätyksen Sodankylässä. Siellä oli silloin ollut kirkkoherrana entinen Carl Saxa nuoremman apupappi J. F. Liljeblad.[85] Hän oli kirjoittanut Elias Lönnrotille:

> Terveisiä F. F. Lönnrotilta, veljesi pojalta, omalta kasvatiltasi. Se on nyt täällä minua auttamassa. Se on niin kuin näkyy monessa setänsä laatuinen. Kiitän sinua sen Jumalan lahjan ja armon edestä, että kasvatit ja opetit poikasen, josta on Jumalan kunniaksi, sinulle kiitokseksi mies tullut.[86]

Ristijärveläiset kunnioittivat Lönnrot-pappiaan. *Salomo Pulkkisen* mukaan hän oli "keyrettiläissuunnan tunnustaja" ja "hyvä puhuja saarnastuolista". Muut evät hänen aikanaan saaneet "kutsumusta nousta uskonasioista julkisesti tunnustamaan". Lönnrot ei oikein arvostanut maallikoita, mutta hän hyväksyi Pekka Janssonin. Kusti Huovinen oli hänen ystävänsä.[87]

Fr. Fr. Lönnrot ja Sofia Amanda o.s. Snellman.[88]

---

[84]*Colliander* 1910, 489, 594; 992; *Rosendal* 1912, 239, 323; *Kares* 1947, 39–40; *Arffman* 2004, 466–468, 471.
[85] *Anttila* 1931, 199.
[86] *Kares* III 1947, 38.
[87] *Kares* III 1947, 35.
[88] http://perinne.50 webs.com/pappilassa.html.

Fr. Fr. Lönnrot liikkui harvoin oman pitäjänsä ulkopuolella, mutta kirkkoon tuli väkeä ristijärveläisten lisäksi Puolangalta, Hyrynsalmelta ja Paltamosta, sieltä varsinkin Mieslahdesta, Härmänmäeltä ja Uuralta. Hän piti seuroja häiden ja hautajaisten yhteydessä, kodeissa, pappilassa tai, jos seuraväkeä oli runsaasti, pappilan pirtissä. Seuroissaan hän luki osan postillan saarnasta ja puhui lyhyesti.[89]

Ristijärven heränneiden joukko oli pieni. Seuroissa saattoi pappilan väen lisäksi olla vajaa kymmenen osallistujaa. Silloisissa Ristijärven perunkirjoissa mainitaan Siionin virret 20 kertaa ja vanha virsikirja 156 kertaa. *Salomo Pulkkisen* mukaan herännäisyyttä on ollut Ristijärvellä, "joskaan ei ehkä suuremmassa määrässä". Se on siellä tehnyt työtään salassa, ikään kuin pinnan alla, ja kaikkina aikoina on siellä ollut "todellisen mielenmuutoksen kokeneita henkilöitä".[90]

Sotkamossa aluksi suuria, mutta myöhemmin pieniä "heränneiden joukkoja"

Mauno Rosendal kirjoittaa, että Pettersonin kautta saatiin Sotkamossa "suuria herätyksiä". Kustaa Reinhold Petterson (1822—1890) oli siellä pappina vuosina 1845—1876. On huomattava, että siellä vaikuttivat silloin myös Pekka Jansson ja vähän aikaa Henrik Trast. *Jorma Wilmin* mukaan Pettersonin aikana seuroista tuli Sotkamon seurakunnan keskeinen työmuoto. Kuitenkin vuosina 1849–1867 kirkkoherrana toiminut Carl Benjam Ståhlberg (1795–1867) vastusti seuroja. Niiden pito yleistyi nähtävästi vasta vuoden 1869 jälkeen, kun konventikkeliplakaatti oli kumottu ja Sotkamon kirkkoherraksi oli tullut Kajaanin Viktor Lars Helanderin veli Reinhold Helander (1824—1881). Kempeleessä hän oli saanut vuonna 1848 Turun tuomiokapitulilta seurojenpitokiellonkin. Hän oli Niilo Kustaa Malmbergin ja Wilhelm Niskasen ystävä. Muut Kainuun papit olivat Paavo Ruotsalaisen tai Jonas Laguksen "oppilaita".[91]

Seuraperinne jatkui hiljaisena, koska Reinhold Helanderilla ei kiivautensa vuoksi ollut erikoisen läheistä yhteyttä heränneisiin. *Rosendalin* mukaan Pekka Jansson, joka kuoli vuonna 1882, piti koossa elämänsä loppuun asti "Sotkamon heränneitten pieniä joukkoja".[92]

---

[89] *Pulkkinen* 1912, 41—42; *Tuomi* 1978, 197; *Keränen* 2009, 86. Pappilan pirtit olivat sitä varten, että niissä seurakuntalaiset saattoivat keskustassa käydessään levähtää ja jopa yöpyä.
[90] KA SKHSA VI 41—60 WM. Väyrynen Malmbergille 12.11.1895; *Pulkkinen* 1912,40, 42; *Arffman* 2004, 475.
[91] *Rosendal* 1912, 96, 97, 307, 480; *Wilmi* 1997, 242.
[92] Rosendal 1915, 364—365.

Suomussalmelle herännäisyyttä C. A. Liliuksen ja Paavo Lassilan aikana[93]

Varsinaista herännäisyyttä alkoi esiintyä Suomussalmella, kun Carl Saxa -pappien jälkeen tuli sinne vuonna 1848 kappalaiseksi Carl Adolf Lilius (1811–1868). Hän hoiti tätä virkaansa vuoteen 1867 saakka. Ennen Suomussalmelle tuloaan hän oli ollut pappina Ylistarossa ja Kortesjärvellä tutustuen siellä heränneisiin. Hänen rouvansa oli Laihian rovastin Johan Stenbäckin tytär Margaretha Sofia. Johan Stenbäck oli taas Lars Stenbäckin serkku. Lilius perehtyi kainuulaiseen herännäisyyteen, kun V. L. Helander ja Pekka Jansson vierailivat hänen luonaan.[94]

C. A. Liliusta on muisteltu pitkään. Kun joku puhui Suomussalmella hyvin, sanottiin, että Niljus on noussut haudastaan. *Rurik Calamnius* on pitänyt häntä Suomussalmen merkittävimpänä pappina, kun taas Saxa -pappeja hän ei niinkään arvostanut. Liliuksella oli erikoisesti se merkitys, että hän ohjasi siellä Saxa-pappien aikaan syntyneitä herätyksiä "raittiiseen herännäisyyteen". Hän osasi lähestyä seurakuntalaisiaan, joten hän vaikutti heihin paljon. Hän oli kokenut Jumalan armon ja puhui siitä. *Calamniuksen* mukaan Lilius oli "huutavaisen äänenä korvessa". *Olavi Moilanen* on taas todennut, että hän "edusti opillisesti nöyrää kirvoitteluperinnettä, jossa ei langettu ylpeyteen ja hurskasteluun". Lilius aloitti seurojen pidon. Hän kiinnitti huomiota kansanopetukseen. Lukutaidon lisääntyessä kotihartaudet ja muu hartauskirjallisuuden käyttö yleistyivät.[95]

Edvard Merikarin mielestä C. A. Liliusta ei ole huomioitu tarpeeksi Kainuun herännäisyyttä tutkittaessa. Hän kirjoitti vuonna 1928 *Kainuun Sanomiin*:

> Luulen, että tämä jalo mies on kuitattu liian vähällä herännäisyyshistoriaan. Hänen työnsä jälkivaikutus on aivan harvinainen. Paikkakunta on maamme köyhimpiä ja harvimmin asutuita, mutta ryhtyipäs vieläkin S. heränneiden ukkojen kanssa juttusille hämmästyi heidän valaistunutta ymmärrystään ja voimakashenkistä sanailuaan.[96]

C. A. Liliuksen työn jatkajaksi heränneiden hoitajana tuli kiertokoulunopettaja Paavo Lassila (1836–1914). Hän oli Pudasjärven Haukivaaralla (kuuluu nykyisin Taivalkosken pitäjään) asuessaan omaksunut lestadiolaisten opin, mutta kymmenen vuoden kuluttua luopunut siitä. Suomussalmella hän oli saanut hengelliseksi opettajakseen Liliuksen. Niinpä Lassilasta tuli körttiläinen, ja ihmiset saivat uskonasioissaan häneltä avun. Kun he tiesivät, missä hän kiertävänä räätälinä

---

[93] Käytän tästä lähtien Kianta- nimen sijasta Suomussalmi-nimeä.
[94] *Colliander* 1910, 674; *Rosendal* 1912, 98, 476; *Romppanen* 2008, 19.
[95] *Calamnius* 1912, 171–174; *Järvilehto* 1954, 21–22; *Moilanen* 1987, 109.
[96] *KS* 20.10.1928, Herännäismuistoja Kajaanin puolelta.

lauantaisin majoittui, he menivät sinne. Näissä kohtaamisissa veisattiinkin, ja niin syntyivät seurat. Muutettuaan vuonna 1877 Näljängän kylälle hän sai piispalta kiertokoulunopettajan tehtävät ja seuranpitoluvan.[97]

C. A. Liliuksen ja Paavo Lassilan aikana lännestä ja pohjoisesta Kainuuseen levisi myös lestadiolaisuutta. Koska Suomussalmella oli jo huomattavaa herännäisyyden vaikutusta, se sai siellä vähän kannatusta. Yhä tunnetaan lestadiolaisten toteamus: "Liliuksen liima ja Hauki-Paavon hapatus ovat Suomussalmella niin lujassa, etteivät sinne muut opit pysty".[98]

Paavo Lassila torjui lestadiolaisuuden ehkä siksi, että hän oli entinen lestadiolainen. Heidän ja Lassilan välillä oli joskus koviakin "kohtaamisia". Vaikka Lassila oli kiivas mies, tahtoi hän olla lestadiolaisten kanssa sovinnossa. Hänen sopuisuudestaan kertoo se, että hän säilytti hyvät välit Paavo-poikansa kanssa, vaikka tämä oli kääntynyt isänsä hylkäämään lestadiolaisuuteen.[99]

Hyrynsalmellakin herätystä ja herännäisyyttä

Matti Mikkosen vaikutus oli tuntunut Hyrynsalmellakin. Siellä oli myös herätys- ja herännäishenkisiä pappeja. Hyrynsalmen kirkkoherrana oli vuosina 1847—1849, Carl Saxa nuorempi, hänen jälkeensä virkaa tekevänä kirkkoherrana vuosina 1849—1853 Carl Otto Tenlen ja kirkkoherrana vuosina 1858—1869 Jonas Kristian Castren. *Edvard Merikari* kertoo *Kainuun Sanomissa* Jonas Castrenin olleen niin "hurskaan", että käydessään hevosella Hyrynsalmelta Oulussa hän "pyhitti matkoillaankin sabbatin, pysyen sen päivän pois tieltä".[100]

Myös Ristijärven kappalaiset Carl Johan Engelberg ja Frans Fedrik Lönnrot kävivät Hyrynsalmella. He pitivät siellä kirkkoherransa kanssa kinkereitä ja jumalanpalveluksia, sillä heidän kuului osallistua emäseurakuntansa toimintaan, mikä oli ainutlaatuista koko Suomessa.[101]

---

[97] *Järvilehto* 1954, 6, 29, 37, 49, 64—65.
[98] SKSK KKA XX. Suomussalmi 4. Robert Juntunen; 5. Johannes Moilanen; 6. Helena Moilanen; Manne Juntunen; 29—31; *Järvilehto* 1954, 6, 19, 28, 29, 37, 49, 64, 65; *Lohi* 1997; 544.
[99] *Järvilehto* 1954, 28, 46—48; *Romppanen* 2008, 84.
[100] *KS* 20.10.1928, Herännäisyysmuistoja Kajaanin puolelta.
[101] *Colliander* 1910; 136—137; *Rosendal* 1902, 302; 1912, 475; 1915, 356; *Calamnius* 1912, 169; *Haapanen* 1936, 49; *Ahonen* 1961, 172; *Bucht* 1975, 6, 7.

Anders Nils Holmström ja muita herännäispappeja arkkipiispan nuhdeltavina

Kuhmoniemellä oli ollut pietististä herätystä jo vuosina 1834–1835. Silloin lapsetkin olivat nähneet kauheita unia ja saarnanneet horrostilassa. Varsinaisina "herännäisyyden tulien sytyttäjinä" pidetään kappalaisen apulaisena vuosina 1845–1846 toiminutta Jonas Laguksen sukulaista Johan Gabriel Lagusta ja hänen sisartaan Rosalinaa (Johana Rosalie). Herännäisyys levisi varsinkin armovuoden saarnaajana vuosina 1846–1849 toimineen Karl Fredrik Staudingerin ja kappalaisena vuosina 1849–1859 toimineen Anders Nils Holmströmin välityksellä. He pitivät seuroja ja myivät hartauskirjoja. Körttipukukin oli käytössä.[102]

Anders Nils Holmström (1808–1871) oli tullut Kuortaneelta ja kuului Jonas Laguksen ystäviin. *Mauno Rosendal* puhuu "Holmströmin vaikutuksesta syntyneestä liikkeestä". Hänen tarmokas seurojenpitonsa ei voinut olla herättämättä huomiota varsinkin, kun hän oli jo ennestään tunnettu herännäispappi.[103]

Kuhmoniemi oli Sotkamon kappeliseurakunta. Vuonna 1849 Sotkamon kirkkoherraksi tullut Karl Benjamin Ståhlberg (1795–1867) vastusti heränneiden seuroja ja varsinkin Holmströmin toimintaa. Hän ilmoitti siitä arkkipiispa Edvard Bergenheimille. Tämä otti asian esille Paltamon piispantarkastuksessa 9.9.1850 kieltäen seurojen pidon, körttipuvun käytön ja pappien matkustelemiset muuten kuin kirkkoherran luvalla. Tähän Holmström oli vastannut kunnioittavasti, mutta päättäväisesti, ettei voinut seurojenpitokieltoa noudattaa. Päähuomio kohdistui Holmströmiin, mutta arkkipiispan moite koski myös muita paikalla olleita herännäispappeja, kuten Viktor Lars Helanderia ja Johan Krankia, Reinhold Pettersonia ja Henrik Schwartzbergia. *Hannu Mustakallion* mukaan Bergenheim katui pian jyrkkyyttään, koska ei seuraavana päivänä puhunut Kajaanin ala-alkeiskoulun tarkastuksessa sen viranhaltijoille V. L. Helanderille ja Johan Krankille asiasta enää mitään.[104]

Jonas Laguksen ystävällä ja aiemmin muihinkin heränneisiin myönteisesti suhtautuneella arkkipiispa Bergenheimillä oli omat syynsä jyrkkään esiintymiseen. Valtiollinen tilanne oli Suomessa ollut jo aiemminkin sellainen, että heränneiden toimintaa epäiltiin. Nikolai I:n hallituskaudella katsottiin kaikkia länsimaisia

---

[102] SKSK KKA. Kuhmo. Herätysliikkeiden vaiheita Kuhmossa; *Colliander* 1910, 302.
[103] *Rosendal* 1912, 554–557.
[104] *Colliander* 1910, 302, 661, 1085; *Mustakallio* 1958, 132–134; *Ahonen* 1961, 173; *Remes* 1995, 90, 141–143, 183, 385; *Murtorinne* 1992, 144. *Remes* käyttää Paltamon kokouksesta rovastikuntakokous-, *Rosendal* kontrahtikokous- ja *Mustakallio* piispantarkastus -nimeä.

uudistuksia kumouksellisiksi. Jo vuosien 1838–1839 Kalajoen käräjillä syytettiin heränneitä luvattomasta seurojen pidosta ja varojen keräämisestä lähetystyöhön.[105]

Erikoisesti Pariisissa vuonna 1848 puhjenneen helmikuun vallankumouksen yhteydessä olleiden levottomuuksien pelättiin leviävän myös Suomeen. Maaliskuun 6. päivänä 1850 tuli voimaan sensuuriasetus, jonka mukaan suomeksi ei saanut julkaista muuta kuin uskonnollista ja taloudellista kirjallisuutta. Kenraalikuvernööri Mensikov sai tehtäväkseen valvoa suomalaisten toimintaa.[106]

Vallankumouksen pelkoa ilmaisi myös syrjäisestä Kuopiosta alkaneiden tapahtumien kulku. Sieltä oli ilmoitettu suoraan kenraalikuvernöörin virastoon, että "vaaralliseksi" katsotun Johan Wilhelm Snellmanin johtaman lukion "teologian lehtori", maisteri Julius Immanuel Bergh oli kirkossa saarnatessaan hyökännyt virkamiehiä vastaan. Julius Immanuel Bergh oli yksi Paavo Ruotsalaisen läheisimpiä ystäviä ja tukijoita. Kenraalikuvernöörin toimiston pyydettyä Porvoon piispalta Carl Gustaf Ottelinilta tapahtumasta lisätietoja tämä piti Kuopiossa piispantarkastuksen ja lähetti asiasta salaisen asiakirjan muodossa tyynnyttäviä tietoja. Samalla hän lähetti myös tiedon Paavo Ruotsalaisen käräjillä saaneesta juoppoussyytteestä.[107]

Arkkipiispa Edvard Bergenheim sai huhtikuussa 1850 kenraalikuvernööri Mensikovilta osastopäällikkö Walleenin henkilökohtaisesti tuomana suomalaisten valvomista koskevan kirjeen, joka aivan kuin pakotti häntä vastustamaan herännäisyyttä. Siinä luki:

> Ruotsin demokraattiset sosialistit yrittävät vaikuttaa kansan moraaliin levittämällä oppeja, jotka tuhoavat käsityksen jumaluudesta, Hallituksesta ja omaisuudesta. Ryhdyttyäni minusta riippuviin poliisitoimenpiteisiin, katson velvollisuudekseni nöyrimmin pyytää, että Teidän Korkea-arvoisuutennekin auttaisi hallitusta sen pyrkimyksissä säilyttää yleinen moraali osoittamalla Teidän alaisellenne papistolle sen suunnan, mitä sen tulee noudattaa kansan pelastamiseksi näiden turmiollisten oppien vaikutuksesta, sekä yleensä ryhtymään sellaisiin toimenpiteisiin, joihin Teidän isänmaanrakkautenne ja korkea tehtävänne Suomen kansan siveellisen elämän valvomiseksi antaa aihetta.[108]

---

[105] *Murtorinne* 1992, 144.
[106] *Kansanaho* 1958, 424; *Ruokanen* 2002, 346.
[107] *Ruokanen* 2002, 333– 353, 356–360.
[108] *Ruokanen* 2002, 348–349.

Herännäisyys yksinäisten yhteyttä ja postillakristillisyyttä

Olavi Kares on todennut:

> Kainuun herännäisyydessä on ollut samoja erikoispiirteitä kuin tuossa maakunnassa ja kansassa. Ei ole siellä ollut väkevää herännäisasutusta, missä sisäisen elämän rikkaus on pukeutunut selväpiirteisiin ja kauas havaittaviin muotoihin. Heränneen kansan elämä Kainuun saloilla on ollut yksinäisten yhteyttä.[109]

Heränneiden löyhään verkostoon kuuluneet seurakuntalaiset lukivat vanhoja hartauskirjoja, vierailivat toistensa luona ja kirjoittivat kirjeitä. He kävivät myös satunnaisesti järjestetyissä seuroissa.[110]

Pohjanmaalla ja Savossa oli 1800-luvun puolivälissä heränneiden välillä ristiriitoja. Evankelisen liikkeen perustaja Fredrik Gabriel Hedberg (1811–1893) erosi kannattajineen heidän joukostaan vuonna 1844. Niilo Kustaa Malmbergin ja Wilhelm Niskasen ystävien eli niskaslaisten ja Jonas Laguksen ystävien eli toistupalaisten välillä oli erimielisyyksiä. Lisäksi suurin osa herännäispapeista erosi herännäisyydestä vuonna 1852. He liittyivät omaan raamatulliseen suuntaansa, jota saksalaisen teologin Johan Tobias Beckin mukaan sanotaan beckiläisyydeksi.[111]

Kainuussa vanha herännäishenki säilyi yhtenäisenä. Se ilmenee vuonna 1892 *Hengellisesä Kuukauslehdessä* olleessa Wilhelmi Malmivaaran kirjoituksessa, jossa hän toteaa: "Onneansa saavat kiittää muutamat syrjäiset seurakunnat, joihin ei riidan henki ulottunut". Esimerkkinä hän mainitsee Ristijärven.[112]

Tästä kirjoitti myöhemmin *Edvard Merikari Kainuun Sanomissa*:

> Tosiasia on, että toistupalaisia sanan alkuperäisessä merkityksessä ei Kajaanin puolella ole ollutkaan ainakaan huomattavasti, vaan koko Kainuun herännäisyys on juuri Laguksen "kannan" ja "hengen" leimaamaa, Rosendalia siteerakseni.[113]

Kainuun herännäisyys olikin yhtenäistä "laguslaista" herännäisyyttä. Melkein kaikki Kainuun heränneet olivat samanhenkisten Paavo Ruotsalaisen ja Jonas Laguksen ystäviä.[114]

Paavo Ruotsalaisen merkitys johtuu siitä, että hän oli monien aikalaistensa tavoin hyvin "liikkuvainen". Hän kävi vuosittain Kajaanin markkinoilla etenkin uskonystäviään tervehtimässä. Jonas Laguskin kävi Kainuussa ja tapasi sen heränneitä. Jäätyään kaksi kertaa leskeksi hän avioitui vuonna 1850 serkkunsa,

---

[109] *Kares* 1947, 35.
[110] *Arffman* 2004, 471.
[111] Esim. *Siltala* 1992, 338–418; *Remes* 1995, 251–295, 327–411.
[112] *HK* 1892, 228. Sananen herännäisyydestä.
[113] *KS* 29.9.1928. Herännäismuistoja Kajaanin puolelta.
[114]*Rosendal* 1902, 310; *Ruokanen* 2002, 323.

Sotkamon kirkkoherra Gabriel Laguksen tyttären Johanna Rosalien kanssa. Morsiamen kodissa pidetyissä häissä olivat mukana Johan Gabriel Lagus, K. R. Petterson, A. N. Holmström, Henrik Schwartzberg, V. L. Helander, Pekka Jansson ja Henrik Trast.[115]

Myös Frans Fredrik Lönnrot oli Jonas Laguksen ystävä. *Rosendal* on todennut: "Uskollisemmin kuin Engelberg ja Fr. Fr. Lönnrot lienee tuskin kukaan opissa ja elämässä noudattanut tuon opettajan neuvoja". Fr. Fr. Lönnrot seurasi Jonas Laguksen perheen tapahtumia hänen kuoltuaankin. Vuonna 1881 hän kirjoitti C. J. Engelbergille: "Wiime elokuulla kulin Pyhäjärvellä Lagus-vainajan tyttären häissä, joka tuli naimiseen Malmbergin kanssa Kuopiossa."[116]

Fr. Fr. Lönnrotin kirjeet ja saarnat ilmaisivat sen, mikä oli Kainuun vanhalle herännäisyydelle tunnusomaista. Hän pyrki saamaan kuulijansa synnin tuntoon ja ymmärtämään, että kuolemattoman sielun pelastuminen on elämän tärkein asia. Herätyskään ei riittänyt. Siitä vasta alkoi sota sielunvihollista, surutonta maailmaa ja omaa itsekästä lihaa vastaan, jotta sielu lopulta pelastuisi. Fr. Fr. Lönnrot teroitti Laguksen tavoin "alimmalla portaalla" pysymistä. Oli tutkittava Sanaa ja yritettävä elää sen mukaan, mutta se vei aina parannuksen paikalle. Hän puhui "pelvossa" vaeltamisesta, mutta samalla muistutti Vapahtajan armollisuudesta katuvaa syntistä kohtaan. Vasta kuoleman hetkellä tuli selväksi, oliko kilvoittelija loppuun saakka pysynyt "köyhänä" ja vanhurskautettu.[117]

Vanhan herännäisyyden itsetutkistelun ja kilvoittelun henki tulee esille muun muassa Fr. Fr. Lönnrotin vuonna 1885 C. J. Engelbergille lähettämässä kirjeessä:

> Niin eihän tässä muu auta, kuin sellaisina kuin ollaan ruveta kahtomaan sen ainoan Armahtajan puoleen. Mutta voi kuinka hitaaksi siinä itsensä löytää… Niin se on. Vaan ei muuta neuvoa kuin vaikeroida huonoudessaan, että jos Herra ei sittenkään heittäisi hukkumaan, vaan ottaisi meidät aina parannuksen tielle ja vaikuttaisi sen meissä, mikä Hänelle kelpaa. Meillä on raamatussa monta esimerkkiä, miten Daniel, Manasse, Pietari, tuhlaajapoika, publikani kananean vaimo ryöväri ja mm. ovat armon saaneet. Näiden läksyjä tulis meidänkin opetella ja harjoituksessa pitää. Ei sitä lentämällä eikä yhdellä hyppäyksellä taivaaseen mennä, ahtauden ja monen vaivan ja vastuksen läpi täytyy opetella pakkaamaan, varsinkin näinä vaarallisina aikoina.[118]

[115] *Rosendal* 1902, 313–317; 1912, 94–99, 480; *Juurmaa* 1948, 143; *Ahonen* 1961, 74, 172; *Moilanen* 1998, 115; *Arffman* 2004, 456. Gabriel Lagus oli kuollut jo vuonna 1833. *Colliander* 1910, 662.
[116] JAA Fr. Fr. Lönnrot G. J. Engelbergille 12.10.1881; *Rosendal* 1915, 362.
[117] SKS KKA XVIII. Puolanka 10. Janne Benjamin Virrankari; *Rosendal* 1915, 362; *Lönnrot* 1980, 5–9; *Arffman* 2004, 471–472.
[118] KA Engelbergin sukuarkisto 1. Fr. Fr. Lönnrot Carl Johan Engelbergille 10.3.1885.

Fr. Fr. Lönnrot vastusti Runebergin virsistä lähtien kaikkea sitä, missä ei puhuttu kilvoituksesta, vaan sielun pelastuksesta sen ohi. Kainuun vanhalle herännäisyydelle on ollut ominaista myös Herralta saadun ristin korostaminen. Alatien kulkijana on nöyrryttävä elämään ristin taakan alla, sillä se on Jumalan armoa. Siinä varoitettiin myös väärästä uskonvarmuudesta.[119]

Tästä on osoituksena Fr. Fr. Lönnrotin vastauskirje C. J. Engelbergille, joka oli kerrottuaan hänelle monenlaisista vaivoistaan ilmaissut, ettei ymmärtänyt seurakuntansa evankelisia.[120] Fr. Fr. Lönnrot oli samaa mieltä ja kirjoitti:

> Ahtaus näyttää teillä olevan sekä sisällinen että ulkonainen. Näin se on Herran tahto, että pitää meitä painon ja kurin alla, että sielu pelastetuksi tulisi. Tie Hänen valtakuntaansa on ristillä merkitty... Tehkööt muut, joilla varat kannattaa helisevää parannusta ja kerskatkoot uskostaan, vaikka se olisi kuin päässä ja luulossa; meille välttää ja eipä olekaan pieni etu, jos saisimme vikaimme ja puutteemme kanssa häpiällä kitua elämän Herran edessä.[121]

Armo on ollut esillä jo vanhassa herännäisyydessä. Paavo Ruotsalaisen *Muuan sana heränneille talonpojan säädystä* -kirjasessa todetaan.:

> Mikä on se ahdas portti, josta Raamattu niin paljon puhuu? Eikö se ole tämä: Kun syntinen näkee Jumalan vihan lepäävän päällänsä ja on kasteenliiton rikkoja, niin eikö hänen tässä pitäisi mielellään seisoa Herran edessä kaikkien nuhteitten alla, mitä omassatunnossa on, seisoa alallaan Herran edessä siihen asti, kunnes hän saa sisällisesti tuntea, että hänellä on tuttava armo...[122]

Tässä myös ilmaistaan, mitä paljon puhuttu "Kristuksen sisällinen tunto" on.

Pekka Jansson oli kirjoittanut vuonna 1826 *Halullisten sieluin Hengelliset laulut* -kirjansa kanteen: "En minä epäile, vaikka maailma minua soimaa. Kristuksen ansioon minä turvaan. Hän vielä vahvistakoon minua". [123]

Vanhassa herännäisyydessä korostettiin *Möllerin katekismuksen* kuvaamaa armonjärjestystä. Fr. Fr Lönnrotin oppilas Jaakko Heikkinen ilmaisee sen nimellä parannuksen järjestys. Hän toteaa:

> Lyhyt maine parannuksen järjestyksestä, joka huomataan eri vaiheina kun Jumalan henki johdattaa surutonta syntistä Jumalan armoon ja Jeesuksen tuntemiseen. Jumala kutsuu, herättää, valaisee, kääntää, uudesti synnyttää ja vanhurskauttaa eli synnit antaa anteeksi ja Kristuksen vanhurskaudella peittää. Nämä eri vaiheet ei parannuksen, nimittäin ensimmäisen suuren parannuksen työn alla ollessa selviä.

---

[119] SKS ELK. Fr. Fr. Lönnrotin ja G. J. Engelbergin kirjeenvaihto; SKS KKA XVIII. Puolanka 10. Janne Benjamin Virrankari; *Rosendal* 1915, 362; *Kares* 1947, 106; *Arffman* 2004, 467; 472.
[120] Engelbergin kirje: KA Engelbergin sukuarkisto 1. 30.7.1886. Carl Johan Engelberg Fr. Fr. Lönnrotille.
[121] KA Engelbergin sukuarkisto 1. Fr. Fr. Lönnrot Carl Johan Engelberille 17.8.1886.
[122] *Ruotsalainen & Malmivaara*1978, 10–11.
[123] *Malinen* 2004, 35–36, 49.

Vasta sitten kun on jouduttu uudessa kuuliaisuudessa kulkemaan kaitaa elämäntietä ja kilvoittelemaan kaikkia kiusauksia vastaan.[124]

Jonas Lagus puhui paljon ikävöivästä uskosta. Se oli tähän aikaan yleisestikin esillä kirkon opetuksessa. Heränneiden suosimassa *Möllerin* katekismuksessa vastataan kysymykseen: "Mitä on usko Kristuksen päälle" näin:

> Se on yksi sydämellinen ikävöitseminen ja halu sen armon ja autuuden perään, jonka Kristus ansainnut on, niin myös sydämellinen luottaminen ja turvaus Kristuksen tygö.[125]

Körttipuku körttiläisten tunnuksena

Heränneitä on sanottu körttiläisiksi heidän pukunsa vuoksi. Nimitys oli alun perin pilkkanimi. Kajaanissa vierailleiden Pohjois-Savon ja Pohjois-Karjalan heränneiden esimerkkiä seuraten Kainuunkin heränneet alkoivat käyttää sitä. *Rosendalin* mukaan kukaan ei heitä siihen pakottanut, mutta "epäiltiin maailman ystävyydestä jokaista, joka ei herättyään ottanut esimerkkiä noudattaakseen."[126]

Kiannalla (Suomussalmella) jo Carl Saxa vanhemman vaimo Maria Nylander käytti "kolmikörttiröijyä". Hän oli tuonut sen mukanaan Oulusta. Suomussalmella se ei ollut vain heränneiden puku, vaan sitä käytettiin yleisesti.[127]

Salomo Pulkkinen mainitsee kirjassaan *Ristijärven muistoja ja kuvauksia*, että Ristijärvellä monet vanhat miehet ja naiset "kantoivat kerettipukua merkkinä siitä, että hyväksyivät heränneisyyssuunnan", mutta todellisia heränneitä oli hänen mielestään heidän joukossaan vain muutamia.[128]

Kustaa Vilkunan mukaan Kajaanissa, Paltamossa, Sotkamossa Ristijärvellä ja Hyrynsalmella käytettiin vuonna 1928 vielä vähän körttipukua. Se on vanha kansan puku ja "länsimainen, lähinnä ruotsalainen laina". Nimet röijy ja tröijy (=ruots. tröja), körtti (skört) ja västi (väst) kertovat siitä. Heränneet ottivat sen tunnusmerkikseen. Se esti myös nuoria liittymästä maailmallisiin rientoihin. *Niina Putkosen* mukaan se sitoi käyttäjänsä talonpoikaiseen perintöön ja samalla oli talonpoikien reaktio yhteiskuntamuutoksille. Länsi-Suomessa sitä käytettiin 1750-

---

[124] *Korven ääni* 1976, 11; *Arffman* 2004, 508. Korven ääni -kirja on kokoelma Kainuun Sanomissa olleista Jaakko Heikkisen hartauskirjoituksista.
[125] *Kares* 1947, 144.
[126] *Rosendal* 1902, 310.
[127] *Nieminen & Dobrinin 1999,* 54; *Romppanen* 2008, 77.
[128] *Pulkkinen* 1912, 41.

luvulta lähtien ja se oli yleinen koko maassa 1800-luvulla. Heränneiden pappisjohtajat eivät tiettävästi suositelleet sitä. He vain varoittivat "maailman syntisestä koreudesta".[129]

Pohjanmaalla körttipuvut ovat olleet "säntillisempiä" kuin Savossa, jossa siitä on ollut muunnoksia värien suhteen. Röijyksi kutsuttu miesten pystykauluksinen takki tehtiin yleensä vaaleanharmaasta sarasta. Etelä-Pohjanmaalla se tehtiin tummanharmaasta sarasta, ja sitä nimitettiin körttiröijyksi eli västiksi. Takin selkäpuolen liepeessä oli kolme pystysuoraa halkeamaa, "körttiä", jotka puuttuivat usein kainuulaisten puvuista. Miesten housut, joita sanottiin laukku- tai peltihousuiksi tehtiin samasta kankaasta kuin röijy. Niiden nimi johtui etuaukon peittävästä kielekkeestä eli laukusta, joka suljettiin kolmella vaski- eli "ponkanapilla". Miesten asuun kuuluivat paita, liivi, pieksusaappaat ja musta huopahattu. Alushousut korvasi joskus päällyshousujen vuori. Miesten tukka leikattiin niskassa tasaiseksi. Jakaus oli keskellä päätä. [130]

Naisten tukka oli niskassa yhdellä "letillä" eli palmikolla. Jakaus oli heilläkin keskellä päätä. Tumman siniseen, tumman harmaaseen tai mustaan pukuun kuuluivat nilkkoihin saakka ulottuva, runsaasti laskostettu hame ja tiukasti edestä hakasilla kiinnitetty röijy. Siinä laskeutuivat lanteille isoina poimuina lyhyet körtit. Hartioilla pidettiin sinistä tai mustaa huivia, niin sanottua "hilkkua", jossa oli reunassa vaaleansinisiä juovia. Päässä pidettävä samanvärinen huivi oli yksivärinen tai reunoistaan raidallinen.[131]

---

[129] *Vilkuna* 1928, 62, 66; *Putkonen* 2008, 26–27.
[130] *HK* 1932 182; *Rosendal* 1912, 310; *Vilkuna* 1928, 64–75; *Kares* 1932, 74; 1947, 107.
[131] *Vilkuna* 1928, 73–74.

Uutta vanhan rinnalle 1800–1900 -lukujen vaihteessa

Kainuu kehittyy

Maa- ja metsätalous uudistuu

Kainuulaiset olivat 1900-luvun alkuun saakka vanhoillisia ja elivät hyvin vaatimattomasti. Keisarillisen Senaatin asettaman Kajaanin kihlakunnan taloudellisia oloja tutkivan komitean vuonna 1910 laatimasta mietinnöstä todetaan:

> Säätyerotusta ja rajaa ei juuri huomaa talollisen ja mäkitupalaisen välillä. Talonmies ja palkkalainen, syöden yhdessä ja maaten yhdessä niin kuin työnsäkin yhdessä tekevät, jakavat yhdessä hyvänsä ja pahansa ja naittuvat ristiin… [132]
> Niin kuin isä teki, niin tekee poika ja pojan poika haluamatta isosti muuttaa "talon tapaa", vaikka siihen saisi näkemästään tai kuulemastaan aihettakin.[133]

Komitean jäsenen Johannes Väyrysen mielestä alkeellisuuden syinä olivat harva asutus, vanhoillisuus, elämäntapojen askeettisuus, siisteyden puute, elinkeinojen kehittymättömyys, omatekoiset työkalut ja alkoholin runsas käyttö. Elias Lönnrotin mukaan 1800-luvun alkupuolella "juoppouden pahe" oli yleinen ja "säätyhenkilöt näyttivät huonoa esimerkkiä". Pahoinakin vuosina tehtiin viljasta viinaa.[134]

"Elämäntavan askeettisuus ja siisteyden puute" olivat syynä pienten lasten suureen kuolleisuuteen. Vielä niinkin myöhään kuin vuoden 1923 uudenvuodenpäivänä Eljas Lönnrot totesi Sotkamon kirkollisissa kuulutuksissaan: "Sangen korkea kuolevaisuusprosentti (20 % kaikista kuolleista on ollut alle 1 v lapsia) osoittaa hyvin vajavaista kykyä hoitaa sylilapsia".[135]

Virkaa tekevä lääninrovasti, Kuhmoniemen kirkkoherra K. A. (Karl Alexander) Phaler katsoi suomussalmelaisten kurjuuden olevan heidän omaa syytään. Hän kirjoitti vuonna 1904 rovastikuntakertomukseensa:

> Suomussalmen kansa on vajonnut taloudelliseen epätoivoon, eivätkä lahjana saadut hätäapuvaratkaan ole pystyneet sitä kohottamaan. Kaiketi heille on teroitettu (2. Moos. 20:9.) jumalanpalveluksen ensimmäistä kohtaa, työntekoa samoin kuin elämänhallintaa, työniloa ja isänmaanrakkautta.[136]

---

[132] *Turpeinen* 1985, 98.
[133] *Heikkinen* 1995, 207–208; *Rytkölä* 1998, 47.
[134] *Heikkinen* 1986, 22; 1995, 207–208.
[135] SKA II 9. Kirkolliset kuulutukset.
[136] OMA Eb 81 Kajaanin Kaupunki- ja Maaseurakunnan piispantarkastuspöytäkirjat 1872–1935. Piispantarkastuspöytäkirja 28–31.5.1904. Kertomus Kajaanin rovastikunnan tilasta vuosilta 1898–11.5.1904.

Mauno Rosendal kertoo Kainuun asukkaiden virkamiehiä vierastavasta luonteesta sanoen heitä jopa "villiytyneiksi salon kulkijoiksi".[137]

Virkamiesten tuoma valistus oli *Heikki Rytkölän* mukaan Kainuussa ylivoimaisen tehtävän edessä. Hän kyseli, oliko heillä ja Kajaanin seudun barbaareilla edes edellytyksiä "puhua samaa kieltä — ymmärtää syvemmin toisiaan" ja totesi:

> Merkille pantava on, että Kainuun kehittämiseksi laadittu komiteamietintö vuodelta 1910 antaa niin konservatiivisen kuvan, vaikka maakunta on saanut rautatien, seminaari aloittanut toimintansa, työssäkäynti muualla oli lisääntynyt suuresti ja muutto Amerikkaan vei tilatonta väestöä. Vahvaa käymistilaa oli jatkunut lähes sata vuotta, mutta henkisesti kainuulainen eli tukevasti vanhoillaan.[138]

Vienan Karjala oli tunnetusti konservatiivista aluetta. Sen vanhauskoiset asukkaat korostivat perinteisten tapojen noudattamisen tärkeyttä joka alalla. Kainuulaisten ja vienalaisten välillä oli vielä 1800-luvulla paljon yhteyksiä. Kajaanin markkinoilla tavattiin sieltä tulleita kauppiaita. Lisäksi maakauppiaat eli "laukkuryssät" kulkivat pitkin kyliä myymässä tavaroitaan, karjaa ja viljaa.[139]

Lehdissä oli myös varoituksia. *Oulun Ilmoituslehdessä* luki vuonna 1893:

> Eikä ihme, jos näin on, koska on niin yleinen se ajatuskanta, ettei pidä huolehtia huomisesta päivästä, vaan kullakin päivällä olkoon surunsa. Täällä eletään vielä kuin taivaan linnut, jotka eivät säästöjä hyvin kokoo; vaan sittenpä kuollaankin kuin taivaan linnut, kun vaan kova ilma kohtaa.[140]

Oiva Turpeisen mukaan kainuulaisten riskialttius ja "hitaus järkevään tulevien vuosien varautumiseen" johtui pappienkin julistuksesta. Katovuodet olivat heidän mielestään Jumalan lähettämiä koettelemuksia, joihin oli tyytyminen.[141] Tästä on osoituksena K. A. Phalerin sanomalehtikirjoitus vuonna 1909:

> Niin tästä kuin entisistä katovuosista on paljon opittu. Yleensä on näissä Jumalan johdatus ihmeellisesti tullut näkyviin. Herra laskee kuorman päällemme, mutta samassa määrässä hän kulloinkin myös auttaa.[142]

Turpeisen mukaan matkailu avarsi näkemyksiä. Kun tervan ja viljan kuljettajat saivat Oulun matkoillaan omin silmin nähdä pohjalaisten maataloutta, heidän vanha ajatustapansa alkoi murtua. Myös Ruijassa, Kuusamossa ja Kemijokivarressa työssä käyneet saivat uusia vaikutteita. Kainuussa tapahtui todellinen murros. Hän kertoo

---

[137] *Rosendal* 1915, 363.
[138] *Rytkölä* 1998, 48.
[139] *Ranta* 1997, 125–159; *Rytkölä* 1998, 48; *Turpeinen* 2002, Kun kahvi tuli Kainuuseen, 63.
[140] *Turpeinen* 2002, Kainuu nälkämaana, 49.
[141] *Turpeinen* 2002, Kainuu nälkämaana, 48.
[142] *Turpeinen* 2002, Kainuu nälkämaana, 48.

myös edistyksellisestä Salomo Pulkkisesta, joka oli merkittävä henkilö heränneidenkin joukossa.[143]

Maanteitä oli rakennettu eri pitäjien välille 1800-luvun puolivälistä lähtien. Iisalmen ja Kajaanin välille saatiin rautatie vuonna 1904. Liikenneolojen paraneminen vaikutti ratkaisevasti kainuulaisten elämään Radan ansiosta Kainuuseen tuli *Turpeisen* mukaan jopa uusi aikakausi. Puukauppa vilkastui ja puun hinnat nousivat. Muukin kaupallinen elämä parani.[144]

Turpeinen tuo esille myös pappien, maakauppiaiden, virkamiesten ja opettajien osuuden maaseudun väestön henkisessä avartumisessa. Koulujen myötä luku- ja kirjoitustaito kohenivat. Siitä seurasi kirjojen ja sanomalehtien ahkerampi lukeminen niin, että perustettiin kirjastojakin. Maaseudun väestön sanomalehti-innostus alkoi 1870-luvulla, jolloin saatiin elää entistä parempaa aikaa. Myös vilkastunut valtiopäivätoiminta, asevelvollisuuslaki ja Balkanin sota innostivat seuraamaan yhteiskunnallisia asioita.[145]

Muutos näkyy myös sanomalehtikirjoituksissa. Eräs mieshenkilö Paltamon Mieslahdesta kirjoitti 17.1.1906 ilmestyneeseen *Kajaanin Lehteen*:

> Entiset esi-isien aikaiset elämäntavat eivät tyydytä enää nykyaikaista elämää. On huomattu, että kaikki epäinhimillisyys on johtunut ettei meitä ole sillä tavalla opetettu, että olisimme tienneet, mitä meillä on velvollisuutta Jumalaa, lähimmäistämme, isänmaatamme ja itseämme kohtaan.
> Mutta viime aikoina olemme tuosta vähän saaneet selkoa ja samalla tulleet näkemään, miten paljon olemme jääneet jälkeen. Näin saadun kokemuksen ja tiedon vaikutuksesta olisi meillä halu korjata ja kokonaan poistaa se tasallaan olo, johon pimeänä aikana syntyneinä olemme jääneet. Siksipä taistellaan täällä tuimaa taistelua luihin ja ytimiin juurtuneiden tapojen ja ennakkoluulojen kanssa.[146]

Puolankalainen talonpoika taas sai aiheen kirjoittaa 7.3.1906 *Kajaanin Lehteen*:

> Niin pian, kun alettiin lamppuöljyä kulettaa tännekin sydänmaan pimeille perukoille, heitettiin pois päreitten kiskominen niin tämäkös toi uutta innostusta, alettiin tilata sanomalehtiä ja muutakin kirjakultaa, joka heti aukaisi silmät näkemään ja huokaamaan "ah paljon puuttuu multa".[147]

Kainuun maaseudulla, kuten muuallakin Suomessa saatiin elanto enimmäkseen maa- ja metsätaloudesta 1900-luvun alkupuolelle saakka. Viljelytilat olivat kuitenkin pieniä. Vuonna 1910 Kainuussa oli viisi yli 25 peltohehtaarin tilaa. Vuonna 1930 oli yli 10 hehtaarin viljelytiloja 243, eli 4,8 % Kainuun tiloista. Alle

---

[143] *Turpeinen* 2002, Kainuu nälkämaana, 54.
[144] *Turpeinen* 1992, 278–288, 293–294; 2002, Kainuu nälkämaana, 58; 2002, Kun kahvi tuli Kainuuseen, 63; *Väisänen* 2002, 66.
[145] *Turpeinen* 2002, Kainuu nälkämaana, 54–58.
[146] *Turpeinen* 2002, Kainuu nälkämaana, 106.
[147] *Turpeinen* 2002, Kainuu nälkämaana, 72.

viiden hehtaarin viljelytiloja oli 4108, eli 80,6 %. Maanviljelyä ja karjanhoitoa harjoitettiin vain omiksi tarpeiksi. Rahaa saatiin metsän tuotteilla ja metsätöillä.[148]

Tervanpoltto oli vielä 1800-luvun lopulla yleistä, mutta 1900-luvun alussa sen alkoivat korvata puunhakkuut ja uittotyöt. Vuonna 1904 valmistuneen Oulujärven ja Siikajoen välisen Painuan kanavan ansiosta puiden kuljetus lisääntyi. Kansainvälinen puutavaran kysyntäkin voimistui. Kajaaniin perustettiin omia yrityksiä. Vuonna 1907 syntyi Kajaanin Puutavara OY sahoineen, ja vuonna 1909 aloitettiin sulfiittiselluloosatehtaan rakentaminen. Maaseutuväestöä muutti työn perässä Kajaaniin. Muukin julkinen ja yksityinen rakennustoiminta vilkastui. Näin Kajaanista alkoi kasvaa huomattava kaupunki.[149]

Vielä 1900-luvun alussa maataloustyöt tehtiin pääasiassa ihmis- ja hevosvoimin. Vuoden 1910 maatalouslaskennassa Sotkamosta löytyi 33 niittokonetta ja hevosharavaa sekä kuusi puimakonetta. Suomussalmelta niitä ei löytynyt ainuttakaan. Vuonna 1929 siellä oli 22 puimakonetta, 15 niittokonetta ja viisi hevosharavaa. Puimakoneet olivat puimaosuuskuntien omistuksessa ja siten hyödyttivät useita talouksia. Niiden pyörittämiseen käytettiin polttomoottoreita.

Teknistäkin kehitystä

Kajaanin sähköistäminen aloitettiin vuonna 1911, jolloin kaupunki osti valaistusta varten sähköä Kajaanin Puutavara Oy:ltä. Katulyhtyjä, joita käytiin maaseudultakin ihmettelemässä, oli Kajaanissa 43 kappaletta. Vuonna 1917 valmistui Kajaanin Puutavara Oy:n Ämmäkosken voimalaitos. Suomussalmella käytettiin vuonna 1918 valojen saamiseksi voiman lähteenä laivuri Antti Moilasen, "Harakka-Antin" höyrykonetta. Muissakin kunnissa alettiin hankkia sähköä omatoimisesti.[150]

Puhelin oli uusi tulokas. Vuoden 1877 lopulla saatiin puhelinyhteys Suomeen. Vuonna 1911 perustettiin Kajaanin Puhelinosakeyhtiö. Sen jälkeen saatiin hitaasti puhelinyhteydet koko Kainuuseen. Puhelimien kuuluvuus oli kuitenkin syrjäseuduilla aluksi heikko ja jopa olematon. Siksi niitä oli vähän.[151]

---

[148] *Turpeinen* 2002, Kainuu nälkämaana, 69.
[149] *Turpeinen* 1985, 260, 343; 2002, Kainuu nälkämaana, 54—55.
[150] *Turpeinen* 1992, 274; *Väisänen* 2002, 54, 65.
[151] *Turpeinen* 1992, 294—295; *Väisänen* 2002, 74.

Kiertokoulusta kansakouluun

Varsinkin syrjäkylillä asuneiden kainuulaisten lukutaito oli 1800-luvulla vielä heikko. Kodeissa postillaa eli saarnakirjaa luki ääneen hän, joka osasi. Vuonna 1866 annetun kansakouluasetuksen mukaan yhteiskunnan velvollisuus oli järjestää opetus kaikille sitä haluaville. Kansakoulun opetuksen tason tuli olla kiertokoulun opetusta korkeampi. Kainuulaisilta puuttui kuitenkin innostusta koulujen perustamiseen. Kansakoulu nähtiin liian kalliiksi, vaikka kunnat saivat valtion apua esimerkiksi opettajien palkkaamiseen. Taloudellisten vaikeuksien lisäksi koulun pelättiin kasvattavan laiskoja herroja ja kirjaviisaita, joita ei vaatimattomissa maalaiskodeissa tarvittu. Lisäksi kristillisen opetuksen lisänä ollut opetus koettiin usein vaarallisena. Koulutusta arvostavia säätyläisiä oli Kainuussa vähän.[152]

Paltamon kirkkoherraa, rovasti Antti Andelinia pidetään Kainuun kansakoulun isänä. Hän teki aloitteen kansakoulun perustamisesta Kajaaniin kappelikokouksessa vuonna 1868. Kainuun ensimmäinen kansakoulu aloitti toimintansa Kajaanissa Brahenkadulla vuonna 1873. Maalaiskunnista Sotkamo oli ensimmäinen, joka sai kansakoulun. Siellä hankkeen vetäjänä oli pitäjän kappalainen Kr. Kekoni. Muut koulun kouluanomuksen allekirjoittajat olivat kauppiaita ja "talokkaita". Toisen kansakoulun perusti vuonna 1887 maanviljelijä-kirjailija Heikki Meriläinen Sotkamon Naapurinvaaran Nuaskylällä olevaan Heikkilä-nimiseen taloonsa.[153]

Seuraavassa on esillä Kainuun kansakoulujen määrä vuosisatojen vaihteessa:

Taulukko 1. Kainuun kansakoulujen määrä 1896–1917[154]

Kunta	1896–1897	1916–1917
Kajaani	1	2
Hyrynsalmi	1	1
Kajaanin mlk.	1	3
Kuhmoniemi	3	3
Paltamo	1	6
Puolanka	1	2
Ristijärvi	1	1
Sotkamo	4	12
Suomussalmi	1	4
Säräisniemi	2	4
Vuolijoki[155]	-	2
Yhteensä	16	40

---

152 *Heikkinen, A.* 1986, 168; *Heikkinen, R.* 1995, 100–102, 229.
153 *Heikkinen, A.* 1986, 168–169, 175; *Heikkinen, R.* 1995, 124–125.
154 *Heikkinen* 1986, 168–177; *Pulma* 1994, 211–213; *Heikkinen* 1995, 199, 205, 231, 239, 584– 590.
155 Vuolijoen kunta perustettiin 11.12.1915. https://fi.wikipedia.org/wiki/Vuolijoki.

Vuonna 1887 Kainuussa oli kuusi kansakoulua: Kajaanissa, Kuhmoniemellä, Paltamossa ja Säräisniemellä yksi ja Sotkamossa kaksi. Niissä oli yhteensä 185 oppilasta. Vuonna 1897 kouluja oli 16. Vuonna 1898 annettu piirijaon mukaan jokaisella kouluikäisellä lapsella tuli olla mahdollisuus äidinkieliseen opetukseen. Uusien kouluja oli perustettava. Lukuvuonna 1916–1917 toimi Kainuussa 40 kansakoulua. Vielä 1920-luvulla lähes puolet Kainuun kansanopiston oppilaista oli vain kiertokoulun käyneitä tai osittain kansakoulun oppimäärän suorittaneita [156]

Ylempääkin koulutusta

Kajaaniin perustettiin vuonna 1895 viisiluokkainen kaupungin ylläpitämä Kajaanin Porvari- ja Keskikoulu. Ylioppilaiksi mentiin opiskelemaan Ouluun, Kuopioon tai vieläkin kauemmaksi. Vuonna 1906 saatiin senaatilta valtionapua Kajaanin 8-luokkaisen yhteiskoulun toimintaan. Vuoden 1919 elokuussa valtio otti monien kainuulaisten anomusmatkojen jälkeen Kajaanin Porvari- ja Keskikoulun omistukseensa, ja se muuttui lyseoksi.[157]

Vuonna 1897 perustettiin Kajaanin Kirkkoaholle Seppälän maanviljelys-, kotitalous- ja meijerikoulut. Kainuun opettajatilanne parani merkittävästi, kun Kajaaniin perustettiin vuonna 1900 seminaari. Sen ensimmäinen johtaja Volter Högman (Rihtniemi) johti myös vuonna 1901 perustetun Kansanvalistusseuran Kajaanin haaraosaston toimintaa.[158]

Kansalaisaktiivisuutta

Yhteiskunnallinen järjestäytyminen ja herätysliikkeiden leviäminen liitetään yhteen. Herätysliikkeen toimintaan osallistuminen on tavallisesti aikaansaanut myös yhteiskunnallista aktiivisuutta. Kainuussa oli päinvastoin. Siellä, missä oli yhteiskunnallista vireyttä, toimittiin aktiivisesti herätysliikkeidenkin piirissä.[159]

Kainuuseen syntyi 1800–1900-lukujen vaihteessa monia yhdistyksiä. Kajaanin perustettiin vuonna 1879 Käsityö- ja tehdasyhdistys, vuonna 1881 Kauppiasyhdistys, vuonna 1886 Kajaanin vapaaehtoinen palokunta ja vuonna 1907 Kajaanin Raittiuspiiri. Säräisniemelle perustettiin Ehdoton raittiusseura vuonna

[156] *Heikkinen* 1995, 199–200, 215; *Kemppainen & Pykäläinen* 2009, 50.
[157] *Heikkinen* 1984, 17; *Pulma* 1994, 215–218.
[158] *Väisänen* 2002, 12.
[159] *Hartikainen* 2005, 13.

1884. Kainuun ensimmäinen nuorisoseura saatiin perustetuksi vuonna 1891 Sotkamoon. Kajaanissa vuonna 1895 syntynyt työväenyhdistys liittyi vuonna 1904 sosiaalidemokraattiseen puolueeseen. Oulun läänin talousseura oli perustettu jo vuonna 1826. Sen alaisuuteen perustettiin vuonna 1891 Kajaanin Maalaisseura. Maanviljelyksen ja sen sivuelinkeinojen edistämisen ohella sen ohjelmassa oli kansansivistystyö. Esimerkiksi sen vuonna 1896 pidetyssä kokouksessa tehtiin aloite Kainuun kansanopiston perustamiseksi. Samalla pohdittiin keinoja varojen hankkimiseksi sitä varten. Kajaanin Maalaisseurasta tuli vuonna 1904 Kajaanin maanviljelysseura. Vuonna 1908 sen alaisuudessa toimi 38 maamiesseuraa. Samana vuonna oli Kainuussa 13 työväenyhdistystä ja 13 nuorisoseuraa. Viime mainituissa toimi aktiivisesti myös naisia. Urheiluseuroja perustettiin vuodesta 1903 lähtien. Niitä oli vuoteen 1915 mennessä 13. Heränneet olivat mukana raittius- ja urheiluseuroissa. Vaikka urheiluseurojen kilpailuja järjestettiin sunnuntaisinkin, heränneet osallistuivat niihin.[160]

Kainuulaisten kansalaisaktiivisuus lisääntyi 1900-luvun alussa. Suurlakon yhteydessä vuoden 1905 lopulla Kajaanin lakkotoimikunnan aloitteesta kokoontui seminaarin juhlasalin kokouksiin kerrallaan noin 500 henkeä. Ristijärvellä pidettiin kansalaiskokous ensimmäisten eduskuntavaalien jälkeen 14.7.1907.

Usko ja uskomukset rinnakkain

Vanhat jopa pakanallisiksi katsottavat uskomukset ovat säilyneet kainuulaisten keskuudessa pitkään, vaikka omaksuttiinkin kirkon ja herätysten tuoma kristillisyys. Kristinusko kuului lähinnä hengelliseen elämään, se oli kirkon uskoa. Vanhat uskomukset kuuluivat jokapäiväiseen arkielämään. Se oli kotipiirin uskoa. Kirkon ja kotipiirin uskolla oli vain erilainen paikka ihmisen elämässä. Kainuun kristityllä oli siis "monet kasvot" kuten nykyään lähetyskentillä.[161]

Heikki Meriläinen kertoo muistelmissaan, kuinka hänen hurskas ukkinsa hautasi Laurin päivänä, maanhaltijan uhripäivänä syödyn metsokeiton luut koivun juurelle. Hänen kyseltyään tähän syytä ukko oli sanonut: "Älä kysele tyhmyyksiä".

[160] SKSK KKA XIX. Puolanka 9. Pauli Johannes Virkkunen, Sotkamo 16 N. Matti Artturi Moilanen; *Kajaanin lehti* 20.10. 1909. Metsänhoitokursseja; *Turunen* 1968, 133–235; *Heikkinen* 1986, 158, 223–232, 311–312, 362; *Turpeinen* 1991, 156–162; *Pulma* 1994, 129; *Wilmi* 1997, 509–510; *Aulis* 1959, 7; *Keränen* 1977, 238; *Ruuttunen* 1984, 15; *Heikkinen* 1986, 223, 225–226, 362..
[161] *Arffman* 2004, 405–408. *Kylväjä* 2009 no 9, 11–13. Bengalikristityn monet kasvot.

Heikki oli kuitenkin saanut myös selityksen: "Ne pannaan maanhaltialle. Nyt on maanhaltian uhripäivä".[162] Myös Heikin isä teki taikoja, vaikka oli valmis "esimiehenä lukemaan saarnoja ja veisaamaan virsiä". Hän oli "yhtä harras noitakeinojen kuin uskonopin harjoittamisessa".[163]

Samuli Paulaharjun mukaan Hyrynsalmella vaikutti 1900-luvun alussa tietäjä, Naurisahon ukko. Hän pesi ruumiit ja huolehti ne haudalle saakka. Ukkoa haettiin silloinkin, kun karjaa katosi metsään. Tictäjiä olivat myös Oravivaaran Koistilan Lauri ja Moisiovaaran Rämpsän ukko eli Risto Kemppainen.[164]

Suomussalmelainen Martti Väisänen on kertonut, että tietäjät saivat paljon aikaan. Hiltusenvaaran ukko oli rakentanut näkymättömien apulaistensa kanssa ison talonkin, kansantallin. Hän oli vain komentanut: "Yhtä aikaa pojat!" — ja hirsi oli noussut korkealle. Tietäjien joukossa oli myös Suomussalmen Alajärven kylällä asunut Kylänmäen ukko, josta on jo kerrottu, että hän oli kirkossa käydessään nähnyt Elias Lönnrotin saarnaavan.[165] Ilmari Kianto kertoo hänestä:

> Kylänmäen ukkopa vasta oli aito muinaisesine, hän osasi toki loitsujakin sekä veisata Kalevalaa… Oikea savupirtti oli Kylänmäessä ja muutenkin vanhan ristirahvaan elintavat ja niin kuin totisella Suomen kansalla usko vahva ynnä uskallus noitiin, velhoihin ynnä pääperkeleeseen sekä luonnollisesti myös Kiesukseen Kristukseen, Isään, Poikaan ja Pyhään henkeen. Musta raamattu, mustat virsikirjat, kupparisarvet, karhukeihäs, pertuska ja russakat tärkeimmät sisuskalut tällaisessa talossa. Eikä ollut tätä taloa vielä turmellut uuden ajan henki.[166]

Rurik Calamnius kirjoittaa 1912 ilmestyneessä kirjassaan, että Suomussalmen taloissa oli kekrinä tapana kylvettää ja ruokkia "pyhät miehet". Jorma Wilmi kertoo, että vielä 1920-luvulla oli Sotkamossa "elävää tietoa pyhinä pidetyistä puista".[167]

Unien selittäminen on ollut jokapäiväistä. Niitä kerrottiin papillekin kysellen niiden merkitystä. Jopa Fr. Fr. Lönnrot on maininnut kirjeessään Kaarlo Forbukselle unestaan, joka oli toteutunut. Näkyjäkin nähtiin. Talvisodan aikana ennen Suomussalmen taistelua oli Puolangan Kuirivaaran Eetu sanonut papilleen, Toivo Laitiselle: "Ei Suomussalmelle käy pahastikaan. Minä yöllä olin tuolla ulkona kävelemässä, ja merkillinen laulu kuului niin kuin suuri joukko olisi laulanut ja mennyt Suomussalmea kohti."[168]

---

[162] Meriläinen 1927, 28.
[163] Meriläinen 1888, 33, 72.
[164] SKSA Samuli Paulaharjun kokoelma 17261; Paulaharju 1958, 171–186. Bucht 1975, 3.
[165] Väisänen 1968, 185–209.
[166] Kianto 1962, 100–101.
[167] Calamnius 1912, 149; Wilmi 1997, 213.
[168] HK 1930, 38. Fr. Fr. Lönnrot; Hyyryläinen 1985, 542.

Vanha herännäisyys hiipuu, mutta säilyy

Huolestuttavia tietoja

Kainuun herännäisyys ei enää 1800-luvun lopussa ollut niin "voimissaan" kuin vuosisadan alku- ja keskivaiheilla. Varsinkin uuden herännäisyyden edustajat pitivät sitä surkeana. Se näkyy heidän kirjoituksissaan.

Mauno Rosendal kertoo vuonna 1915 ilmestyneessä *Suomen herännäisyyden historia XIX:llä vuosisadalla* -teoksessaan Kainuun herännäisyydestä toivottomaan sävyyn. Hän kirjoittaa "kaavaan jäykistyneestä niin sanotusta heränneestä kansasta, jonka herännäisyys monissa paikoin on vain vanhojen ulkotapojen noudattamista". Se oli enää vain "vanha muisto", koska "tulien sytyttäjät ja herätysten tulien vaalijat" olivat poissa tai jättäneet heränneiden hoitamisen.[169]

Pekka Janssonin kanssa Sotkamoon muuttanut Henrik Trast oli kuollut vuoden 1856 lopulla ja Kajaanin Juhana Krank vuonna 1858. Suomussalmen kappalainen K. A. Lilius oli muuttanut takaisin Pohjanmaalle vuonna 1859 ja Kuhmoniemen kappalainen A. N. Holmströn vuonna 1867. Sotkamon kirkkoherra Reinhold Helander oli kuollut vuonna 1881 ja Pekka Jansson vuonna 1882. Sotkamon herännäispappi K. R. Petterson, joka *Rosendalin* mukaan oli "alkanut yhä yleisimmin seurustella seudun suruttomien säätyläisten kanssa", oli kuollut vuonna 1890. Vuodesta 1889 Sotkamon kirkkoherrana toiminut Kuhmoniemen kappalaisen A. N. Holmströmin poika Nils Holmström oli kuollut vuonna 1892 ja Ristijärven kappalainen Fr. Fr. Lönnrot vuonna 1907.[170]

On huomattava, että Kainuun pohjoisosan maallikoista *Rosendal* ei tässä puhu mitään. Liekö kuullutkaan heistä? Hänen toivoton sävynsä voi olla Johannes Väyrysen ansiota. Hän piti *Rosendalia* vieraanaan vuonna 1896, kun tämä keräsi tietoja Kainuun herännäisyydestä.[171]

Rosendal vaikenee myös Säräisniemen kappalaisen Henrik Schwartzbergin pojasta Henrik Schwartzberg nuoremmasta (vuodesta 1906 Heikki Mustakallio, 1844–1913), vaikka oli käynyt häntä Väyrysen kanssa haastattelemassakin. Henrik

---

[169] *Colliander* 1910, 662; *Rosendal* 1915, 366; *Heikkinen* 1986, 69; *Viitaniemi* 2007, 92.
[170] *Rosendal* 1915, 364–365.
[171] Rosendalin Kainuuta koskevat tiedot ovat peräisin etenkin kajaanilaisilta Johannes Väyryseltä sekä hänen kokoamistaan herännäisyyttä koskevista kertomuksista ja kirjeistä, Anna Pikkaraiselta, Fr. Fr. Lönnrotilta, G.A. Snellmanilta, V. L. Helanderilta, Pekka Janssonin leskeltä, hänen pojiltaan ja vanhoilta heränneiltä. Lisäksi hän on hankkinut tietoja mm. kirkonkirjoista, lehdistä ja L .J. Niskasen kirjoittamasta Muistokirjasta. *Rosendal* 1902, 301, 303; 1915, 361, 366.

Schwartzberg nuorempi oli tullut Sotkamon kirkkoherraksi vuonna 1896 ja hoiti tätä virkaa kuolemaansa saakka eli vuoteen 1913. Hän ei ollut Wilhelmi Malmivaaran ystävä. Vaikka herännäispappien poikina heillä oli ollut paljon yhteistä, heidän välinsä olivat vähitellen viilenneet ja vuonna 1893 menneet poikki. Silloin Wilhelmi Malmivaara oli päässyt Paavolan kirkkoherran virkaan, jota myös Heikki Mustakallio oli hakenut. *Olli Viitaniemen* mukaan Malmivaaran ja Mustakallion välien viilenemisen syynä oli myös heidän erilainen tulkintansa herännäisyydestä. Mustakallio näet piti itseään ainoana oikeana Paavo Ruotsalaisen ymmärtäjänä. Hän ei hyväksynyt Malmivaaran uudistamia *Siionin virsiäkään*, vaan kirjoitti kotikäyttöä varten 74 virttä käsittävän kirjan *Hengellisiä virsiä*.[172]

Kaksi vuotta Kajaaniin tulonsa jälkeen, vuonna 1896 Väyrynen kuvasi Wilhelmi Malmivaaralle kajaanilaisten hengellisestä tilaa surkeaksi. Vuonna 1900 hän kertoi *Hengellisessä Kuukauslehdessä,* että ennen Kajaanin markkinoilla kohtasivat Savosta ja Kainuun pohjoisosasta tulleet heränneet ja "tunsivat toisensa saman Herran synnyttämiksi". Nyt "ylöllisyys synnytti welttouden ja welttous wikowan mielen".[173]

Vuonna 1897 kirjoittamassaan kirjeessä Malmivaaralle Väyrynen valitti, että myös Kuhmo, Sotkamo, Ristijärvi ja "pohjoispuoli Oulujärveä olivat "kylmillään".[174] Hän oli kuitenkin kirjoittanut vuonna 1895 Malmivaaralle, että hän kuuntelee mielellään, kun Sotkamon markkinamiehet "sattuvat valtaamaan seuraveisuun".[175]

Eevert Ockenströmkin tiedotti vuonna 1900 *Hengellisessä Kuukauslehdessä:*

Pieni on Kajaanin seurakunta, vaan täynnä kallista tavaraa, sillä kalliit olisimme Jumalalle. Vaan mitäpä lieneekään, kun perkele ja maailma on jo alusta saanut ihmiset käärinliinallaan kapaloida ja kutoa kalvon silmäimme eteen, ettemme näe ankaraa vaaraa, mikä seuraa, ellemme ota ajasta vaarin....
     Monta on Herra kutsunut tästäkin seurakunnasta, vaan pieni lienee se lauma, jotka Hän tuntee armosta eläväksi, että olisivat köyhtyneet omasta itsestään ja Herra saanut rikkaaksi tehdä tulevaisista tavaroista ja itse olla isäntä omainsa yli...[176]

Kainuun kansanopiston veistonopettaja Vilho Keräsen mukaan Paltamonkin herännäisyys oli sammumassa. Hän kertoo muistelmissaan *Viimeiset seurat,* kuinka hänen kotonaan Mieslahden Mikkolassa 1900-luvun alussa pidetyt seurat olivat

[172] *Viitaniemi* 2007, 83—84; 2009, 105—106.
[173] KA SKHSA VI 41—60 WM Väyrynen Malmbergille 1.3.1896; *HK* 1900, 10. Kirje Kajaanista.
[174] *Kares* 1947, 61, 463.
[175] KA SKHSA VI 41—60 WM. Väyrynen Malmbergille 12.11.1895.
[176] *H.K.* 1900, 235—236. Kuulumisia Kajaanin maaseurakunnasta.

kuin hautajaisseurat. Puhujina olivat olleet Wilhelmi Malmivaara, Fr. Fr. Lönnrot, Johannes Väyrynen ja Antero Vartiainen.[177]

Herännäisyyden nähtiin 1900-luvun alussa aiheuttaneen jopa henkistä ja taloudellista taantumusta. Kuhmoniemeläinen talonpoika kirjoitti sanomalehteen:

> Herännäisyys raukesi sittemmin ristiriitaiseen ohjelmaansa ja jätti jälkeensä henkistä ja taloudellista taantumista ja monenlaisia ahdasmielisyyksiä ja erimielisyyksiä ja jäi ikuiseksi taudiksi, ettei evankeliumin valo eikä siveysoppi saa ihmismielessä jalansijaa.[178]

Herännäisyyden hiipuminen näkyy piispantarkastuspöytäkirjoissakin. Olihan se Kainuun seurakunnissa yleisin herätysliike muualla paitsi Kuhmossa, Vuolijoella ja Säräisniemellä. Väyrynen totesi vuonna 1898 Kajaanin seurakuntakertomuksessa:

> Kirkossakäynti ei ole kehuttavaa. Tavallisina aikoina joku ne tavallisesti samoja kuulioita. Rippipyhinä, joka kuukauden I:senä vapaana pyhänä kansaa 500–600…
> Kaupungissa säännöllisesti kokoontuu keskiviikkona, lauantaina ja sunnuntaina papin johdolla seuraveisuihin milloin pappilaan, milloin yksityisiin asuntoihin, jossa on veisattu, luettu ja keskusteltu, vaan valitettavasti ei miehet eikä ne, jotka jotakin ovat olevinaan, käy niissä paremmin kuin kirkossakaan. Jos lie syytä papissakin, niin lie syytä kuuliaissakin…[179]

Paltamon piispantarkastuksessa todettiin vuonna 1884: "Kotihartautta sanottiin harvassa käytettävän, josta syystä Wisitaattori vakavilla sanoilla teroitti."[180] Vuonna 1889 Paltamon kirkkoherra Fredrik Rechardt kertoi seurakuntakertomuksessaan, että kotihartautta on "siellä täällä, kuitenkin harvoja".[181] Vuonna 1898 Antero Vartiainen kirjoitti paltamolaisista itseäänkin syyllistäen:

> Ja vaikka on olemassa niitäkin, joilla on halua puhua sielunsa tilasta opettajainsa kanssa, niin suuri osa on kuitenkin hengellisesti kuollutta. Kussakin kyläkunnassa on tosin joitakuita sielunsa asioista huolta pitäviä, vaan kirkkoherran pitäisi totuuden tuntoon tulla. Opettaja joutuu kyllä tässä usein itseään tuomitsemaan…[182]

Sotkamossa oli ollut 1800-luvulla herätyksiä. Mutta maallistuminen teki tuloaan sinnekin. Pastori August Mömmö kirjoitti vuoden 1894 seurakuntakertomukseen:

> Miesväestä harva viitsii tuoda virsikirjaa mukanaan kirkkoon, sen vuoksi istuvat joutilaina kirkossa veisuuseen osaa ottamatta. Häirinkiä kirkkoveisuussa pelkään syntyvän silloin, kun uusi virsikirja tulee käyttöön.[183]

---

[177] *Keränen* 1977, 235.
[178] *Turpeinen* 2002, Kun kahvi tuli Kainuuseen, 36.
[179] OMA Eb 81 Kajaanin Kaupunki- ja Maaseurakunnan piispantarkastuspöytäkirjat1872–1935. .Piispantarkastus 16–19.7.1898. Kertomus Kajaanin maa- ja kaupunkiseurakunnan tilasta.
[180] OMA II Cf Paltamon seurakunnan piispantarkastuspöytäkirja13–15. 2.1884.
[181] OMA II Cf Paltamon seurakunnan piispantarkastuspöytäkirja 10–13.9.1889.
[182] OMA II Cf Paltamon piispantarkastuspöytäkirjat. Piispantarkastuspöytäkirja 10–13.9. 1898. Kertomus Paltamon seurakunnan tilasta.
[183] OMA Eb 121 Sotkamon piispantarkastuspöytäkirjat 1860–1938. Piispantarkastuspöytäkirja 31.7.–3.8.1894. Kertomus seurakunnan tilasta.

Sotkamoon vuonna 1896 muuttanut Henrik Schwartzberg nuorempi totesi
kertomuksessaan vuonna 1898 herätysten jo loppuneenkin:

Seurakunnalla on ollut kutsumukseensa aika, jolloin Jumalan Henki on näilläkin
tienoilla liikkunut herättäen suruttomuuden unesta. Jälkimaininkeja siitä ajasta lienee
vielä siellä täällä seurakunnassa. Mutta uusi enemmistö ei näy sitä tuntevan....
Erit. hartaushetkiä on aina väliin pidetty pappilassa ja pääasiallisesti
sunnuntai-iltana ja joskus seurakunnallakin. Mutta harvoin kansa tahtoo pappia
hartaushetkien pitoon. Kansa välinpitämättömäksi kaikesta hengellisestä ja tuntuu
siltä, että kansa on vaarassa kadottaa kaiken kunnioituksen pyhää ja jaloa kohtaan.
Kirkossa käydään näin väkirikkaassa seurakunnassa katsoen ei kyllin ahneesti.
Kirkossa juostaan jumalanpalvelusten aikana edestakaisin etenkin väkirikkaina
pyhinä. Onpa nähty kirkossa kellojakin soitettavan.[184]

Hän jatkoi, että kotihartaus ja kotiopetus olivat "pahasti kadonneet", koska

opetustyö oli annettu koulujen tehtäväksi ja että "monissa perheissä ei löydykään

Raamattua".[185] Tästä näkyy, että papisto kuten kansakin oli huolestunut

kiertokoulujen lakkauttamisesta ja kunnallisten kansakoulujen perustamisesta.[186]

Puolangalla oli 1800—1900 -lukujen vaihteessa vielä vanhan herännäisyyden

vaikutusta. Vuonna 1894 pidetyn Puolangan piispantarkastuksen pöytäkirjasta

todetaan, että siellä jotkut käyvät jatkuvasti kirkossa, toiset harvoin, mutta tuskin on

ketään, joka ei käy koskaan. Kotihartaudet olivat tosin vähentyneet.[187]

Virkaa tekevä lääninrovasti K. A. Phaler totesi rovastikuntakertomuksessaan

vuonna 1904 Hyrynsalmesta, että se on Kainuun heikoin seurakunta ja jatkoi:

Tosin tämä on vanhaa herännäisyyden pohjaa, mutta tuntuu siltä kuin vanha olisi
mennyt, eikä mitään sanottavaa olisi sijaan tullut. Ainakin kirkonkäynti tuntuu hyvin
laimealta.[188]

---

[184] OMA Eb 121 Sotkamon piispantarkastuspöytäkirjat 1860—1938. Piispantarkastuspöytäkirja
31.7.–3.8.1894. Kertomus Sotkamon srk:sta.
[185] OMA Eb 121 Sotkamon piispantarkastuspöytäkirjat 1860—1938. Piispantarkastuspöytäkirja
6–9.8.1898. Kertomus Sotkamon srk:sta.
[186] Huhta 2001, 64.
[187] OMA Eb 108 Puolangan piispantarkastuspöytäkirjat 1872—1936. Piispantarkastuspöytäkirja
26–29.7. 1898.
[188] OMA Eb 81 Kajaanin Kaupunki- ja Maaseurakunnan piispantarkastuspöytäkirjat 1872–1935.
Piispantarkastuspöytäkirja 28–31.5.1904. Kertomus Kajaanin rovastikunnan tilasta vuosilta
1898–11.5.1904.

Ristijärvellä Fr. Fr. Lönnrot ja maallikot heränneiden ohjaajina

Surullisista tiedoista huolimatta Kainuussa oli vielä "elävääkin" herännäisyyttä. Ristijärven kappalainen Frans Fredrik Lönnrot (1830–1907) jaksoi tehdä työtään innokkaasti yli 70-vuotiaanakin. K. A. Phaler kirjoitti hänestä vuonna 1904:

> Ristijärven seurakunta on käsittääkseni vanhoillaan olija, sanan hyvässä merkityksessä, ja rovasti Fr. Fr. Lönnrot on jo 30 vuotta pidetty Itä-Pohjanmaan ja Pohjois-Karjalan vanhan herännäisyyden pappispylväänä. Kirkkonsa hän toimittaa mallikelpoisesti ja seisoo minun arvosteluni yli.[189]

Johannes Väyrynenkin ihaili häntä. Hän kirjoitti Wilhelmi Malmivaaralle, että "verkkainen ukko" voi yhä "lämmetä" saarnatessaan niin, että hänen puheensa on "purevaa ja voimakasta".[190]

Ristijärven heränneet omaksuivat Fr. Fr. Lönnrotin katsantokannan niin, etteivät hyväksyneet siitä poikkeavia uskonkäsityksiä. *Kaarlo Arffmanin* mukaan hänellä oli arvovaltaa, koska hän puhui tutun hartauskirjallisuuden hengen mukaisesti ja hänen kansanomainen elämäntyylinsä vastasi hänen opetustaan. *Olavi Kares* on nimittänyt häntä vanhan herännäisyyden "viimeiseksi veteraaniksi".[191]

Fr. Fr. Lönnrotin jälkeen huomattavin vanhan herännäisyyden vaalija oli Pyhännän kylältä kotoisin ollut maallikko Jaakko Heikkinen eli Koivumäen Jaakko (1876–1951). Hänen uskonnäkemyksensä pohjautui Fr. Fr. Lönnrotin rippikoulussa opittuun *Möllerin* katekismukseen. Heikkisen seuroihin tuli paljon väkeä. Vuonna 1918 seurakunnan toiminnasta kirjoittanut Otto Lehtinen mainitsee, että Jaakko Heikkinen on pitänyt ahkerasti hartauskokouksia, "joista on epäilemättä paljon siunausta ollut".[192]

Ristijärven seuroissa oli puhujana 1920-luvulle saakka myös Salokylän Matkavaaran isäntä Erkki Heikkinen.[193]

Antero Vartiainen Paltamon herännäisyyden vaalijana

Antero (Anders) Vartiainen (1868–1915) toimi Paltamon virkaa tekevänä kirkkoherrana vuosina 1894–1901 ja kappalaisena vuosina 1901–1909. Hän oli Paltamon seurakunnassa ainoa heränneisiin lukeutunut pappi ennen 1920-lukua.

---

[189]OMA. KaKA. Eb:81 Kajaanin kaupunki- ja maaseurakunnan piispantarkastuspöytäkirjat 1872–1935. Piispantarkastuspöytäkirja 28–31.5. 1904.
[190] KA SKHSA VI 41–60 WM. Väyrynen Malmbergille 12.11.1895.
[191] *Kares* 1947, 353; *Arffman* 2004, 473– 475.
[192] *Arffman* 2004, 493–494, 503; 508.
[193] *Arffman* 2004, 494.

Nuoresta iästään huolimatta hän kuului vanhaan herännäisyyteen. Hän piti Fr. Fr. Lönnrotin kanssa seuroja ja kunnioitti häntä suuresti. Tämä ilmenee seuraavasta hänen kertomastaan tapauksesta:

> Vartiainen oli eräissä Mieslahden Mikkolassa pidetyissä seuroissa luullut, ettei rovasti Lönnrot tulekaan mukaan ja aloittanut puheensa. Huomattuaan sen aikana "ukko Lönnrotin pyhän patriarkan näköisenä seisovan seuraväen joukossa", häneltä olivat "sukatkin hionneet aivan märiksi".[194]

Vartiainen toimi myös Väyrysen vapaapäiväsijaisena.[195] Olihan Kajaani Paltamon kappeliseurakunta. Väyrynen kirjoitti Wilhelmi Malmivaaralle:

> En osaa saarnatakaan mitään. Jollei Vartiainen kävisi täällä kerran kuussa, niin luulen, että emme saisi kuulla yhtään Jumalan sanaa täällä Kajaanissa. Vaan Vartiainen se paukuttaa rohkeasti, niin että turkit pölisee, ja kyllä hänellä onkin lahjat. Hän vapautuu ihmispelosta ja orjuudesta.[196]

Sotkamonkin papit herännäishenkisiä

Vaikka sotkamolaisten maallistumisesta 1800–1900 -lukujen vaihteessa kannettiin huolta, herännäispapit vaikuttivat siellä yhä. Kusti Korhonen on todennut: "Täällä se, mitä kirkossa opetettiin, oli vanhaa herännäispohjaa. Siltä pohjalta se on."[197]

Jorma Wilmi toteaa *Sotkamon historia* -kirjassaan, että Nils Holmströmistä alkaen Sotkamon seurakunnassa "hallitsi herännäishenki". Kuhmoniemen kappalaisen A. N. Holmströmin poika Nils Holmström oli Sotkamon kirkkoherrana vuosina 1889–1892. Hänen jälkeensä toimi virkaa tekevänä kirkkoherrana Antero Vartiainen vuosina 1893–1894 ja kirkkoherrana Henrik Schwartzberg nuorempi (Heikki Mustakallio) vuosina 1896–1913.[198]

Herännäishengen väliaikainen hiipuminen Sotkamossa 1800–1900-lukujen vaihteessa ilmenee pappien seurakuntakertomusten lisäksi myös seurakunnan jäsenen Oskari Partasen (1878–1970) toteamuksessa, ettei seuroja juuri pidetty hänen lapsuutensa aikana, mutta kyllä myöhemmin sekä kodeissa että koululla.[199]

Herännäispappeja on muisteltu kunnioituksella.[200] Abel Klemetti on sanonut:

---

[194] *Kares* 1947, 44–45; *Keränen* 1977, 104, 235.
[195] *Keränen* 1977. 235.
[196] *Kares* 1947, 58.
[197] SKSK KKA XVIII. Sotkamo 9 N. Kusti Rafael Korhonen.
[198] *Colliander* 1910, 661, 662; *Wilmi* 1997, 242; Liite 2. Käytän koko ajan nimeä Heikki Mustakallio.
[199] SKSK KKA IX 1, 9. Sotkamo I. Oskari Partanen.
[200] SKSK KKA XVIII. Sotkamo 1. Oskari Partanen; 6 N. Johanna Niskanen; 8 N. Abel Klemetti; 12 N. Kalle Rönty.

Mustakallio on minut kastanut. Vaatimaton oli. Mustakalliolla heikko terveys. Teki mäen päälle pikkuhuvilan, lepokammion, jossa levähti. Musikaalinen, harras ja hyvä saarnamies....[201]

Heikki Mustakallio on muistettu myös metsästäjänä, "Jänis-Heikkinä".[202] Oskari Partanen on muistellut nuoruutensa pappeja seuraavasti:

Holmström oli vaikuttava saarnamies ja hyvin voimakas. Mustakallio oli voimiltaan huonompi, mutta sillä oli erinomainen taktiikka. Pitäjäläiset tykkäsi paljon Mustakalliosta. Oli se kirjoittanut runokirjankin, ne olisi vaikka voinut virsiksi tehä.[203]

"Runokirjalla" Partanen tarkoittanee Mustakallion kirjaa *Hengellisiä virsiä.*[204]

Etelä-Kainuun vanhan herännäisyyden maallikoista mainittakoon vielä Kajaanissa ja Sotkamossa elänyt Kusti Huovinen (1857—1936). *Kareksen* mukaan Huovisen sydämellä olivat isänmaan, kansankirkkomme, pappien, naapurien, ystävien ja oman perheen asiat, joiden puolesta hän rukoili. Huovisen kirja *Elämä Kristuksen jäljessä* julkaistiin Johannes Väyrysen korjailemana vuonna 1895. Matti Pesonen toteaa *Hengelliseen Kuukauslehteen* kirjoittamassaan kirja-arvostelussa, että kirja on selvästi kirjoitettu ja että siinä kuulee kokeneen kristityn syvällistä kieltä. Myös *Vartija*-lehden päätoimittaja Elis Bergroth suositteli kirjaa. Siitä otettiinkin pian toinen painos.[205]

Kusti Huovinen kirjoitti vuosina 1894—1901 *Hengelliseen Kuukauslehteen.* Hänen vakavien kirjoitustensa otsakkeita olivat muun muassa: *Joutilas ja kilvoitteleva usko*[206], *Jokapäiväinen parannus*[207], *Miten kiitämme Herraa*[208] ja *Luovu kaikista*[209]. On huomattava, että "vanhojenkin heränneiden" kirjoitukset mahtuivat Wilhelmi Malmivaaran toimittamaan lehteen.

Seuroissa ei Huovinen mielellään puhunut. *Lauri Lounelan* mukaan siihen oli syynä hänen luonteinen ujoutensa. Kun Suomen Lähetysseura lähetti katovuonna 1902 neljä miestä kiertämään Kainuuta lohduttamaan ja auttamaan kärsiviä, oli Kusti Huovinen yksi heistä ja joutui varsinkin silloin myös seurapuhujaksi.[210]

---

[201]XVIII. Sotkamo 8 N. Abel Klemetti.
[202] *Wilmi* 1997, 355.
[203] SKSK KKA XVIII. Sotkamo 1. Oskari Partanen.
[204] KA SKHSA VI 41—60. WM. Väyrynen Malmbergille12.11. 1895.
[205] SKSK KKA XVIII. Sotkamo 14 N. Kalle J. Tervo; *HK* 1939, 80— 82; *Kares* 1947, 94—104.
[206]*HK* 1894, 217—219.
[207]*HK* 1895, 78—80.
[208] *HK* 1900, 139—143.
[209] *HK* 1901, 148—152.
[210] SKSK KKA XVIII. Sotkamo 14 N. Kalle J. Tervo; *HK* 1939, 82; *Kares* 1947, 98—99.

Puolangalla ja Hyrynsalmella "Ukot" seurojen pitäjinä

Seurat ovat kuuluneet jatkuvasti Puolangan heränneiden elämään ja antaneet heille uskon vahvistusta. Puolangalla kirkkoherrana toiminut Toivo Laitinen toteaa ne sielunhoidollisesti merkityksellisiksi kirjassaan *Herännäisyyden käsitys kirkosta*:

> Seuroissa on kysymys uudesta, muuttuneiden olosuhteiden edellyttämästä seurakuntatyön muodosta, sillä päiväjumalanpalveluksella ja kirkon muulla opetustoiminnalla ei kyetä selviämään herätysten vaatimista uusista sielunhoito-velvoituksista... Herännäisyyden taistelu oikeudesta pitää seuroja on taistelua evankeliumin rajoittamattomasta julistusvapaudesta.[211]

Puolangalla kokoonnuttiin maallikoiden eli "ukkojen" seuroihin 1900-luvun alussa etenkin Lylykylällä, Kotilankylällä ja Aittokylällä. Herätykset olivat levinneet sinne Suomussalmelta ja Ristijärveltä. Puolangan Kotilan ja Latvan kyliltä oli käyty myös Ristijärven kirkossa Fr. Fr. Lönnrotin saarnoja kuulemassa.[212]

Seurojen puhujana toimi Naulaperän Kivelässä asunut Aapeli Seppänen. Hänen isänsä Antti Seppänen oli käynyt Suomussalmella Liliuksen rippikoulun. Aapeli Seppästä on sanottu uskonkäsitykseltään jämeräksi ja jopa särmikkääksi, mutta synneistään hätääntyneille lempeäksi.[213]

Aapeli Seppänen kirjoitti paljon myös sielunhoidollisia kirjeitä. Niissä hän otti esimerkkejä Vanhasta Testamentista. Hän kehotti ihmistä parannukseen, ettei "hänelle kävisi huonosti". Hän toi jatkuvasti esille ihmisen synnillisyyden ja kirjoitti lihan himojen vaarallisuudesta. Toisaalta hän korosti sitä, että vain Jumala saa aikaan synnin tunnon. Hän kuvasi kristittyä vaarallisen korven vaeltajana ja taistelijana, jonka turvakallio on Kristus. Elämä oli hänen mukaansa myös vankila, josta Kristus vapauttaa.[214]

Aapeli Seppäsen (Iso-Aapelin) toverina toimi hänen naapurinsa Aapeli Heikkinen (Pikku-Aapeli). Hän oli paremminkin sielunhoitaja kuin puhuja. Eri puolilta pitäjää ja sen ulkopuoleltakin käytiin kysymässä häneltä neuvoja. Aapeli Heikkistä sanottiin kolmen seurakunnan papiksi, sillä hän kiersi vuosittain jalkaisin sielunhoitotehtävissään Puolangalla, Hyrynsalmella ja Suomussalmella.[215]

---

[211] *Laitinen* 1953, 238.
[212] SKSK KKA XVIII. Puolanka 9. Pauli J. Virkkunen; *HK* 1921, 153–155; *Kajaani* 27.8.1931, Henkilötietoja Kajaanin kihlakunnan eri pitäjissä toimineista vakinaisista papeista 1590–1931; *Rosendal* 1915, 369–361; 366; *Seppänen & Juntunen* 1975, 7; *Hyyryläinen* 1985, 540.
[213] Aarne J. Kyllösen haastattelu 26.7.2010; *Hyyryläinen,* 1985, 540; *Kyllönen* 1975, 7, 29.
[214] *Moilanen* 1987, 122–123.
[215] *Hyyryläinen,* 1985, 540; *Kyllönen* 1975, 7; *Juntunen* 1975, 29.

Puolangalla muistetaan myös Kotilankylän Takalosta kotoisin ollut "Kristuksen rakkauden läpitunkema" maallikko Matti Rusanen. Hän oli varoittanut etenkin omatekoisesta vanhurskaudesta. Seuroissa oli ollut puhujana myös ristijärveläinen maallikko Jaakko Heikkinen.[216]

Vaikka K. A. Phaler oli todennut rovastikuntakertomuksessaan, että *Hyrynsalmi* on Kainuun heikoin seurakunta, sielläkin oli seuroja. Jaakko Heikkinen ja omat maallikot Hermanni Kaartinen ja Antti Keränen olivat niissä puhujina.[217]

Suomussalmella yhä Paavo Lassilan seuroja

Suomussalmella oli vielä 1900-luvun alussakin Paavo Lassilan seuroja. Niihin osallistuneiden mukaan Lassila luki ensin postillasta ja puhui sitten "ottaen *Raamatusta* ohjeen". Seuroissa puhui myös Heikki Hiltunen. Niiden päätyttyä "ukot ja emännät" jäivät keskustelemaan uskonasioista. Nämä iltakokoontumiset olivat julkisia rippitilaisuuksia. Keskustelun lomassa luettiin kappaleita "pienemmistä uskonnollisista kirjoista" ja pidettiin "keskustelupuheita". Kokoukset kestivät rauhallisesti yöhön saakka. Seuratalot tarjosivat "ylöspidon, keittoa ja särvintä", vaikka seuravierailla oli mukanaan omiakin eväitä. Pitkämatkalaiset saivat yösijan pirtin lattialla, johon oli levitetty rukiin olkia ja niiden päälle vanhoja raanuja ja vaatteita.[218]

Lassila puhui joskus myös pappilan väenpirtin lauantaiseuroissa. Hän joutui pitämään rippikouluakin, kun kirkkoherra A. B. Calamnius ei ehtinyt. Kirkkoherran apulaisista hänen poikansa pastori Rurik Calamnius ja pastori Johan Mecklin (Merenheimo) olivat hänen ystäviään.[219]

Harvapuheinen Lassila puhui sydämestään ja kokemustensa perusteella vertauksia käyttämällä. Hänen sanontansa, "halulla haluttomallakin", ja "tuomio selkään ja kerjäläissauva käteen" olivat samoja kuin mitä Fr. Fr. Lönnrot käytti. Pitkistä matkoista huolimatta heränneet kävivät kuuntelemassa opettajiaan.[220]

---

[216] *Colliander* 1910; 136–137; *Rosendal* 1902, 302; 1912, 475; 1915, 356; *Calamnius* 1912, 169.
[217] OMA Eb 81 Kajaanin Kaupunki- ja Maaseurakunnan piispantarkastuspöytäkirjat 1872–1935. Piispantarkastuspöytäkirja 28–31.5.1904. Kertomus Kajaanin rovastikunnan tilasta vuosilta 1898–11.5.1904; *Claudelin* 1936, 52; *Bucht* 1975, 6–7, 24; *Turpeinen* 1988, 572.
[218] SKSK KKA XX. Suomussalmi 4. Robert Juntunen; 5. Johannes Moilanen; 6. Helena Moilanen; *Järvilehto* 1954, 29–31.
[219] *Järvilehto* 1954, 61.
[220] *Järvilehto* 1954, 55.

Paavo Lassilalla tiedetään olleen Nohrborgin, Wegeliuksen ja Björkqvistin postillat sekä Pontoppidanin *Uskon peili*, Schartaun *Armonjärjestys autuuteen*, Wilcoxin *Kallis hunajan pisara* ja Krummacherin *Salomo ja Sulamit*. Uudet kirjat olivat Lassilan mielestä alkaneet "leventämään kaitaa tietä".[221]

Lassilalle olivat Paavo Ruotsalaisen tavoin ensiarvoista jumalakeskeisyys, kilvoittelu ja pelastuksen osallisuus. Hänen puheissaan esiintyi myös vanhaa morsiusmystiikkaa. *Jussi Järvilehdon* mukaan hän oli saanut sen Friedrich Wilhelm Krummacherin kirjasta *Salomo ja Sulamith,* jonka hän ehkä oli saanut käsiinsä jo lestadiolaisena ollessaan. *Päivi Huuhtanen* on korostanut, että zinzendorfilainen morsiusmystiikka oli lähtöisin vanhoista *Siionin virsistä* (vuoden 1790 painos) ja *Halullisten sieluin Hengellisistä lauluista. Heikki Vaahtoniemen* mukaan Lassilan seuroissa laulettiin *vanhan virsikirjan* lisäksi vielä *"vanhaa Siionia"* ja *"Pikkusiionia"* eli *Halullisten sieluin hengellisiä lauluja*. Viimeksi mainittuja laulettiin hänen mukaansa Suomussalmella Kainuun seurakunnista pisimpään.[222]

Lassila piti itseään niin huonona ja syntisenä, ettei pitänyt "suruttomille" erikoisia nuhdesaarnoja, kehotti vain kääntymään kelvottomana Kristuksen puoleen. Hänen mukaansa ei ihminen tämän pidemmälle pääsekään. Lassila teroitti, että kristityn tulee syventyä hengellisen köyhyyden tunnossa ja kääntyä yhä uudestaan tyhjänä armon kerjäläisenä armoistuimen eteen. Näin hänen tulee elämänsä loppuun asti pysyä Jeesuksen parannettavana. Toiseksi Lassilan mukaan kaikki se hyvä, mikä uudestisyntyneellä ihmisellä on, on Jumalan hyvyyttä, ei hänen omaansa. Ihmisen pitää aina pysyä kuin sairaalassa. Terveiksi tullaan vasta tulevassa elämässä. Lassila muistutti ihmisen pienuudesta ja Jumalan suuruudesta. Kristus on suuri parantaja. Meidän tulee vähetä, mutta Kristuksen enetä. On noudatettava itsekuria ja itsensä kieltämistä. Lassila myös teroitti vanhojen heränneiden tapaan Sanan lukemisen tärkeyttä.[223]

Lassila harrasti kirjoittamista. Runosta *Nyt aion minä laulella* tuli suosittu. Sitä laulettiin kansanlaulun sävelmällä seuroissakin.[224] Siinä ovat seuraavat sanat:

Nyt aion minä laulella ja salaisuuksia sanella/
Sulhosta suloisimmasta Yljästä kallehimmasta

---

[221] SKS KKA XX. 8. Herman Juntunen: *Järvilehto* 1954, 18, 19, 32, 52, 53, 62– 64.
[222] SKS KKA XX. Suomussalmi 4. Robert Juntunen; 5. Johannes Moilanen; 6. Helena Moilanen, 8. Herman Juntunen; *Järvilehto* 1954, 29, 31, 33; 34–55, 120, 121; *Moilanen* 1997, 120–121; *Romppanen* 2008, 84.
[223] *Järvilehto* 1954,32,62– 64.
[224]*Moilanen* 1997, 113.

Että sen muutkin kuulisi, ja hänen tykö tulisi,/
kaikki muut poies heittäisi ja hänen tykö rientäisi.

Oi oli se aika ihana Kun Sulho Baalin pihalla/
Ensikerran minut kohtasi, /ja morsiamekseen hoksasi.

Kihlat ne silloin annettiin ja liitto vakaa vannottiin/
molemminpuolin pysyvä, toistensa perään kysyvä.

Usiasti minä muistelen ja neitosille juttelen:/
Vieläkin sulhon rakkaus vanhentumatta ompi uus.

Suloinen on mun sulhoni, lemmessä lämmin ruusuni./
Rakkautensa verraton kielillä myöskin kerraton.

Korkia hänen kotonsa ylhäinen asuinsijansa./
Riemulla rinta täytetään, kun sulhon Sali näytetään.

Kruunuja siellä kultaisia ja seppeleitä ihania
Hän ompi hälle antava ja kunniaansa kantava.

Suuri on Hänen salinsa, ihanainen hovinsa.
Hoosiannaa he huutavat, kun pyhät siellä asuvat.

Mun tekee mieleni saapua sulhoni luokse asumaan,/
pyhien joukkoon veisaamaan ja halleluja laulamaan.

Ainakin jossakin vaiheessa runoon kuuluivat myös seuraavat säkeet:

Morsiamen hän kihlasi, kaupalla kalliilla tinkasi./
Hän istuu vielä varjossa Keedarin pimeässä majassa.

Hän ompi siellä vaarassa Baabelin virran rannassa/
hän surkiasti huutelee, jota hänen ylkänsä kuuntelee.

En ole vielä kotona Sulhoni luona kokonaan,
vaikka väliin käypi luonani ja tuopi mulle muonani.[225]

Lassilalle saattoivat olla muistissa hänen nuoruutensa aikaiset lestadiolaisseurat,
joissa veisattiin morsiusmystiikka-lauluja. Heränneetkin pitivät niistä. Ei ollut ihme,
että pirtit täyttyivät seuraväestä, kun niissä saatiin ankaran arkielämän lomassa
laulaa "sulhosta suloisesta" ja tulevasta ihanasta osasta Taivaassa. Eikä ollut ihme,
että Suomussalmellakin vastustettiin Wilhelmi Malmivaaran uudistamia *Siionin
virsiä*, joista tällainen morsiusmystiikka oli "puhdistettu" pois.[226]

[225] *Järvilehto*1954, 71–72; *Moilanen* 1997, 113.
[226] *Moilanen* 1997, 111–115; *Huhta* 2001, 68; *Viitaniemi* 2007, 108–110 ja 2009, 135–137:
Romppanen 2008, 84.

Paavo Hamusesta Suomussalmen ja Puolangan "herännyt pappi"

Suomussalmen heränneet ovat muistelleet rakkaudella myös pappi Paavo Hamusta (1859–1917). Hän oli Suomussalmen vt. pitäjänapulaisena vuosina 1892–1895 ja sitten pitäjänapulaisena vuoteen 1912. Aluksi hänen elämänsä oli "surutonta", mutta hän vakavoitui 1900-luvun alussa. Herman Juntunen, "Mökin Manne" on kertonut:

> Herätyksen voima on ollut suurimmillaan vuosisadan alussa, 1901–1902. Sitä ennen oli rovasti Hamunenkin ollut vähän epäselvillä vesillä. Rovasti oli valitellut ämmille: "Olen joutunut niin pahaan kalastusverkkoon, että miten tästä pääsen pois". Ämmi oli sanonut: "Täytyy olla uskon isä". Pekka Aho Alanäljängältä lienee ollut Hamuselle sittemmin tällainen uskonisä.[227]

Hamusen elämä muuttui niin, että häntä voitiin sanoa heränneeksi ja "erittäin vanhoilliseksi ja korkeakirkolliseksi" papiksi. Hamusen saarnat olivat Herman Juntusen mukaan "teräviä ja koskettavia" ja hänen pitämänsä rippikoulut monelle nuorelle niin herättäviä, että "vähitellen on suoni alkanut vetää".[228]

Haastateltavien mukaan "Paavo Hamusen aikana", vuosisadan vaihteessa Paavo Lassila ja Paavo Hamunen ovat olleet "suuria herätyksen aikaansaajia", vaikkei "äkillisiä herätyksiä" ilmennytkään. Hamusen pitämät rippikoulut ovat olleet monelle herättäviä niin, että "vähitellen on suoni alkanut vetää". Herätykset eivät kuitenkaan voineet olla huomattavia, koska Suomussalmen virkaa tekevä kirkkoherra Oskari Jussila kirjoitti silloin, että hänen seurakuntalaisensa ovat enimmäkseen "nukkuvassa sieluntilassa".[229]

Paavo Hamunen sai nimityksen Puolangan kirkkoherraksi vuonna 1909, mutta muutti Puolangalle vasta vuonna 1912. Hän kuoli siellä sydänkohtaukseen 17.9.1917.[230]

---

[227] SKSK KKA XVIII. Suomussalmi 8. Herman Juntunen (Mökin Manne).
[228] SKS KKA XVIII ja XX. 8. Suomussalmi 8. Herman Juntunen; *Turunen* 1968, 236–238.
[229] SKS KKA I. Suomussalmi 1. – Johannes Haapalainen; XVIII. Suomussalmi 4, Robert Juntunen; XVIII, XIX ja XX. Suomussalmi 8. – Manne Juntunen; *Kajaani* 27.8.1931, Henkilötietoja Kajaanin kihlakunnan eri pitäjissä toimineista vakinaisista papeista 1590–1931; *Tapaninen* 2007, 87.
[230] *Kajaani* 27.8.1931, Henkilötietoja Kajaanin kihlakunnan eri pitäjissä toimineista vakinaisista papeista 1590–1931. SKS KKA. Suomussalmi. Suomussalmen papit, luettelo.

Uusi herännäisyys

Organisoitu liike

Uudistuneen herännäisyyden sanotaan eroavan vanhasta kirkollisuutensa ja kansallisuskonnollisuutensa vuoksi.[231] Kainuussa ei kirkollisuus ollut erona, sillä vanhakin herännäisyys oli siellä kirkollista.

Uusi herännäisyys eroaa vanhasta etenkin siinä, että se on organisoitu liike. *Sisälähetysseura Herättäjä* perustettiin vuonna 1912. Sen ensimmäisenä johtajana toimi Wilhelmi Malmivaara. Liikkeen säännöt hyväksyttiin Keisarillisessa senaatissa vuonna 1914 ja uusittiin vuonna 1924. Silloin sen nimi yhdistysrekisteriin liitettäessä muutettiin *Herättäjä-Yhdistykseksi.*[232]

Wilhelmi Malmivaara näki tehtävänään palauttaa isänsä Niilo Kustaa Malmbergin maine ja hengellinen perintö. Hän perusti vuonna 1888 *Hengellisen Kuukauslehden,* jossa oli alusta alkaen myös kirjallisuuteen, kulttuuriin, valtiolliseen elämään, sekä uskonto- ja kirkkopolitiikkaan liittyviä asioita. Se oli aluksi hänen oma lehtensä. Herännäisyydellä oli 1800-luvun lopulla "menneisyyden liikkeen leima", eikä hän rohjennut toimia sen nimissä. Vähitellen siitä tuli uuden herännäisyyden äänenkannattaja. Sen levikki oli 1930-luvun lopulla noin 5000.[233]

Lehden aputoimittaja Mauno Rosendalilla oli idea perustaa *Herättäjä -*kustannusyhtiö. Herättäjäjuhlien pito alkoi sen vuosikokousten yhteydessä. Niistä ensimmäiset järjestettiin vuonna 1893 Malmivaaran avustajan ja tukijan eteläpohjalaisen Juho Malkamäen kotona Ylistaron Isossa Malkamäessä.[234]

Malmivaara uudisti vuonna 1893 *Siionin virret.* Päälähteinä olivat vanhojen *Siionin virsien* lisäksi rukoilevaisten *Halullisten sieluin hengelliset laulut.* Virsien kielellisen korjauksen lisäksi uudistamisessa oli *Ilkka Huhdan* mukaan kyse "yleisen herännäiskuvan siistimisestä epäraittiiksi, epäraamatullisiksi ja epäkirkollisiksi tulkituista mystisistä herrnhutilaisuuteen liittyvistä piirteistä". *Olli Viitaniemi* puhuu virsien puhdistamisesta ja raitistamisesta. Malmivaara on sanonut,

---

[231] *Huhta* 2001, 103–113.
[232] *HK* 1912, 44, 53. Ylivieskan kokous 19 ja 20 p. Helmik. 1912; 1913, 150–151. Sisälähetysseura Herättäjä.
[233] *HK* 1937, 151. Kertomus Herättäjä-Yhdistyksen toiminnasta 1.5.1936–1. 5.1937; *Huhta* 2001, 84–87.
[234] *HK* 1924 14; *Kares* 1943, 337–366; *Seppo* 1987, 194; *Huhta* 2001, 95–96.

että hän on jättänyt paljon pois epäraittiita herrnhutilaishenkisiä virsiä. Hänen itsensä kirjoittamia virsiä on nykyisessä *Siionin virret* -kirjassa vielä kuusi.[235]

Ensimmäinen herännäiskansanopisto, *Karhunmäen kansanopisto* aloitti toimintansa vuonna 1914. Sen ensimmäisenä johtajana toimi Väinö Malmivaara.[236]

Malmivaaralainen herännäisyys

Wilhelmi Malmivaara on kertonut *Hengellisessä Kuukauslehdessä*, kuinka hän oli kevättalvella 1881 Kiuruvedellä rippikoulua pitäessään äitinsä iloksi kokenut heräämisen, "Tulikasteen". Hän oli "särkynyt", kun hänen oppilaansa olivat itkien tulleet kysymään parannuksen asiassa neuvoja, joita hän ei itsekään tuntenut osaavansa. Kiuruvedellä alkoi esiintyä herätyksiä. Malmivaaraa on sanottukin "pietistisen herätyksen uudistajaksi".[237]

Mauno Rosendalin mukaan "heränneiden johtomiesten" saarnat ja puheet olivat 1800-luvun lopulla evankelisempia kuin aikaisemmin. Niissä puhutaan entistä enemmän "Jumalan armosta, joka on aina syntiselle tarjolla". *Juha Siltalakin* myöntää, että Malmivaaran herännäisyys on opillisesti "evankelisempi ja suvaitsevampi" kuin vanha, mutta se on "ulkoisesti pyhitystä vaativampi".[238]

Evankelinen henki näkyy Malmivaaran uudistamissa *Siionin virsissä*. Hän otti niihin mukaan muun muassa *Halullisten sieluin hengellisistä lauluista* Matti Paavolan kirjoittaman laulun, jossa olivat sanat:

> Miks vaivaat sä itseäs orjuudellas ja aina vaan katselet puutoksias, kun Jumalan Karitsaa katsella saa, myös sinua verellään puhdistavaa.[239]

Malmivaara varoitti kuitenkin väärästä lohdutuksesta. Hän kirjoitti:

> Sen, jonka sairasvuoteelle todella pitää mennä, pitäisi polvillansa sen ääreen mennä ja Jumalan kasvojen edessä kysyä, minkä sanan saan tälle sairaalle antaa. Pian sitä osaa tyrkyttää sairaalle: "Ei saa hätäillä, ei valittaa, ei murehtia, vaan turvata Jumalaan". Mutta on kysyttävä, tahtooko Jumala todella antaa tälle sairaalle tämän lohdutuksen. Sillä Jumala ei ikinä lohduta sitä, joka ei ole koskaan murehtinutkaan, eikä kiellä suremasta sitä, joka on muutenkin suruton, ei kehota armoon turvautumaan sitä, jolla ei ole mitään armon tarvetta. Saatuaan väärää lohdutusta, luulee sairasparka olevansa hyvässäkin turvassa, vaikkei hänelle ei ole tapahtunut

[235] *Rosendal* 1915, 546; *Huhta*; 2001, 93; *Viitaniemi* 2007, 94; *Väinölä* 2009, 105–106; Wilhelmi Malmivaaran kirjoittamia virsiä ovat vuonna 2016 hyväksytyssä Siionin virret -kirjassa no 11, 32, 38, 59, 192 ja 251.
[236] *Heikkilä* 1988, 7; *Huhta* 2001, 77, 87, 103–113; *Arffman* 2004, 504–507.
[237] *HK* 1910, 101–103; *Raninen* 1994, 38.
[238] *Rosendal* 1915, 571–574; *Siltala* 1992, 417.
[239] *SV* 1979, 89:2; *SV* 2016 no 48. Kuten voi huomata, sama virsi on nykyisin erilaisessa muodossa.

mitään muuta kuin että hänet nukutettiin entistä syvempään suruttomuuden uneen ja pantiin entistä pehmeämpi tyyny hänen päänsä alle...[240]

Malmivaaran herätyshenkikin näkyy hänen virsissään. Eräässä niistä, joka oli vielä vuonna 1972 uudistetuissa Siionin virsissä, ovat sanat:

Älä nuku syntinen. Kuule sanat kovat: Liekit tuskan tulisen Helvetissä ovat.
Ennen kuin voit aavistaa hukut totisesti. Alta pohja vajoaa iankaikkisesti.

Älä nuku syntinen synnin harjoitukseen. Synnin tietä nauraen juokset kadotukseen.
Näe vaara! Herää jo! Käänny turman tieltä. Täyttyy kurja kohtalo, ellet palaa sieltä.

Älä nuku syntinen pahan hengen valtaan. Irstailija iloiten viekoittelijaltaan
haureellista hekumaa saa ja hetken hurmaa. Molemmille valmistaa synti sielun
surmaa.

Älä nuku syntinen. Maailma vie harhaan, polkuja sen seuraten hukkaat osan parhaan.
Raskas seuraa paatumus jumalattomuutta, Herran viha kauhistus mielen
saastaisuutta.

Älä nuku syntinen. Kuolon kellot soivat. Huomenna jo tehdä sen sinulle jo voivat.
Makaat aivan ääneti ruumisarkussasi. Helvettiinkö sielusi vaipuu kuoltuasi?

Älä nuku syntinen. Herää joutuisasti. Vielä armo Kristuksen yltää sinuun asti.
Synnistä hän rakastaa, pelastaa ja kantaa. Syntisi hän paljastaa, anteeksi ne antaa.[241]

Malmivaara hyväksyi ikävöivän uskon, kunhan siitä ei tehty pakkoharjoitusta. Hänen ikävöivä uskonsa tulee esille virressä "Oi Herra jos mä matkamies maan lopulla matkaa nähdä sun saan!" Malmivaara kirjoitti sen, kun hänen vaimonsa ja kaksi tytärtään olivat menehtyneet "tyyfukseen" ja kun häntä arvosteltiin hänen apulaisensa kanssa solmimansa avioliitosta. Tauno Väinölän mukaan se on "virsi kristityn toivosta ja sen perustasta, joka kestää, vaikkei ois toivoa ollenkaan".[242]

Wilhelmi Malmivaaran saarnoja arvosteltiin siitä, että niistä puuttuu uskonvarmuus. Hän kielsi sen kirjoittaen Hengelliseen Kuukauslehteen:

Tavallisia opillisia syytöksiä herännäisyyttä vastaan ovat, että siltä puuttuu vapaata
armon omistusta, ettei sen järjestyksessä ole ollenkaan Kristusta ja uskonvarmuutta
autuaaksi tulemisesta ja lapseudesta Jumalan edessä...
      Nuo Jumalan armovaikutukset vastaanotetaan uskossa, ja missä usko on, siinä
on aina varmuutta, sillä uskoa ilman varmuutta ei ole ajateltavissa, vaikkei se
varmuus aina ole näkyvissä".[243]

Wilhelmi Malmivaaran pitämien seurojen lukemistossa oli Raamatun, Björkqvistin ja Arndtin kirjojen lisäksi mm. Lutherin, Scriverin ja Krummacherin teoksia.[244]

---

[240] Malmivaara 1946, 599.
[241] SV 1979, no 164.
[242] SV 1979, 252; 2016, 251; Turpeinen 1986, 40–42; Väinölä 2008, 648.
[243] HK 1902, 27–30.
[243] Siltala 1992, 417.
[244] Kares III 1947, 154.

Hänen puheensa olivat yksinkertaisia ja käytännönläheisiä. *Martti Simojoen*
mukaan hänen saarnansa olivat "sielunhoidollisia herätyssaarnoja". *Aukusti*
Oravala kirjoittaa, että Malmivaara oli "pietisti, herännyt pappi."[245]

Uuden herännäisyyden ensimmäiset tuojat

Johannes Väyrynen Kajaanissa

Oulusta vaatimattomista oloista lähtenyt Johannes Väyrynen (1870–1927) oli
ensimmäinen uuden herännäisyyden Kainuuseen tuoja. Tosin hän oli mukana niin
monilla aloilla, ettei voinut virittää sitä kovin voimakkaaksi. *Olavi Kares* on
kuitenkin nimittänyt häntä "Kajaanin kihlakunnan jättiläiseksi".[246]

Johannes Väyrynen (1870–1927) toimi Kajaanin kappalaisena vuosina
1894–1925 ja sen ensimmäisenä kirkkoherrana vuosina 1925–1927. Täällä hän oli
sukujuurillaan, sillä hänen isoisänsä Johan Petterin vanhemmat, Tuomas Väyrynen
ja Karin Tolonen olivat kotoisin Puolangan Törmänmäestä.[247]

Väyrynen oli ollut Oulun ruotsalaisessa lyseossa neljännestä luokasta lähtien
rehtori Mauno Rosendalin oppilaana. Yliopistossa taas professori Gustaf Johansson
opetti dogmatiikkaa ja etiikkaa. Häntä seuraten Väyrysestä ja monista muista
opiskelijoista tuli beckiläisiä. Monet beckiläispapit siirtyivät 1800–1900-lukujen
vaihteessa Wilhelmi Malmivaaran uskonnäkemyksen vuoksi taas herännäisyyteen.
Väyrysen liittyi heränneiden joukkoon henkilökohtaisista syistä. Ennen Kajaaniin
tuloaan hän oli Revonlahdessa tutustunut vuonna 1893 Malmivaaran ja sanonut:

> Ensi näkemältä tulin tuntemaan hänet tavallista suuremmaksi optimistiksi. Kun hän
> huomasi minussa, joka olin mielestäni beckiläinen, jonkinlaista henkistä
> sielunsointua, piti hän minua heti heränneenä, antoi ystävyytensä jakamattomana ja
> vangitsi itseensä.[248]

Pian Kajaaniin tultuaan Väyrynen sai tehtäväkseen uuden kirkon rakennuttamisen.
Kun vanhassa kirkossa oli pidetty jumalanpalvelus 11.8.1895, alkoi sen
purkaminen. Materiaali käytettiin uuden kirkon rakentamiseen. Sen rakennusaikana
Väyrynen kirjoitti Mauno Rosendalille:

> ...On näet kirkon rakennuspuhasta töitä niin, että ei hermoakaan jouda muualle.
> Toimikunnassa on miehiä, mutta nollan arvoisia. Esimiehen työnä kaikki. Ja arvaa

---

[245] *Oravala* 1929, 103; *Kares III* 1947, 154–159; *Simojoki* 1947, 111, 114.
[246] *Kares* III 1947, 68; *Keränen* 1977, 110, 235.
[247] *Hyyryläinen* 1985, 494.
[248] *Taipale* 1980, 25–26.

sitä työtä, kun puut, kivet, - ympäri maailman ja sitten on räknättävä, hierottava kauppaa valtion kanssa, yksityisten kanssa, sahautettava sataankin leveyteen ja paksuuteen, hankittava miehiä ja järjestettävä niiden toimi...[249]

Uusi kirkko vihittiin käyttöön ensimmäisenä adventtisunnuntaina 1896.[250]

Väyrysen saarnat olivat hyvin valmistettuja ja syvällisiä, mutta monien mielestä liian vaikeatajuisia ja perusteellisia. Rovasti Fr. Fr. Lönnrot varoittikin häntä "filosofeeraamasta" ja "laajalle lähtemästä" sanoen: "Pysytellään siinä yksinkertaisessa läksyssä, että kun Herra ottaisi tielle ja tiellä pitäisi".[251]

Kansanopiston johtaja Otto Stenij on kirjoittanut:

Joskin moni pappi pudistelisi päätään hänen mielipiteilleen, niin eipä ollut sitä, joka ei olisi itseään poikasena tuntenut Kajaanin kirkon saarnatuolin juurella, kun tuo ajatus- ja mielikuvitusmaailman jättiläinen maalaili silmien eteen Jumalan valtakunnan laajoja maisemia.[252]

Kriittisenä pidetty piispa *Koskimies* kirjoitti Vuolijoen kirkossa käytyään:

Väyrynen saarnasi rikasta kieltänsä ja mielivaltaansa käyttäen. Hän olisi todella etevä puhuja, jos vähän osaisi pitää itseään kurissa..[253]

Johannes Väyrynen (H-Y:n arkisto)   *Kareksen* mukaan Väyrysen puheet olivat "syvää ja elävää puhetta kilvoitteleville ystäville" muistuttaen Malmivaaran puheita.[254]

Väyrynen pyysikin Wilhelmi Malmivaaralta aineistoa seurojen pitoon kirjoittaen:

Olen wähin ajatellut ruveta pirtissä kävijäin kanssa menemään raamattua läpi sen kaavailun mukaan kun on siinä vihkosessa. Olisi hyväkin tuuma kai se, että saisi keskusteluakin syntymään. Olen toisekseen ajatellut raamatunhistoriaa ruveta selittämään...[255]

Heränneet kokoontuivat sunnuntaisin pappilan pirttiin. Seuraväkeä oli kymmenisen henkeä, "enimmäkseen vanhoja naisia ja aina sama joukko". Tämä oli "jäännös" vanhoihin heränneisiin kuuluneista. Väyrynen ei ollut erikoisen tyytyväinen

[249] *Kares* III 1947, 54.
[250] *Kares* III1947, 54.
[251] *HK* 1907, 77.
[252] *Kares* 1947, 83–84.
[253] *Kares* 1947, 85.
[254] *Kares* 1947, 86; *Pulma* 1994, 257.
[255] KA SKHSA VI 41–60. WM. Wäyrynen Malmbergille 24. 9. 1894; *Kares* 1947, 84.

seuraväkeensä eikä itseensäkään, koska kirjoitti Malmivaaralle: "Seurojen pitoa koemme pitää... Ihme ettei väsytä, vaikka ei parannuksen merkkejä näy". [256]

Vuonna 1900 hän kertoi *Hengellisessä Kuukauslehdessä:*

> Ensi aikoina heidän seuraansa käytiin katsomassa joukolla, mutta uteliaisuuskin on loppunut. Heissä ei ollut mitään erinomaista katsottavaa, sillä heidän muotonsa ei ollut kaunis, alhaista, köyhää kansaa ja enimmäkseen vaimoja.--Joitakin nuorempia on jaksanut seurata tänne asti.[257]

Seuraväkeen siis kuului Väyrysen mukaan vuonna 1900 "alhaista, köyhää kansaa ja enimmäkseen vaimoja". Kajaanin historiasta kirjoittanut *Panu Pulma* taas mainitsee, että pirtin väkeen eli "kajaanilaisherännäisyyden alkuseurakuntaan" kuului "vuosisadan vaihteessa" talokas Hannes Korhonen, kauppias Emil Lehtovaara, seminaarin vahtimestari Herman Okkonen, ajuri Juho Mikkonen, nahkuri Kalle ja Jenny Möttönen ja joukko muita naisia.[258] Oliko Väyrysen kuvaus sittenkin hieman aikaisemmasta ajankohdasta kuin Pulman?

Martti Tyrkön ja *Olavi Kareksen* mielestä Väyrysellä oli "arvokas sielunhoitajan armolahja". Itse hän ei kokenut olevansa siinä erikoinen, vaan luotti siinä Paavo Ruotsalaisen tavoin Jumalan työhön ja varoi sekoittamasta sitä. Matti Pesonen tiedusteltua häneltä heränneiden sielunhoitomenetelmästä, hän kirjoitti:

> Rakas Weli Matti!
> Sain tänään narrimaisen kirjeesi, ja kiiruhdan siihen vastaamaan, jotta pääsisit pian turhasta toivostasi. Ihme on, että ihmiset pitävät minua pietistinä ja heränneenä, waikka en itse tiedä siitä mitään – suurena kunnianani pitäisin semmoisena olemista ja sitä rukoilen Jumalalta, kun satun muistamaan... Ymmärrät sen tähden, että *en osaa ruveta neuvomaan* ketään, joka neuvojani tulee etsimään... *Papin tulee sielunhoidossaan aina seurata Jumalaa....* Muistuta Herralle, että Kajaanissa on suruton pappi – niin teet ystävän työn".[259]

Harva tajusi Väyrysen merkityksen sielunhoitajana ja pappina. Hän varoi sitä, että "häntä, syntistä ihmistä ruvettaisiin palvomaan". *Tyrkön* mukaan hänessä oli jotain "kummaa ja grobiaanista". Moni loukkaantuikin häneen. [260]

Väyrynen harrasti myös kirjoittamista. Hän kuului *Kajaani*-lehden vakituisiin avustajiin. *Hengelliseen Kuukauslehteen* hän kirjoitti hartauskirjoituksia etenkin vuosina 1893–1917. Vuonna 1899 niitä tuli miltei joka numeroon. Lehden

---

[256] KA SKHSA VI 41–60 WM Wäyrynen Malmbergille 11.3.1896; *HK* 1900, 10–11. Kirje Kajaanista; *Kares* 1947, 53.
[257] *HK* 1900, 10–11. Kirje Kajaanista.
[258] *Pulma* 1994, 256.
[259] *HK* 1945, 75, 245–246. Kirje 50:n vuoden takaa.
[260] *HK* 1945, 75, 245–246. Kirje 50:n vuoden takaa; *Tyrkkö* 1945, 75, 77; *Kares* III 1947, 87.

ilmestyessä kaksi kertaa kuukaudessa noin 20-sivuisena hänen kirjoituksensa käsitti siitä miltei puolet. Myöhemmin, 1900-luvulla hän kirjoitti siihen harvoin.[261]

Kirjoitusten syvällisyys tulee esille niiden otsikoista, joita oli esimerkiksi: *Jumalan palvelija, Jumalan testamentti Kristukselle, Sitojat ja päästäjä, Nöyrrytään, Davidin valtakunta, Kuinka on isänmaa rakastettava, Lienenkö minä se?, Kestätkö sinä?, Uhrilammasta tutkitaan, Jumalan karitsa uhrataan, Rohkenetko enemmä? ja Ole alallasi!*[262].

Väyryseltä ilmestyivät seuraavat kirjat: vuonna 1894 *Taivasko vai Helvetti*, vuonna 1895 *Tie Jumalan lepoon,* vuonna 1899 *Luomakunnan historia Raamatun mukaan* ja *Ahtisaarnoja.* Synodaalikirjoitus *Raamatun esihistorian käyttämisestä uskonnon opetuksessa* ilmestyi vuonna 1912. Siinä sovitellaan Raamatun alkukertomuksia ja luonnontiedettä toisiinsa. Se herätti synodaalikokouksessa ja lehdistössä paljon huomiota.[263]

Väinö Malmivaara Kainuun kansanopistolla

Wilhelmin Malmivaaran poika Väinö Malmivaara (1879–1958), josta tuli myöhemmin Oulun piispa, toimi Kainuun kansanopiston ensimmäisenä johtajana vuosina 1909–1913. Vaikka kansanopisto oli aluksi grundvigilainen, siis hengeltään humanistinen, siellä oli alusta saakka johtajan ja opettajien tuomaa herännäisvaikutusta.[264]

Väinö Malmivaara vaikutti oppilaisiinsa vakavalla olemuksellaan. Opiston pojat ovat todenneet: "Kyllähän täällä toisella tavalla oltaisiin, jos johtaja ei puhuisi niin sydäntä särkevästi; ei tohdi ollenkaan lähteä huonosti elämään."[265] He ovat muistelleet häntä kunnioituksella ja "siunaten".[266]

Grundtvigilaisen kansanopiston johtajana toimiminen tuotti Malmivaaralle vaikeuksia. Isänsä tavoin hän piti grundtvigilaista kristillisyyttä liian iloisena ja teki työtään "jaoituin ja vaivatuin sydämin". Hänen vaikeutensa hyväksyä opiston henki ilmeni esimerkiksi siinä, että kun siellä oli leikki-ilta eli ohjelmallinen illanvietto,

---

[261]*Kares* 1947, 83; *HK* 1900, 257 –267, Mikä on liha? *HK* 1907, 74–77, Elias Lönnrot; *HK* 1910, 59–63, Kootkaa murut.
[262] *HK* 1899, 5–11, 33–38, 59–64, 65–67, 81–87, 137–141, 154–160, 161–168, 177–185, 193–199, 225–.231, 347–350.
[263] *Kares* 1945, 80–82, 90–93; 1947, 80–82, 90–93; *Pulma* 1994, 253.
[264] *Kares* 1952, 398.
[265]*Tolonen* 1985, 10.
[266] *Ruuttunen* 1984, 44–45.

josta hän itse käytti nimitystä "iltamailot", hän usein poistui paikalta ja palasi jonkin ajan kuluttua vaivautuneena sanoen: "Eiköhän ole parasta lopettaa".[267]

Tukenaan Malmivaaralla oli naapurin, vanhan herännäistalon Mikkolan poika, käsityönopettaja Vilho (Ville) Keränen. Tämän kotona pidettiin seuroja, joissa kerran vieraili myös Wilhelmi Malmivaara. Johannes Väyrynen oli nuoren johtajan "isällinen auttaja ja ystävä".[268]

Väinö ja Ellen (o. s. Gummerus) Malmivaara. (Kainuun Opiston arkisto)

Väinö Malmivaara oli nuoruudestaan lähtien hyvä puhuja. Eräs kansanopistossa käynyt ja hänen puhettaan kuunnellut henkilö oli vuosikymmenien päästä sanonut, ettei ollut kuullut niin elävää puhetta kuin mitä silloin oli kuullut. Malmivaara suoritti pappistutkinnon syksyllä 1912, ja hänet vihittiin papiksi 3.1.1913. Hän on kertonut, että se aika oli hänelle sisäisten taistelujen aikaa. Hän kyseli, oliko hänestä papiksi. Hän toimi vuonna 1913 oman työnsä ohessa Ristijärven kappalaisen viran väliajan saarnaajana. Myöhemminkin hän kävi Kainuussa esim. Aku Rädyn kanssa seura- ja juhlapuhujana. Hän on jättänyt jälkipolville arvokkaan perinnön lukuisissa "rukousvirsissään".[269]

[267] *Kares* V 1952, 398.
[268] *Kares* 1952, 523. *Maunumaa* 1959, 10; *Raninen* 1994, 20.
[269] *H-Y.* 1960, 26–27, 54; *Karttunen* 1981, 51; *Tolonen* 1985, 10. Väinö Malmivaaran kirjoittamat virret ovat: no 174, 244, 467, 496 ja 504. *Virsikirja* 1986. Hän on kirjoittanut myös Siionin virret no 14, 45, 52, 153, 168, 170, 171, 172, 173, 174, 198, 234, 235, 237 ja 238. *Siionin virret* 2016.

Heränneet kansalaisina 1900-luvun alussa

Yhteiskunnallisissa tehtävissä

Kainuun maaseudun heränneet olivat useimmiten maanviljelijöitä tai oikeastaan pienviljelijöitä. Useimmiten he kuuluivat maalaisliittoon, mikä oli vuoden 1907 eduskuntavaaleissa suurin puolue Suomussalmella, Puolangalla, Paltamossa ja Ristijärvellä. Siellä oli 1900-luvun alussa vielä vanhaa herännäisyyttä.[270]

Olavi Moilasen mukaan herännäisyys levisi Kainuuseen kylittäin. Hänen haastateltujensa mukaan ne kylät, joissa se vaikutti, olivat maalaisliittolaisia ja "hyvin käyttäytyvien alueita". Herännäisyyden ulkopuolella olleissa kylissä taas kannatettiin "sosialistisia oppeja, juopoteltiin ja pelattiin korttia". *Moilanen* toteaa, ettei raja sentään ollut jyrkkä, mutta myöntää, että vastakkainasettelu sosialismin ja herännäisyyden välillä oli ilmeinen.[271]

Kainuulaiset olivat jo 1900-luvun alussa tietoisia huonoista olosuhteistaan. Tyytymättömyys ilmeni vasemmistoradikalismina ja korpikommunismina. Vuosien 1907–1916 vaaleissa kannatettiin varsinkin Etelä-Kainuussa sosialidemokraatteja. Kajaanin maalaiskunnassa puolue oli enemmistönä, mutta ei Kajaanin kaupungissa. Puolangalla oli heitä vähiten. Heränneet eivät liittyneet työväenpuolueeseen, mutta jos heidän joukkoonsa tuli joku siihen kuulunut, "häntä ei vierastettu".[272]

Suurin osa Etelä-Pohjanmaan heränneistä kuului 1800-luvulla talollisiin. Heidän taloudellinen yrittäjyytensä oli synnyttänyt myös yksilöllistä herätysliikepohjaa.[273] Nähtävästi näin oli Kainuunkin viljelijöiden kohdalla.

Kansanedustajaehdokkaiksi otettiin vain "selvästi isänmaallisia, talousmiehiä, uskonnollisia". Sen maalaisliittolaisella kansanedustajilla oli usein herännäistausta, koska herännäisyys oli Kainuun yleisin uskonnollinen liike.[274]

Puolangalta kotoisin ollut kansakoulunopettaja ja maanviljelijä *Santeri Haapanen* (1877–1957) oli suomalaisen puolueen kansanedustaja vuosina 1909–1910 ja maalaisliiton kansanedustajana vuosina 1917–1918.[275]

---

[270] *Isohookana-Asunmaa* 1980, 226; *Heikkinen* 1986, 151, 161.
[271] *Moilanen* 1998, 118.
[272] SKSK KKA XIX. Puolanka 9. Pauli Johannes Virkkunen; Sotkamo 16 N. Matti Artturi Moilanen; *Heikkinen* 1986, 158, 161,163; *Turpeinen* 2002, 75–76.
[273] *Ylikangas* 1979, 65, 329, 335–334; *Koivulahti* 2003, 92.
[274] *Isohookana-Asunmaa* 1980, 154.
[275] *Heikkinen* 1995, 178.

Vuonna 1909 oli eduskunnassa kansakoulunopettaja *Artturi (Anders, Antti) Laitinen* (1882–1959) maalaisliittolaisten edustajana. Valmistuttuaan Kajaanin seminaarista hän toimi Suomussalmen kirkonkylän ensimmäisenä vakinaisena kansakoulunopettaja vuosina 1904–1909. Hän toimi myös Suomussalmen Kanervavaaran osuuskassan hoitajana 1905–1909. Tänä aikana hänen muistetaan olleen innokas kansanvalistaja. Hän oli vaikuttamassa Suomussalmen Maalaistenseuran ja nuorisoseuran perustamiseen ym. Laitinen oli juuri ennen Suomussalmelle muuttoaan mennyt naimisiin Kaisa Maria Tervosen kanssa. Heille syntyi Suomussalmella ollessa kaksi lasta, vuonna 1905 Toivo Vilho Kultimo ja vuonna 1908 Veikko Kullervo. Perheen esikoisesta, Toivo Laitisesta tuli Puolangan kirkkoherra vuonna 1935 ja myöhemmin muun muassa kenttäpiispa.[276]

Artturi Laitinen muutti vuosien 1909 ja 1910 -lukujen vaihteessa yllättäen Suomussalmelta Utajärvelle ja Helsinkiin. *Lippo Vester* toteaa *Suomussalmen osuuspankin historia* -kirjassaan:

> Opettaja Laitisen toiminta Suomussalmella jäi lyhytaikaiseksi. Yllättäen hän muutti vuoden 1909 lopussa kesken lukuvuoden synnyinpitäjäänsä Utajärvelle. Muuton syy jäi arvailun varaan. Virallisesti muuttokirjat siirtyivät Utajärven seurakuntaan 6.1.1910. Muutto oli ilmeinen menetys, ei vain paikkakunnan osuuskassatoiminnalle vaan myös koko pitäjälle. [277]

Mutta Laitisen aikalainen *Rurik Calamnius* mainitsee vuonna 1912 kirjoittamassaan *Suomussalmen seurakunnan historia* -kirjassa, että Laitinen oli "surullisen kuuluisa maalaisliiton edustaja", ja hänet oli "viraltapantu siveellisyysrikoksen vuoksi".[278]

Reijo Heikkinen toteaa, että Suomussalmen kirkonkylän johtokunnan mukaan Laitinen oli lähennellyt tyttöoppilaitaan ja käyttänyt heitä saunapalvelijoina, joten se irtisanoi hänet opettajan virastaan 20.12.1909. Kansakouluntarkastaja Oskar Vuorisalmi piti tätä poliittisena ajojahtina ja oli koko ajan hänen puolellaan. Hän teki valituksenkin hänen puolestaan. Laitinen oli silloin maalaisliiton kansanedustajana ja hänen erottamistaan vaatinut nahkuri H. A. Tapio kuului suomussalmelaisten sosialistien johtajiin. Laitisesta *Kansan tahto* -lehdessä julkaistu näyttävä kirjoitus johti siihen, että hänen asiansa meni Kouluylihallituksen käsittelyyn. Se tiedotti kaikille piiritarkastajille erottaneensa Artturi Laitisen virastaan. Kuitenkin hän toimi Helsingin valmistavan koulun opettajana vuosina

---

[276] *Edustajamatrikkeli* 1982, 312; SKS KKA XVIII.1. Puolanka 6. Matti Keränen; Puolanka 9. Pauli Johannes Virkkunen; Puolanka 13. Vihtori Heikkinen; *Hyyryläinen* 1985, 542; *Vester* 2005, 52–54.
[277] *Vester* 2005, 54.
[278] *Calamnius* 1912, 182; *Vester* 2005, 52–54.

1910–1913 ja Helsingin Kristillisen kansanopiston opettajana vuosina 1912–1913. Hän palasi uudestaan Suomussalmellekin toimien sen pohjoisosassa sijaitsevalla Kiannanniemen kylällä kansakoulunopettajana vuosina 1913–1914.[279]

Laitisen herännäishenkisyytensä tuli esille vasta Kiannanniemellä. Hän alkoi pitää seuroja ja suunnitteli Paavo Lassilan työn jatkamistakin. Kuitenkin hän tuli pian siihen tulokseen, että se ajatus oli hengellistä ylpeyttä ja lopetti seurojen pidon. Laitiselta tultiin kysymään neuvoja sielunhoidollisissa asioissa, ja häntä pidettiin hyvänä puhujana. Kyseltyään puheestaan Paavo Lassilan mielipidettä hän sai vastauksen: "Kun minä olin lapsi, niin minä puhuin kuin lapsi. Kun minä tulin mieheksi, niin minä hylkäsin, mikä lapsen oli". Laitinen ei tästä loukkaantunut, minkä osoittaa se, että hän pyysi päästä Lassilan siunattavaksi.[280]

Vuonna 1914 Laitinen muutti jälleen kotiseudulleen Utajärvelle, jossa hän sai huomattavan aseman kansakoulunopettajana, uskonnonopettajana, lukkari-urkurina, kunnanvaltuuston puheenjohtajana ym. Hänelle myönnettiin talousneuvoksen arvonimi "monipuolisen toimintansa ansiosta".[281]

Entiset suomussalmelaiset oppilaat pitivät häneen yhteyttä. Esimerkiksi opettajakokelas Kustaa Kemppainen hiihti suksella Kiannanniemeltä Utajärvelle kysymään entiseltä opettajaltaan, sopisiko hänen liittyä vuoden 1918 sisällissodan rintamajoukkueeseen. Kun hän sitten sodassa kaatui, Laitinen kirjoitti hänestä *Kainuun Sanomiin* muistokirjoituksen.[282]

Ristijärven heränneiden merkkihenkilö, maanviljelijä *Matti Salomo Pulkkinen* (1873–1952) oli eduskunnassa maalaisliiton edustajana vuodesta 1911 vuoden 1914 ensimmäisiin valtiopäiviin. *Antero Heikkinen* kuvaa hänen elämäntyötään sanoilla: "torppari, ja pienviljelijä, kansankirjailija, kansanedustaja, kunnallinen ja maakunnallinen vaikuttaja". Pulkkinen toimi muun muassa Maalaisliiton Kainuun piiritoimikunnan puheenjohtajana, Kainuun maanviljelysseuran varaesimiehenä, Osuusliike Maakunnan ja Kainuun Sanomien hallituksen sekä Kainuun kansanopiston johtokunnan jäsenenä. Lisäksi Pulkkinen oli vuosina 1915–1932 kirkkoneuvoston ja vuosina 1923 ja 1928 kirkolliskokouksen jäsen.[283]

---

279 *Heikkinen* 1995, 223–225
280 *Edustajamatrikkeli* 1982, 312; *Kares* 1947 III, 106–107; *Järvilehto* 1954, 40, 51.
281 *Vester* 2005, 229.
282 *Edustajamatrikkeli* 1982, 312; *Heikkinen* 1995, 225; *Vester* 2005, 54.
283 *Edustajamatrikkeli* 1982, 494; *Heikkinen,* 1986, 164, 236, 311–312; *Romppainen* 1998, 28–70.

Pulkkinen oli lahjakas puhuja ja kirjoittaja sekä omien töittensä lisäksi väsymätön touhuaja yhteisten asioiden hyväksi. Toisin sanoen, hän oli "päätänsä pidempi muita". Siksi hän, aikansa torppari-maanviljelijä pääsi eduskuntaan ja kirkolliskokoukseen saakka. Hänen elämänsä tarina on tyypillinen kertomus kainuulaisesta selviytyjästä. Vuonna 1896 hän osti metsätöillä saamillaan rahoilla Ristijärveltä niityn ja avioitui piika Elsa Matintytär Kinnusen kanssa. Talvisin aviopari teki metsätöitä Suomussalmen Hossassa saakka. Näin saatiin ostetuksi lisämaata ja Mannila-nimisen savupirtti sekä rakennetuksi navetta. Katovuosina 1900-luvun alussa Pulkkinen raivasi kuokallaan suosta peltoa niin, että hänestä tuli yksi suoviljelyn pioneereista.[284]

Vuonna 1904 ilmestyi Salomo Pulkkiselta kaunokirjallinen tarinakokoelma *Tervanpolttajat* ja vuonna 1912 kotiseutukuvaus *Ristijärven muistoja ja kuvauksia.* Lisäksi Pulkkinen kirjoitti paljon vuonna 1917 ilmestymään alkaneeseen *Kainuun Sanomiin,* jonka perustamistoimikunnan jäsen hän oli. Yhteiskunnallisesta asioista kirjoittaessaan hän käytti tavallisesti nimimerkkiä *Risto Järveläinen* ja hartauskirjoituksissaan nimimerkkiä *Maallikko.* Hän oli "teatterikärpäsen purema" ja kirjoitti näytelmäkappaleitakin. Heränneisiin hän lukeutui vasta myöhemmällä iällään. Hän olikin kirkkoneuvoston jäsenenä vasta yli 40-vuotiaana ja kirkolliskokousedustajana yli 50-vuotiaana. Pulkkisen uskonkäsitys oli peräisin Fr. Fr. Lönnrotin rippikoulussa opitusta *Möllerin* katekismuksesta. Hän piti tärkeänä jumalanpalveluksiin osallistumista, vaikka kuuluikin vanhaan herännäisyyteen ja jumalanpalveluksia toimitti uuden herännäisyyden omaksunut pappi.[285]

Sotkamolainen *Oskari Partanen* (1878–1970) oli vuoden 1914 toisilla valtiopäivillä maalaisliittolaisena kansanedustajana. Hän toimi maanviljelijänä ja kunnallisissa luottamustehtävissä kuten kunnanvaltuuston puheenjohtajana.[286]

Partasen lapsuuskodissa veisattiin sunnuntaisin virsiä ja luettiin *Björkqvistin* ja *Nohrborgin* postilloja. Hänen omassakin perheessään vallitsi herännäishenki. Siionin virret tulivat myös hänen lapsilleen tutuiksi.[287]

Monet papit toimivat myös yhteiskunnallisella sektorilla, mutta *Johannes Väyrynen* oli oman työnsä ohella todellinen yhteiskunnallinen vaikuttaja. Hän pyrki auttamaan kainuulaisia myös aineellisesti. Hänen mielestään kristillisyyden tuli

---

[284] *Edustajamatrikkeli* 1982, 494; *Romppainen* 1998, 13–19.
[285] *Kares* 1947, 43, 154, 155; *Romppainen* 1998, 20–70; *Arffman* 2004, 507.
[286] https://fi.wikipedia.org/wiki/Oskari Partanen.
[287] Oskari Partasen tyttären, Maija Partasen puhelinhaastattelu 25.10.2010.

toteutua enemmän käytännössä kuin ulkonaisissa tunnusmerkeissä ja puheissa. Häntä ei voitu syyttää maallistumisesta kuten monia valistushenkisiä pappeja. [288]

Väyrynen oli Kajaanin kaupungin valtuustossa vuosina 1905–1911, 1913–1918 ja 1921–1925 yhteensä 17 vuoden ajan. Hän kuului moniin valmistelutoimikuntiin, rahatoimikuntaan, köyhäinhoitohallitukseen ja yhteiskoulun johtokuntaan. Hän oli vuonna 1907 asetetun Keisarillisen Senaatin komitean jäsen. Sen tarkoituksena oli tutkia Kajaanin kihlakunnan taloudellisia oloja ja tehdä ehdotuksia niiden parantamiseksi. Innokkaana maanviljelijänä hän toimi Kajaanin maanviljelysseuran esimiehenä. [289]

Kainuun kansanopisto oli Väyryselle rakas. Siellä hän vieraili jatkuvasti ja auttoi sitä mahdollisuuksiensa mukaan. Hänen asiantuntemustaan tarvittiinkin opiston suunnitteluvaiheesta lähtien. Hän kuului sen johtokuntaan toimien sen rahastonhoitajana ja 1920-luvulla sen puheenjohtajana.[290]

Väyrynen tunsikin välistä nääntyvänsä. Vuonna 1900 hän kirjoitti Wilhelmi Malmivaaralle:

> Itse olen puuhain pakosta kuolla, Olen seminaarin opettaja ja saarnaaja, Rakennustoimien ylihallituksen tavaran hankkija seminaarille. Ja muutkin minä vedän pyörteeseen… Kiiruhdan kylvämään kalkkia navetan lattialle ja sitten puuhiini kuin Jerusalemin suutari.[291]

Monet arvostelivatkin Väyrystä hänen lukuisien toimiensa vuoksi. Lääninrovasti K. A. Phaler kirjoitti hänestä Kajaanin rovastikuntakertomukseen:

> Pastori J. Väyrynen on lahjakas mies, kaiken hyvän harrastaja, opissa elämässä ja virassaan nuhteeton, sekä toimii suurella innolla kirkon ja yhteiskunnan hyväksi, mutta tekisi hän viisaasti, jos hän ajoissa rupeaisi säästämään voimiansa yksin kirkon palvelukseen.[292]

Väyrynen hoiti tehtäviä "koko sydämellään". Otto Stenij:n (Korpijaakon) mukaan hän vielä kuolinvuoteella korkeassa keuhkokuumeessa "houraillessaan" huolehti Suomussalmen, maanviljelysseuran, kansanopiston ja kanslian asioista. Opisto oli ollut hänen viimeisin ajallinen asiansa. Lopulta hän oli vain rukoillut.[293]

Johannes Väyrynen oli niitä harvoja Suomen pappeja, jotka vastustivat vuonna 1902 Venäjän keisarin antamaa asevelvollisuuslakia. Hän ei nimittäin

[288] *Turpeinen* 1994, 253.
[289] *Pulma* 1994, 254–255.
[290] *Kares* 1952, 398.
[291] *HK* 1945, 75, 245–246. Kirje 50:n vuoden takaa. *Tyrkkö* 1945, 75, 77.
[292] OUMA Eb 81. Kajaanin kaupunki- ja maaseurakunnan piispantarkastuspöytäkirjat 1872–1938. Piispantarkastuspöytäkirja 28–31.5.1904.
[293] *Kares* 1952, 218.

vahvistanut nimikirjoituksellaan asevelvollisuusiässä olevien nuorukaisten kutsuntaluetteloita. Siitä hän sai Kuopion tuomiokapitulilta helmikuussa 1903 ankarat nuhteet. Myös palkka pidätettiin, mutta se maksettiin myöhemmin.[294]

Heränneiden johtajalla Wilhelmi Malmivaaralla, kuten hänen työtoverillaan Mauno Rosendalilla oli *Hengellisen Kuukauslehden* kirjoitusten mukaan suuri huoli Suomen kansan kohtalosta. Heränneet kuuluivat Wilhelmi Malmivaaran seuraajina kansallisuusaatteen kannattajiin. Malmivaara oli kirkon johdon ja papiston enemmistön edustaman vanhasuomalaisten myöntyvyyssuunnan kannalla, mutta hän ei asettanut rajoituksia toisten heränneiden toiminnalle.[295]

Väyrynen oli aluksi innokas nuorsuomalaisen puolueen jäsen. Vaikka hän oli Wilhelmi Malmivaaran ystävä, hän ei liittynyt tämän mielipiteisiin. Uskalsipa hän kirjoittaa vuonna 1900 hänelle: "Älä hyvä ihminen pidä pettäviä toivoja itsessäsi ryssäin myöntyväisyydestä – katkeroitat vain mielesi, kun isku tulee". Hän vastusti kiivaasti ystävänsä herännäisyyden toisen merkkimiehen, Mauno Rosendalin tavoin vanhasuomalaisia ja työväenliikettä. Vaikka hän toimi joskus Kajaanin seminaarin uskonnonopettajanakin, hän ei "kumarrellut" sen johtajaa, vanhasuomalaisten johtohenkilöä Volter Rihtniemeä. Heillä oli muuten paljon yhteistä. Olivathan he puuhaamassa Kainuun kansanopistoa ja vuorollaan sen johtokunnan puheenjohtajia. Heidän kotinsa olivat Venäjän sortotoimien vastarinnan keskuspaikkoja.[296]

Väyrysen ja Rihtniemen perheet olivat sydämestään mukana Suomen itsenäistymisasiassa. Väyrysen poika, "vakavamielinen" Eljas Väyrynen oli sanonut isänmaan olevan "sellainen asia, että sen puolesta kannattaa antaa henkensä". Hän menehtyikin 25.2.1918 Varkauden taistelussa saamiinsa haavoihin. Tästä Väyrynen järkyttyi kovasti. Sodan jälkeen hänestä tuli monarkisti ja kokoomuslainen. Myös perheen äiti, Siina ja tyttäret, Martta, Anna ja Eva sekä Mieslahdelta saatu uskollinen palvelija Elsa Keränen toimivat määrätietoisesti "isänmaan hyväksi".[297]

Väyrynen oli vuoden 1907 valtiollisissa vaaleissa nuorsuomalaisten valitsijayhdistyksen ehdokkaana, mutta ei tullut valituksi. Hän sai seurakuntalaisten taholta arvostelua siitä, että politiikka tuli esille hänen saarnoissaan ja puheissaan. Esimerkiksi Kuhmon entisen kirkkoherran Emil Rechardtin mielestä sen vuoksi

---

[294] *Wegelius* 1931, 31, 32.
[295] *Kares* 1943, 227–237; 1947, 62.
[296] *Kares* 1947, 62, 464; *Kainuun Kristillinen Kansanopisto 1909–1959*, 1959, 47; *Mustakallio* 1983, 407, 478. *Heikkinen* 1986, 158, 161, 163, 241; *Heikkinen* 2000, 114; *Kemppainen & Pykäläinen* 2009, 16, 274.
[297] *Wegelius* 1931, 33–34, 80.

"Kirkko rupesi tyhjenemään". Hänen mukaansa Väyrysen pitämiin kinkereihinkin tultiin harvalukuisesti, koska "seurakuntalaiset eivät hyväksyneet politikoimista."[298]

Nuorisoseura heränneille liian "maallinen" liike

Etelä-Pohjanmaalla heränneistäkin oli vähällä tulla nuorisoseuralaisia. Tämän uuden seuran odotettiin lopettavan toistuvat juomiset, tappelut ym. kylien raiteilta. Seuraava Pohjanmaan heränneiden johtajiin kuuluneelle Juho Malkamäelle osunut tapaus lopetti heränneiden ja nuorisoseuralaisten yhteishengen:

> Etelä-Pohjanmaan nuorisoseurojen ensimmäiset kesäjuhlat päätettiin pitää Kyrönjoki-varrella Juho Malkamäen talossa, miehen, joka monet vuodet oli ollut heränneiden johtajana. Tähän saatiin tietenkin isännän lupa. Juhlapäivänä saapui talolle paljon kansaa läheltä ja kaukaa. Laulettiin lauluja, pidettiin puheita ja vieläpä navetan ylisillä esitettiin näytelmäkappalekin. Jo päivällä ohjelman suorituksen aikana Malkamäki ei jaksanut pysyä kuulijana, vaan käveli "vaivatuin tunnoin" kartanollaan. Kerrotaanpa hänen miettineen juhlien keskeyttämistäkin. Juhlan päätyttyä hän sanoi johtomiehille: "Teille näyttävät ne asiat, jotka meille ovat pääasioita, olevankin sivuasiana".[299]

Vuonna 1909 oli *Kajaanin Lehdessä* uutinen, *Nuorison rientoja Suomussalmella*. Siinä kerrotaan, että nuorisoseuralla oli ollut "illatsu mikkelin lauantaina". Kirjoittaja toteaa lopuksi: "Mainita sopii, että käytös oli siivoa... Sopii tässä pappien vieläkin saarnata nuorisoseuran iltamia vastaan."[300]

Suomussalmen kirkkoherra A. B. Calamnius, nuorisoseura-aktivistien Ilmari Kiannon ja Aino Calamniuksen isä tuskin saarnasi nuorisoseuraa vastaan. Mutta seurakunnan "pitäjänapulainen" Paavo Hamunen saattoi tehdä niin. Iltamien pito oli hänen vuokseen vaikeaa. Kansakoululle ei voitu kokoontua, sillä hän toimi koulun johtokunnan puheenjohtajana eikä hyväksynyt nuorisoseuran kokoontumista koululle muuta kuin lauluharjoituksiin. Nuorisoseuralla oli sekakuoro ja kirjasto. Kunnallakin oli "lainakirjasto", mutta se oli ahdasmielisenä pidetyn "pitäjän kappalaisen" hoidossa ja sisälsi aikalaisten mukaan "vanhaa uskonnollista ja muuta vakavaa käännöskirjallisuutta, jota aniharvat lainasivat".[301]

Johannes Väyrynenkään ei hyväksynyt nuorisoseuraa eikä muita maallisia rientoja. Hän päivitteli *Hengellisessä Kuukauslehdessä*:

---

[298] SKS KKA XIX Paltamo IV 1. Eemil Rechardt; *Kares* 1947, 85; *Heikkinen* 1986, 160, 254–256; *Pulma* 1994, 217, 254.
[299] *Kares* 1932, 125–126.
[300] *Kajaanin lehti* 9.10.1909.
[301] *Kajaani* 27.8.1931, Henkilötietoja Kajaanin kihlakunnan eri pitäjissä toimineista vakinaisista papeista 1590–1931; *Turunen* 1968, 236–238.

Kirkot seisovat tyhjinä, sillä kansa on ohjattu valistumaan lukutupiin, teattereihin, nuorisoseuroihin, sivistäviin illanviettoihin y. m. Kirkonkäynnin kieltäminen ei ole vielä yleiseksi sivistyssäännöksi julistettu, mutta kypsymässä se on ajan hengen aatekopassa.[302]

"Juopottelu syntiä"

Vanhan herännäisyyden aikana, 1800-luvulla alkoholia käytettiin heränneiden keskuudessa yleisesti. *Oravala* on todennut, että kotipolton aikana oli "tätä tavaraa tarjolla, talonpojissa ja herroissa, pappiloissa ja pitopaikoissa".[303]

Vanhojen heränneiden pontikan keitto selviää myös Ilmari Kiannon "hurskaan" Huhmar-Paavon kuvauksesta:

> (Hän) oli hurskas mies… ja lisäksi aito lipilaari pyhän hengen ja pontikan mies, joka korkeammin kuin yksikään käsitti jumalanviljan merkityksen suuressa ristikunnassa."[304]

Paavo Ruotsalainen ei ollut Lars Leevi Laestadiuksen ja Henrik Renqvistin tavoin ehdottoman raittiuden kannalla, vaikka varoittikin toisia "viinan kiroista". Hänen ystävänsä Johan Fredrik Bergh taisteli jo vuosien 1863—1864 valtiopäivillä "viinanvalmistuskiellon" puolesta. Hän oli nuoruudessa saanut vaikutteita myös Henrik Renqvistiltä.[305]

---

[302] *Kares* 1943, 31.
[303] *Oravala* 1913, 137.
[304] *Kianto* 1924, 104.
[305] *Oravala* 1913, 132—139; *Kares* 1932, 128—130; *Larkio* 1976, 11.

Aikalaisten kuvauksia

Juhani Aho kirjoitti ihaillen Frans Fredrik Lönnrotista

Aikalaisten kuvaukset heränneistä ovat tärkeitä sen vuoksi, että niihin sisältyy heränneistä ja heidän elämästään sellaistakin tietoa, jota ei muualta löydy. Tämä pitää paikkansa esimerkiksi Juhani Ahon kuvauksessa Frans Fredrik Lönnrotista. *Ilkka Huhdan* mukaan hän tuli kirjoituksillaan myös "henkilökohtaisista lähtökohdistaan muokanneeksi koko herännäisyyden julkista kuvaa".[306]

Juhani Ahon isä, rovasti Theodor Brofeldt (1937–1914) oli Iisalmeen tultuaan heränneiden ystävä, mutta muuttui pian heidän arvostelijaksi. Hän totesi heidän seuransa olevan Sanan syrjäyttävää "immeispuuhoo". Hän oli beckiläinen, mutta kuitenkin hengenheimolainen Fr. Fr. Lönnrotin kanssa, joka vieraili matkoillaan hänen luonaan.[307] Artikkelissaan *Muistatko* Aho kirjoittaa Fr. Fr. Lönnrotista:

> Jo pienenä poikana ennen kuin oikein tiesin tuota ´isoa Lönnrotia´ vielä olevan olemassakaan, kaikui Lönnrotin nimi kuitenkin korvissani erään hänen sukulaisensa nimenä. Hän oli silloin ja on vieläkin pappina kaukana pohjan perillä, josta tullen ja jonne menen usein kotonani kävi läpimatkalla. Hän on monessa suhteessa merkillinen mies, perikuva maalaispapista ja kansanmiehestä, harva- ja syväsanainen, aina puettuna sarkavaatteisiin, jotain erikoisen hienoa kotitekoa, siroihin suomalaisiin pieksuihin ja kasvot niin rauhalliset, tyynet ja vakavat, ja otsa, jota keskeltä jakaukselle tukka reunustaa, niin puhdas ja korkea, että kun kerran on kiintynyt miestä katselemaan, on vaikea saada hänestä pitkään aikaan silmiään irti.[308]

Erik Bisi ei hyväksynyt suomussalmelaisten körttipuvun käyttöä

Suomussalmen lukkari Erik Bisi ei hyväksynyt körttipuvun käyttöä varsinkin, jos se oli "suruttomillakin". Hän kirjoitti vuonna 1840 Elias Lönnrotin *Mehiläinen*-lehteen:

> Moni mielen miehistäki, Warsin waimoista walitut, Niin on eksyneet etääksi, Uskossansa untunehet,
> Että pyrkivät pyhiksi, Wanhurskaiksi waattehilla. Näin on tyhmä tyttäretki, Että riepunsa repivät,
> Kaikki katkowat hameensa, huiwinsaki hukkoawat, Aiwan polttawat poroksi;
> Sillä toiwowat tulewan, Paremmaksi pääsewänsä, Sillä pyrkiwät pyhiksi, Taiwasta tawottelewat;
> Waikk on synnissä sywästi Omatunto tuuwitettu, Ettei tunne tuomiota Synnin päälle synkeätä;
> Waikka himot hiukoawat, Weri kunneki wetävi, Synnin töihin tyhmempihin, Ilkeyksihin isoihin.[309]

---

[306] *Huhta* 182
[307] *Kares* II 1950, 219.
[308] *Aho* 1952, 404–405.
[309] *ELVT* 2. *Lönnrot,* 1990, 581. *Kysymys Mehiläisestä.*; *Rytkölä* 1998, 374.

Ilmari Kiannollakin myönteinen kuva heränneistä

Ilmari Kianto kertoo kirjassaan *Vanha Pappila* kotiinsa, Karhulanvaaran pappilaan tulleista "asiamiehistä". Toisen heistä hän sanoo olleen "pitkäpiimäinen, hurskas vanha Lassila".[310] Hänen antamansa määritelmät "pitkäpiimäinen" ja "hurskas" saattoivat olla muidenkin nuorten mielipiteitä. Kuitenkin "hurskas" -sana ehkä osoittaa sen, että Kianto arvosti Lassilaa. Hänen köyhät perukkalaisensakin ovat usein omalla tavallaan uskovaisia, vaikka vieroksuivat "leipäpappeja". Hänen kielteinen suhtautuminen pappeihin näkyy siinä, että hän on ottanut kirjassaan *Pyhä viha* pastori Matti Möhkösen esikuvaksi Paavo Hamusen suruttomana eläessä.[311]

Kianto tutustui myös Johannes Väyryseen. Tämä oli hänen työtoverinaankin, kun hän opetti vuosina 1904–1906 Kajaanin yhteiskoulussa venäjän kieltä ja Väyrynen uskontoa ja kirkkohistoriaa. Opettajatoverit, varsinkin Väyrynen suhtautuivat "varauksellisesti ja epäillen" Kiannon radikaalisuuteen.[312]

Kirjassaan *Pyhä viha* Kianto taistelee Reino Frommeruksena virkaveljiensä suvaitsemattomuutta vastaan. Johannes Väyrynen saa siinä Elias Rynttäsenä kovaa rusikointia, mutta lopuksi myös arvonantoa. Sovinto tapahtuu Rynttäsen anteeksipyynnön myötä. Reino Frommeruksen arvonanto Rynttästä kohtaan syvenee tämän yhteiskunnallisen toiminnan vuoksi. Kianto kirjoittaa:

> Elias Rynttänen oli syvien rivien lapsi, matalasta mökistä koulutielle joutunut korvenraivaaja. Hän oli hyvä puhuja, ja vaikka hänen puheistaan nyt kuohuikin toinen henki kuin ennen, niin tottumus pani hänet löytämään ytimekkäitä sanoja ja vertauksia, joiden muoto nyt vain muovautui sen mukaan kuin hänen sisäinen suurlakkonsa, hengelliseen vallankumoukseen valkenemisensa sitä vaativat.
> Ihmeitä saarnasi nyt Moukkalan pappi – pelkäämättä, häikäilemättä, punnitsematta puheitaan muulla kuin omantuntonsa puntarilla... Ja kaikkialla, missä miestä tarvittiin, oli hänkin mukana ensimäisenä sydämeen huutajana, ensimäisenä järkevään toimintaan neuvojana... [313]

Muutkin *Pyhä viha* -kirjan henkilöt on helppo tunnistaa, onhan se Kiannon omaelämänkuvausta. Vaikeasti tunnistettavaksi jää vallankumouksen kaaoksessa esiin tullut "Seitsemäs saarnaaja, eräs herännyt kolportööri", joka puheessaan jylisi

---

[310] *Kianto* 1961, 37–38.
[311] SKSK KKA XVIII. Puolanka 10. Janne Benjamin Virrankari; SKS KKA I. Suomussalmi 1. Johannes Haapalainen; SKSK KKA I. Puolanka 8. Anna Stiina Heikkinen; SKSK KKA XVII, XIX ja XX. Suomussalmi 8. Manne Juntunen; *Kianto* 1923, 93–168, 423–424; 1924, 105–107, 162–164, 353–386; 1930, 53, 65–66, 108–109; 1931, 177.
[312] *Kianto* 1923, 312–323; *Heikkinen* 1995, 325–326.
[313] *Kianto* 1923, 378.

vaikeroiden: "Ah aikaa jumalatointa..."[314] Herättäjä-Yhdistyksen kolportöörinä toimi näihin aikoihin Antti Rissanen.[315] Oliko Ilmari Kianto tavannut hänet?

Ryysyrannan Jooseppi -kirjassaan Kianto esittää Jooseppi Kenkkusen ystävänä uskovaisen Huhmarniemen isännän, Huhmar-Paavon. Hänen kanssaan Jooseppi pohtii myös uskonasioita ja saa hänet apumiehekseen.[316] Paavo oli hautaamassa hänen "vajanaista" lastaankin. Kianto kertoo:

> Itse isä vei pikku ruumiin Petkeleen kalmistosaareen, itse kuopan kaivoi ja arkun tapaisen maan alle laski sekä mullat päälle heitteli. Huhmar-Paavo siinä vähän veisata luritti vanhimmasta virsikirjasta – sellainen oli toimitus. Avopäin seisoi kirkastussunnuntain kirkkaassa valossa Jooseppi isä ja hautaan tuijotti... Huhmarniemen Paavo sanoi lempeästi: Herra antoi, Herra otti, Herran nimi olkoon kiitetty![317]

Kirjassaan *Punainen viiva* Kianto antaa heränneiden elämästä proosallisen kuvan. Kuppari-Kaisa on rohkea ja vakava lopun ajan villityksistä varoittava torpan emäntä, josta hän kertoo:

> Mutta Kuppari-Kaisa, kun oli kahvit keittänyt ja kaikille juottanut ja itsekkin särpinyt, virkkoi jälleen varoittavan vakavasti:
> – Kyllä minä kaikesta kuulen, jotta ne ovat justiisa niitä Antti-Ristuksen puheenpärinöitä. Ja maaliman loppu siitä varmaan tulee, jos Suomen akatkin sitä punaista viivaa vetämään puijataan. Sen tietää jokainen ristitty että kuka perkeleelle pikkulillinsä lykkejää, siltä se koko kämmenen koppoaa...[318]

Ilmari Kianto oli ollut Mauno Rosendalin oppilaana. Hän kertoo tästä kirjassaan *Papin poika*. Rosendal oli hänestä kuin "Pyhän Hengen ilmestymä", jonka uskontotunnit olivat olleet kuin "hartaushetkiä, kirkkoa".[319]

Kiannon teos *Vapaauskoisten Psalttari* sai etenkin heränneiden taholta arvostelua.[320]

Kianto ei itse tuntenut olevansa ateisti vaan kirjoitti:

> Voi Jumala kuinka minulla on monta vihollista, jotka minua vastaan karkaavat. He syyttävät minua pilkkaajaksi ja väittävät, että olen Sinusta luopunut. Mutta Sinä olet aina ollut puolellani ja Sinun aseillasi minä taistelen."[321]

---

[314] *Kianto* 1923, 391.
[315] *Kares* 1947, 406–425.
[316] *Kianto* 1924, 104–111, 288–291, 315.
[317] *Kianto* 1924, 321.
[318] *Kianto* 1997 (ensimmäinen painos 1909), 136.
[319] *Kianto* 1928, 68.
[320] SKS KKA IV 6,7. Suomussalmi 12. N. Vilhelmi Hiltunen.
[321] *Kianto* (Toim. *Raija-Liisa Kianto*) 1999, 194.

Rurik Calamnius runoili ystävästään Paavo Lassilasta

Rurik Calamnius kirjoitti vuonna 1912 Paavo Lassilasta runon *Koulumestari.* Siitä selviää hyvin, millainen lasten ohjaaja Lassila oli.

Hän on jo vanha, kumarassa käy, / Vaan harmaata ei hapsissansa näy,/
Ei "pälvipaikkoja" myös päällä pään; / Ja vaatteensa on vanhaa kotisarkaa,/
Jonk etu on, ettei oo lian arkaa/ Ja sankasilmät häll' on nenällään.

On kasvatti hän synkän sydänmaan/ Ja korven leima koko asussaan./
Niin jäykkäpiirteisenä kuvastuu, / Sai pettuleipää lapsena hän purra,/
Vaan tuot' ei osannut hän koskaan surra, / Kun milloinkaan ei ollut herkkusuu.

Jo neljäs vuosikymmen virassaan/ On lähtenynnä hällä kulumaan,/
Se on jo pitkä, raskas päivätyö; / Vaan vaikka kuusi kahdeksatta täyttää,/
Hän vielä varsin vantteralta näyttää/ Ja nuorten kanssa leikkiäkin lyö.

Vaan kouluhuoneeseen kun ukko käy, / Ei leikistä nyt jälkeäkään näy./
Hän juhlallinen on kuin profeetta: /Hän puhuu, neuvoo, kysyy verkallensa/
Ja usein vetoo kokemuksehensa/ Ja joskus kyynel kieri poskella.

Ja toisinaan kun ukko innostuu, /Ei olekaan hän mikään "tuppisuu",/
Hän kädet asettaapi selän taa./ Ja ääni värähtelee vanhuksella/
Ja lapset kuuntelevat tarkkuudella, /Kun ukko Paavolta he neuvot saa.

Jos kouluhunsa sattuis oppineet, /Joill' ovat kaikki opin kaavakkeet,/
He löytäis ehkä moittimista vain, /Ja moni naurais koulumestarille/
Ja neuvoillensa vanhanaikaisille/ Ja poistuis ehkä päätä pudistain.

Vaan korven kansa toista mieltä on, /Se katsoo syvemmä kuin muotohon/
Ja näkee heelmät koulumestarin; /Ja sadat, tuhannetkin oppilaansa/
Ne kiitollisna muistaa ohjaajansa. /Ja tuomitsevat häntä lempeimmin.

Käy tieto, taito, oppi suurikin/ Niin usein tuloksiltaan vähihin,/
Kun taivaan tie jää ohjelmasta pois; /Vaan joka itse tuntee Herran armon,/
Saa työhönsä hän siitä koulutarmon, /Jos oppi, taito vähäinenkin ois.

Ja Paavon työssä suurinta on tää: / Hän vaalii lasten hengen elämää,/
Ja Herran taimia hän kasvattaa. Ja kerran Herran eteen käydessänsä/
Hän karttuneena jättää leiviskänsä. / Ja hyvän palvelijan palkan saa.[322]

---

[322] *Calamnius* 1912, 52–54.

Heikki Meriläinen kertoi "vaikeista ja hyvistä" heränneistä

Sotkamossa lapsuutensa ja nuoruutensa viettänyt kansankirjailija Heikki Meriläinen (1847–1939) oli saanut heränneestä kotiväestään kielteisen kuvan. Hänen äitinsä tunnuslauseena oli: "Joka vitsaa säästää, hän vihaa lastaan". *Reijo Heikkisen* mukaan Meriläisen kodissa "lähes kaikki iloa tuottavat asiat oli kielletty ja kaidalta polulta poikkeaminen rangaistiin ankarasti." Tämä oli *Olavi Moilasen* mielestä tavallista monessa muussakin herännäiskodissa.[323]

Vuonna 1888 ilmestyneessä kirjassaan *Korpelan Tapani* Meriläinen kirjoittaa vanhemmistaan ja tädistään vielä heidän eläessään, vaikkakin toisilla nimillä:

> Nuo heidän alituiset saarnansa kyllästyttivät minut, että koti ei alkanut kodiksi tuntua, ja tuo aina korvissani soivan julmanvihasen, ankarantuomioisen Jumalan nimi soi niin pahasti korvissani, että paljon mieluimmin kuulin koirain nimiä mainittavan. Se varsinkin synnytti vastenmielisyyttä kuin kuitenkaan ei ollut sen paremmat hedelmät heidänkään elämässään. He, kuin tilaa sattui, pettivät kaupassa kälmäsivät kylältä ainoan lehmän ja nylkivät missä saivat kuin paha mustalainen. Ja se kaikki tehtiin Jumalan nimessä.[324]

Vielä vanhuudessaan, vuonna 1927 Meriläinen muisteli:

> Vanhempani olivat uskovaisia olevinaan: He lukivat pyhäpäivät postilloita ja veisasivat Siionin virsiä, mutta kun viikkokaudet riideltiin ja kiroiltiin toisiaan, niin opin sen pyhäpäivän hartauden pitämään inhottavana narripelinä Jumalaa kohtaan, jos sitten Jumalaa lieneekään. Sitä tietä olin kulkeutunut jumalankieltäjien joukkoon.[325]

Meriläinen muisteli kirjassaan, kuinka hänelle oli tehty körttipuku, mistä häntä kiusattiin. Hän piti sitä kotona ollessaan. Rippikoulua pitäneestä rovasti Carl Benjam Ståhlbergista Meriläisellä oli hyviä muistoja. Kotiväki ei pitänyt rovastista, koska hän ei lukeutunut heränneisiin. Hänen saarnojaan ei menty kuulemaan, mutta kyllä heränneen pastorin, Gustaf Reinhold Pettersonin saarnoja.[326]

Heikki jäi perinnöttömäksi, koska "ei kunnioittanut vanhempiaan" ottamalla vaimokseen heidän suosittelemaansa varakkaan herännäiskodin tytärtä, vaan "liian korean" Heikkilän Annin. Tämä ei "kantanut körttiröijyä", vaikka oli herännäiskodista lähtöisin ja itsekin lukeutui heränneisiin. Anni-puoliso ja hänen kotiväkensä sekä Heikin ukki elivät uskonsa mukaista elämää. Heidän seurassaan Meriläinen sanoi kokeneensa "Jumalan ihmetöitä ja hyvyyttäkin".[327]

---

[323] *Kianto* 1928, 34–36; *Korhonen* 1982, 13–15.
[324] *Meriläinen* 1888; 53.
[325] *Meriläinen* 1927, 208.
[326] *Putkonen* 2008, 19.
[327] *Meriläinen* 1927, 24–36, 41–54, 59, 208, 261–277, 348–349; *Kares* II 1950, 200.

Heränneet 1920- ja 1930-luvuilla

Kainuulaiset itsenäisen Suomen alkuvaiheessa

Sisällissota ja muita koettelemuksia

Pian itsenäistymisen jälkeen, vuoden 1918 alussa oli Suomessa kolme kuukautta kestänyt sisällissota. Se alkoi vapaussotana, jonka tavoitteena oli vapauttaa Suomi venäläisestä sotaväestä ja turvata sen itsenäisyys, mutta siitä muotoutui punaisten työläisten vallankumoukseen tähtäävä hanke. Se oli kapina hallitusta, eduskuntaa ja sortovaltaa vastaan parempien olosuhteiden aikaansaamiseksi. Porvaripuolueiden valkoiset puolustivat kristillistä hallitusta.[328]

Kainuulaiset osallistuivat taisteluihin muun muassa Kuopiossa, Varkaudessa, Mäntyharjulla ja Tampereella. Kainuussa oli tällöin kohtalaisen rauhallista, vaikka Kajaanissa tehtiin ainakin kaksi punaisten teloitusta. Tässä Suomen kansaa hajottavassa sodassa kaatui yhteensä 1650 henkeä, joista kainuulaisia oli 42. Vaikea pula-aika lisäsi kärsimyksiä etenkin punaisten vankileireillä, joissa menehtyi yhteensä 11783 henkeä. Heränneet taistelivat valkoisten puolella "Jumalan ja Isänmaan puolesta", ja saivat sodassa näkyvän isänmaallisen leiman. Kirjailijat, kuten V. A. Koskenniemi runollaan *Nuori Anssi* lisäsivät tätä mielikuvaa.[329]

Suomessa levottomuudet jatkuivat sisällissodan jälkeenkin. Neuvostoliitossa vuonna 1918 perustettu Suomen kommunistinen puolue pyrki aikaansaamaan uuden kapinan Suomessa. Rajan pinnassa sijaitsevassa Kainuussa olisi ollut hyvä toimia huomiota herättämättä. Rajanylitykset olivat yleisiä vielä sen sulkeuduttuakin. Levottomuuksien ja kommunismin pelon seurauksena syntyi vastapainoksi oikeistoradikalismin piirissä lapuanliike, joka organisoitui vuonna 1929 ja ulottui hieman Kainuuseenkin. Se sai hyväksyntää myös poliittisessa keskustassa, koska se vastusti kommunistista toimintaa.[330]

Kainuussa oli vielä 1920-luvulla katovuosia, joista pahin oli vuosi 1928. Työttömyyttäkin oli. Puutavarayhtiöiden savottatyöt loppuivat milti kokonaan ja siellä, missä niitä oli, palkat huononivat. Se koetteli erikoisesti metsätyömiehiä.

---

[328] Matti Mäkelän haastattelu 3.12.2017.
[329] *HK* 1998, 368–380. Körttiläisyyden muuttumattomuus on myytti; *Väisänen* 2002, 69–79.
[330] *Heikkinen* 1986, 259; *Väisänen* 2002, 81.

Puute kosketti myös heränneitä, joista suurin osa oli viljelijöitä, jotka kävivät talvisin lisäansioikseen metsätöissä. Suomussalmen Ruhtinansalmella talollisetkin söivät pettua. Eniten kärsittiin siemenviljan, perunoiden ja karjan rehun puutteesta. Moni maatila varsinkin Sotkamossa joutui pakkohuutokaupan eteen. Talojenkin isäntiä meni Venäjälle leveämmän leivän toivossa. Kainuusta muuttaneita oli vuoteen 1933 mennessä 473. Lama ja työttömyys alkoivat hellittää Suomessa vuoden 1932 lopulla. Kainuussa oli paikoin vielä vuoden 1933 alussa ankaraa työttömyyttä, kunnes. puutavarakaupat alkoivat vilkastua.[331]

Isänmaallista toimintaa

Suomussalmen kirkossa oli ollut jo Venäjän maaliskuun vallankumouksen jälkeen 7.4.1917 kansalaiskokous, johon osallistui väkeä kaikista kansanryhmistä. Puheenjohtajana toimi Suomussalmen kirkkoherran Filip Nordlund. Hänen ehdotuksestaan Kainuusta päätettiin lähettää Helsinkiin kaksi edustajaa. Heidän tehtävänsä oli viedä sinne toivomus, että olisi saatava Venäjän hallitukselle tiedoksi, että Suomelle myönnettäisiin täysi itsenäisyys ja että Itä-Karjala liitettäisiin Suomeen. Valituiksi tulivat kirkkoherra Nordlund ja kansanedustaja Johan Alfred Heikkinen (Hallan ukko). Vaikka lähettiläät saivat myötämielisen vastaanoton Santeri Alkiolta, P. E. Svinhufvudilta, Oskari Tokoilta ja Kullervo Mannerilta, näkyvää tulosta ei käynnillä ollut.[332]

Vaikka Suomen itsenäistyminen tasavallaksi oli useimpien kainuulaisen toive, monarkistejakin oli varsinkin "herrojen" eli virkamiesten ja toimihenkilöiden keskuudessa. Kajaanin rovasti Johannes Väyrynen oli yksi heistä. Mutta esimerkiksi maalaisliittoon kuulunut Kainuun kansanopiston johtaja Aarno Pesonen vastusti sitä. Kainuulaisen toiveena oli saada myös oma lääni. Oulu oli läänin pääkaupunkina liian kaukana. Johannes Väyrynen ja kansanedustaja Salomo Pulkkinen olivat viemässä hanketta eteenpäin. Valtionhoitaja Karl Gustaf Mannerheimin vahvistettua hallitusmuodon 17.7.1919 valtioneuvosto asetti komitean pohtimaan lääninjakoja ja "kysymystä ylemmän asteen itsehallinnosta".

---

[331] Esim. *KS* 17.1.1931. Ristijärvellä joutuu näinä päivinä satakunta työläistä kunnan avun varaan; 20.1.1931. Savottatyöt Ristijärvellä melkein lopussa; 21.1.1931. Työttömyys Vuolijoella. Valtiolta anotaan metsätöitä (113 työtöntä); 7.7.1932. Työttömyys vähentynyt hieman Sotkamossa. Työllisyys-lautakunnan kirjoissa on nykyisin 1.183 työtöntä; 3.6.1933. Toukokuussa myytiin puutavaraa ennätysmäärä; *Turpeinen* 1985, 292–303; *Heikkinen* 1986, 256; *Turpeinen* 1992, 342; *Väisänen* 2002, 111–117.
[332] *Heikkinen* 1986, 143–184; *Arffman* 2004, 490.

Kainuulaisten pettymykseksi se kuitenkin vuonna 1923 torjui ehdotuksessaan "Asetukseksi lääneistä ja maakunnista" Kajaanin lääni -hankkeen. Sen perusohjeena oli, ettei uudella läänijaolla tulisi "rikkoa vanhoja historiallisia maakuntarajoja". Myös komitean ehdotus maakuntien itsehallinnosta, johon olisi sisältynyt "Kajaanin maakunta", jäi toteutumatta.[333]

Suojeluskunta ja Lotta-järjestö olivat monille heränneille tärkeitä. Suojeluskunnat oli perustettu Kainuuseen vuonna 1917, Vuolijoelle ja Säräisniemelle kuitenkin vasta vuonna 1918. Suojeluskuntalaiset olivat muodostaneet kansalaissodassa valkoisten joukkojen "ytimen". Ristijärvellä heränneiden joukkoon kuulunut jääkäri-kapteeni, heränneisiin lukeutunut Heikki Oikarinen toimi suojeluskunnan aluepäällikkönä. Kainuun monet papit toimivat kenttäpappeina. Kajaanin suojeluskuntapiirin varsinainen toimitalo, Sissilinna valmistui vuonna 1926. Heränneet eivät osallistuneet suojeluskuntalaisten "maailmallisiin" tilaisuuksiin.[334]

Kainuussa äänestettiin 1920-luvun eduskuntavaaleissa pääasiassa maalaisliiton ja vasemmistopuolueiden ehdokkaita. Heränneiden puolueen, maalaisliiton kannatus oli voimakkainta Puolangalla, Ristijärvellä, Hyrynsalmella, Paltamossa ja Kuhmossa. Kajaanin maalaiskunta ja Suomussalmi olivat Kainuun "punaisimmat" kunnat. "Pieneläjät" kokivat jääneensä paljosta osattomiksi verrattuna muiden saamiin etuihin. Ilmari Kianto kertoo tästä *Ryysyrannan Joosepissaan* elävästi. Suomussalmi sai näin "korpikommunismin tyyssijan" maineen. Kajaanissa ja sen ympäristössä kommunismi sai kannatusta työläisten keskuudessa "vastapainoksi" työnantajan porvarillisen Kajaanin Puutavara O Y:n hallitsevan aseman vuoksi.[335]

Oppivelvollisuuslaki voimaan

Itsenäisessä Suomessa voitiin nyt itse tehdä päätökset niin valtiollisessa kuin kunnallisessakin elämässä. Kansallishengen herättäminen edellytti kansan opetusta ja sivistystä. Kunnallisen elämän uudistuksista merkittävin oli oppivelvollisuuslaki. Se tuli voimaan 1921. Kaikilla suomalaisilla oli oikeus ja velvollisuus hankkia

---

[333] *Heikkinen* 1986, 251–256.
[334] XIX. Vaala 12. — Helmi Maria Mustakallio; Matrikkeli 1953, 333, 464, 482; *Hyyryläinen* 1973, 52; *Bucht* 1975, 32; *Heikkinen, A.* 1986, 249; *Pulma* 1994, 178, 180; *Väisänen* 2002, 63, 65, 74–75, 95; *Arffman* 2004, 507.
[335] *Kianto* 1924, 201–217; *Heikkinen, A.* 1986, 307.

ainakin kansakoulua vastaavan koulutus. Jokaiseen koulupiiriin oli perustettava kaksivuotinen alakoulu ja nelivuotinen yläkoulu.[336]

Kansakoulujen lukumäärä näkyy seuraavassa taulukosta

Taulukko 2. Kainuun kansakoulujen lukumäärä 1923–1940[337]

Kunta	1923–1924	1939–1940
Kajaani	3	4
Hyrynsalmi	2	3
Kajaanin mlk.	8	7
Kuhmoniemi[338]	6	11
Paltamo	7	12
Puolanka	3	9
Ristijärvi	2	5
Sotkamo	13	19
Suomussalmi	5	13
Säräisniemi	6	7
Vuolijoki	3	5
Yhteensä	55	90

Supistettujenkin kansakoulujen perustaminen jatkui, sillä sen sai perustaa koulupiiriin, jossa oli alle 30 kouluikäistä lasta. Lukuvuonna 1923–1924 oli Kainuussa 86 koulupiiriä, mutta kansakouluja oli vain 55. Lukuvuonna 1930–1931 Kainuun maalaiskunnissa yhteensä 135 koulupiiriä. Niistä vain 45:ssä (33,4 %) kansakoulu toimi oppivelvollisuuslain mukaisessa laajuudessa. Maaseutukunnissa oli lukuvuonna 1939–1940 koulupiirejä 162, joissa oppivelvollisuus toteutettiin täydessä laajuudessa vain 90:ssä kansakoulussa. Supistettuja kouluja oli 47.[339]

Liikkuminen helpottuu

Kainuun liikenneyhteydet paranivat vähitellen. Vuonna 1923 saatiin Oulusta linja-autoyhteys Puolangalle ja Kuhmosta Sotkamoon. Postiauto aloitti liikenteen Kajaanin ja Suomussalmen välillä vuonna 1924 ja Kontiomäki — Puolanka — Utajärvi välillä vuonna 1925. Iisalmesta Kajaaniin vuonna 1904 valmistunut rautatie jatkui vuonna 1923 Kontiomäelle. Sotkamo — Kontiomäki — Paltamo

[336] *Heikkinen* 1986, 317; *Oikarinen* 2004, 574, 577.
[337] *Heikkinen* 1986, 168–177; *Pulma* 1994, 211–213; *Heikkinen* 1995, 199, 205, 231, 239, 584–590.
[338] Kuhmoniemestä alettiin käyttää nimeä Kuhmo vuonna 1935. *Väisänen* 2002, 116; Kuhmoniemi-nimi muuttui virallisesti Kuhmoksi vuoden 1937 alussa. https://fi.wikipedia.org/wiki/Kuhmo
[339] *Tolonen* 1985, 44–45; *Heikkinen* 1986, 316–320. *Heikkinen* 1995,231, 235, 238, 590; *Väisänen* 2002, 87.

rataosuus saatiin valmiiksi vuonna 1926 ja Sotkamo — Nurmes välinen rata vuonna 1929. Kontiomäki — Hyrynsalmi rataosuus valmistui vuonna 1939.[340]

Maanteitä siltoineen rakennettiin 1920- ja 1930-luvuilla lisää etenkin Kuhmossa, Hyrynsalmella, Suomussalmella ja Puolangalla. Vuonna 1930 valmistui Paltamon ja Oulun välinen ratayhteys. Kontiomäki — Hyrynsalmi rata avattiin liikenteelle vuonna 1939. Teiden talviauraus mahdollisti myös linja-autoliikenteen eri puolille Kainuuta. Esimerkiksi Sotkamossa lopetettiin matkustajaliikenne laivoilla ja alettiin käyttää junia ja autoja vuonna 1936.[341]

Isien kirkko henkisenä pohjana

Sisällissodan jälkeen korostettiin porvarillisissa piireissä isänmaallisuutta ja perinteistä kristillisyyttä, "isien kirkkoa" niin, että kuten *Jouko Vahtola* toteaa: "Kirkon tuli olla kansallisvaltion henkisenä pohjana". [342]

Kaarlo Arffmanin mukaan "Isien kirkko ja sen herätysliikkeet – etenkin herännäisyys – nähtiin vuosisatojen aikana kehittyneenä suomalaista henkeä vastaavana uskonnon muotona".[343]

Monella kainuulaisella oli pitkä matka kirkkoon. Niinpä seurakunnan jumalanpalveluksiin osallistuttiin korpikyliltä harvoin. Sieltä käytiin kirkossa juhannuksena "perttulina", "mikkelinä" ja helluntaina, jolloin kirkot täyttyivät. Jouluna mentiin kirkkoon vain sen läheltä. Todettiinkin: "Talonpojilla kekri, herroilla joulu".[344]

Siitä huolimatta, että jumalanpalveluksiin osallistuttiin harvoin, pidettiin kirkkoon kuulumista tärkeänä. Vuonna 1922 säädetyn uskonnonvapauslain mukaan kansalaisten ei enää tarvinnut kuulua kristillisiin yhteisöihin. Vaikka sosialistisen puolueen jäsenet arvostelivat kirkkoa, heistä suurin osa jäi sen jäseniksi. Pohjois-Suomessa kirkosta eroaminen jäi vähäisemmäksi kuin muualla. Kainuussa eniten kirkosta eronneita oli vuosina 1923–1930 Kajaanin seudulla, jossa heitä oli väkilukuun suhteutettuna 2,3 promillea. Paltamossa oli kirkosta eroajia lähes saman verran eli 2,2 promillea. Vuolijoella ja Ristijärvellä ei kirkosta eronnut kukaan.

---

[340] *Turpeinen* 1985, 292–303; *Väisänen* 2002, 86–87, 91–92;Https://fi.wikipedia. org/wiki/ Suomussalmi.
[341] *KS* 13.10.1932. Maantietyöt Suomussalmella; *Heikkinen* 1986, 119, 424; *Turpeinen* 1985, 292–303; *Väisänen* 2002, 111–119.
[342] *Heikkinen*1986,348; *Murtorinne* 1995,162.
[343] *Arffman* 2004, 499.
[344] *Kyllönen* 1993, 12–13.

Haastateltavien mukaan siellä "monella sosialistillakin oli heränneen ihmisen henki". Puolangan kirkkoherra Väinö Tanskasen mielestä sosialidemokraateilla ei ollut mitään kirkkoa vastaan. Seurakuntalaisten mukaan arvostelua kyllä oli, mutta se ei ollut terävää.[345]

Sen, että kirkon yhteys seurakuntalaisiin jäi vähäiseksi, oli huomannut myös piispa J. R. Koskimies. Hän totesi Hyrynsalmella vuonna 1923 pitämässään tarkastuksessa, että sen, joka tunsi seudun olosuhteet, täytyi pitää "jokseenkin luonnollisena sitä tapaa, millä osanotto jumalanpalveluksiin tapahtuu".[346]

Kajaanissa tapahtui 1920-luvulla raju muutos. Suurin osa sinne muuttaneista oli työväkeä. He pysyivät kirkon jäseninä, koska halusivat kirkon palvelukset, kasteen, vihkimisen ja hautapaikan. Tyyne Heleniuksen mukaan Kajaanissa "Sosialistit ja vanhat kommunistitkin kuuluivat kirkkoon eivätkä olleet ateisteja".[347]

Kajaanin seurakuntalaisten määrän kasvu ei näkynyt kirkossa kävijöiden määrässä. Johannes Väyrysen huolena olikin sivistyneistön ja työväestön vieraantuminen kirkosta. Lasten uskonnollinen kasvatus jäi vähäiseksi. Tilannetta yritettiin parantaa perustamalla pyhäkouluja, mutta niihin osallistuttiin nihkeästi.[348]

Kaarlo Arffmanin mukaan seurakuntalaiset jakautuivat myös maaseudulla aktiivisiksi ja passiivisiksi jäseniksi. Jumalanpalveluksiin osallistuminen väheni. "Seurakunnan seinien avartuessa" jokaisella oli mahdollisuus harjoittaa uskoaan oman tahtonsa mukaisesti. Hän kirjoittaa: "Lapsena saatu kaste, rippikoulu ja sen päätteeksi toimitettu konfirmaatio, avioliittoon vihkiminen ja hautaan siunaaminen yhdistivät edelleen miltei kaikki seurakunnan jäseniksi."[349]

Suomussalmellakin uskonto ja seurakunta säilyttivät uskonnonvapauslain voimaan tultua asemansa. Jos joku erosi kirkosta, se *Oiva Turpeisen* mukaan "herätti pahennusta" seurakunnan rivijäsenissä ja "järjestelmän huipullakin". Siitä huolimatta myös kirkosta eroajia oli. Suomussalmen kirkkoherran poika Ilmari Kianto oli heistä ensimmäisiä. Leo Tolstoin aatteen kannattajana hän teki eroilmoituksensa 6.2.1923. Tosin hän liittyi takaisin kirkkoon vuonna 1966.[350]

---

[345] SKSK KKA IV. 5, 6. Hyrynsalmi 4. Setti Keränen; Puolanka 6. Matti Keränen; Puolanka 7. Matti Mäkelä; *Heikkinen* 1986, 348; *Murtorinne* 1995, 162.
[346] *Paulaharju* 1958, 174; *Heikkinen* 1986, 348; 1995, 93–95.
[347] SKSK KKA IV. 5, 6. Kajaani 16 N. Tyyne Helenius; *KS* 16.2.1921.
[348] OMA Eb 81 Kajaanin Kaupunki- ja Maaseurakunnan piispantarkastuspöytäkirjat 1872–1935. Piispantarkastuspöytäkirjapöytäkirja 25–28.8. 1894. Kertomus Kajaanin kappeliseurakunnan tilasta.
[349] *Arffman* 2004, 502–503.
[350] *Turpeinen* 1992, 370; http://www.kolumbus.fi/kansi. Tiesitkö tämän Ilmari Kiannosta?

Isänmaallisia uuden herännäisyyden pappeja Helsingistä

Voitto Huotari sanoo kirjassaan *Kirkkomme herätysliikkeet tänään*, että herännäispapeilla, joiden määrä kasvoi huomattavasti ensimmäisen maailmansodan jälkeen, oli merkittävä osuus kirkon ja herännäisyyden lähentymiseen. Varsinkin "nationalistisia tavoitteita ajavat" alkoivat suhtautua herännäisyyteen entistä myönteisemmin. Hänen mukaansa herännäisyys nähtiin "suomalaisen talonpojan uskonnollisuuden tyypillisenä ilmauksena". Toisaalta myös herännäisyyden piirissä oltiin entistä kiinnostuneempia yhteiskunnallisista asioista.[351]

Kainuun papit saivat 1920–1930-luvuilla vaikutteita suomalaiskansallisesta aatevirtauksesta viimeistään opiskeluaikanaan Helsingissä. Herännäisseurojen lisäksi heillä oli lujempikin yhdysside, nimittäin vuosina 1924–1928 toiminut puolijärjestynyt toveripiiri "Fariseuksen ulosajamisseura", jonka osallistujia sanottiin "fariseuksiksi". Valtaosa piirin jäsenistä kuului vuonna 1922 perustettuun uskonnollis-isänmaalliseen Akateemiseen Karjalaseuraan (AKS). Ehtona oli, ettei isänmaallisuus saanut olla ristiriidassa herännäisyyden kanssa. "Fariseusten" keskustelukokouksissa vallitsi herännäishengen lisäksi nationalistisen aatevirtaus. AKS:n perustajajäseniin kuulunut herännäispappi Elias Simojoki vieraili kokouksissa. *Tapani Innasen* mukaan niissä korostui "voimakas antikommunismi, kansallisen eheyden ja uudestisyntymisen vaatimus sekä heimoaate".[352]

Tähän viikoittain kokoontuneeseen keskusteluseuraan kuului Kainuun tulevista papeista Kainuun Kansanopiston johtajana vuosina 1930–1948 toiminut Armas Antila (1903–1953), Sotkamossa vuosina 1928–1963 vaikuttanut Jafet Räty (1901–1963), Puolangan kirkkoherrana vuosina 1935–1943 toiminut Toivo Laitinen (1905–1977), Ristijärven virkaa tekevänä kirkkoherrana vuosina 1928–1931 ollut Eino Seppo (1901–1961) ja vuodesta 1929 Kajaanin yhteislyseon uskonnon lehtorina ja Kajaanin seurakunnan työntekijänä toiminut Uuno Seppo (1898–1960). Myös lapualainen Kuopion hiippakunnan tuleva piispa Olavi Kares (1903–1988) kuului tähän veljespiiriin.[353]

Monet heränneisiinkin kuuluneet vierastivat piirin omintakeista ja joskus karkeaa sisäpiirihuumoria. "Fariseuksia" saatettiin sanoa "enemmän tai vähemmän

---

[351] *Huotari* 1981, 25.
[352] *Suomi 75* 1991, 219–220; *Murtorinne* 1995, 127; *Innanen* 2003, 214–216.
[353] *Matrikkeli* 1953, 223, 310, 354, 482; *Matrikkeli* 1974, 570; *Remes* 1995, 145–158; *Innanen* 2003, 214–216.

maailmanmielisiksi". He näkivät useissa seuravieraissa "liiallista jumalisuutta", ja tämä farisealaisuus oli heidän mielestään saatava ajetuksi pois.[354]

Liikaa jumalisuutta karsastavilla "fariseuksilla" oli protestihenkeä myös kirkkoa ja herännäisyyttä kohtaan. Pelättiin, että herännäisyys "kirkollistuisi kuoliaaksi". Herättäjä-Yhdistyksen päätoimikuntakin sai arvostelua. Helsingin herännäisseurat ja niiden kokoava henkilö kouluneuvos Matti Pesonen saivat kritiikkiä. Helsingin seurat olivat Pohjanmaan maaseutupitäjistä tulleiden ylioppilaiden mielestä kotiseudun seuroihin verrattuna jäykkiä. Matti Pesosta ajateltiin lämmölläkin, sillä hän oli myös heimoasiasta "syttynyt" ja oli Suomalais-ugrilaisen kulttuuritoimikunnan suomalainen puheenjohtaja. Hänellä oli myös suhteita Unkariin ja Viroon. Erikoisesti Ylioppilaiden Kristillinen Yhdistys (YKY) sai osakseen arvostelua. Sen kansainvälinen henki oli "fariseusten mielestä ristiriidassa kansallisen kristillisyyden kanssa. *Innanen* sanookin että "fariseusten" toiminnassa oli kyse "uuteen kansalliskirkolliseen tilanteeseen sopeutuneen AKS:n kansallis-körttiläisen uskonnollisideologisen ihanteen ilmauksesta nuorten teologian ylioppilaiden keskuudessa".[355]

Tämän railakkaan nationalistisen toveriseuran jäsenet pitivät monien muiden tavoin Pohjois- ja myöhemmin Keski-Helsingin kappalaista E. W. Pakkalaa "omana miehenään". Hänen julistuksensa omaksuttiin elämänohjeeksi. Pakkala, jota myöhemmin ensimmäisenä radiohartauksien pitäjänä sanottiin myös "koko Suomen kappalaiseksi", korosti lahjaksi saatua anteeksiantamusta ja Kristuksen tuomaa pelastusta synnin vallasta. Dogmatiikan professori Antti J. Pietilää taas pidettiin "opettajista ensimmäisenä". Professori Pietilä oli vuorostaan todennut Raudaskylän kristillisen kansanopiston johtaja Juho Kytömäelle "fariseusten" olleen tiedekunnan parasta ainesta. Kaikki yliopiston opettajat eivät yhtyneet tähän mielipiteeseen.[356]

[354] *Innanen* 2003, 214–216.
[355] *Kares* 1952, 340–342; 1976, 416–421; *Innanen* 2003, 214–217.
[356] *Lehtonen* 1948, 81–82; *Kares* 1976, 428

Herännäistoimintaa seurakunnissa

Kajaanin toiminta vilkasta 1920-luvulla, mutta hiipuu 1930-luvulla

Kajaanin pappilan pirtin seuratoiminta oli 1920-luvulla pirteää. Heränneillä oli myös oma kuoro, "Siionin kuoro", jota pirtin väkeen kuuluvat seminaarilaiset johtivat. Harjoitukset pidettiin seminaarilla tai kansakoululla. Kuoro lauloi isoissa seuroissa ja seuraväkeen kuuluvien merkkipäivinä käymällä aamulla heitä tervehtimässä. Pirtin väki teki myös retkiä Kainuun kansanopistolle.[357]

Muutamat nuoret kävivät Kainuun kansanopiston kurssin ja liittyivät "pirtin väkeen". Sekin virkisti toimintaa. Myös seminaarilaisia kuului heihin. Johannes Väyrysen tyttäret hammaslääkäri Eva Väyrynen ja lastentarhanopettaja Martta Väyrynen olivat toiminnassa aktiivisesti mukana. Johannes Väyrynen ei enää aina ehtinytkään tulla tilaisuuksiin. Talonomistaja Hannes Korhonen oli hänen apunaan paljon. Korhosta sanottiinkin "Homma-Korhoseksi", sillä hän toimi myös yhteiskunnallisella sektorilla köyhien hyväksi. Toisena pirtin väen "puuhamiehenä" oli kauppias Emil Lehtovaara. Kansanopiston johtaja Otto Stenij (Korpijaakko) oli seuroissa tuttu puhuja. Niihin tultiin perheittäin. Ne aloitettiin Siionin virrellä, minkä jälkeen luettiin jotain *Wilhelmi Malmivaaran* kirjaa. Sitten vuorottelivat Siionin virret ja puheet, joita tavallisesti oli kaksi. Rukoukset korvattiin Siionin virsillä. Tämä sai aikaan ihmetystä toisiin herätysliikkeisiin kuuluneissa. Mitään jälkikeskusteluja ei seurojen päätyttyä ollut. Körttipukukin oli vain harvoilla. Väyrysen mielestä "eteläpohjalainen kansallispuku" ei sopinut Kainuuseen.[358]

Kainuun kansanopiston johtaja Stenij alkoi järjestää 1920-luvun puolivälissä kuukausiseuroja "Sissilinnan" (suojeluskuntatalon) saliin. Sinne kokoonnuttiin 70–80 hengen joukolla, ja siellä oli muitakin kuin heränneisiin lukeutuneita. Myös Oulun hiippakunnan piispa J. R. Koskimies oli usein mukana. Kajaanissa oli tällöin suojeluskuntapäällikkönä heränneisiin lukeutunut jääkärimajuri Erkki Viitasalo.[359]

Eino Lehtovaaran mukaan etenkin vuosina 1925–1929 oli Kajaanissa herätystä. Näin monista seurakuntalaisista tuli hänen mukaansa "hyvin aktiivisia ja toimivia kristittyjä". [360]

---

[357] *Tuovinen* 1971, 52.
[358] *Kares* 1952, 217–218. *Pulma* 1994, 119, 253, 256; *Tuovinen* 1971, 45–48, 51–53.
[359] *Tuovinen* 1971, 57; *Romppainen* 2007, 276.
[360] SKSK KKA XVIII. Kajaani 15 N. Eino Lehtovaara.

Kajaanin pappilan pirtin seuraväkeä v. 1925. Johannes Väyrynen takana keskellä. Kuva teoksesta *Pulma-Turpeinen*, Pikkukaupungin unelmia.[361] (Alkuperäinen kuva: Kainuun Museo.)

Kajaanin kirkkoherraksi tuli Väyrysen kuoleman jälkeen Max Katavisto. Häntäkin voi sanoa herännäishenkiseksi, vaikka hän oli herätysliikkeisiin sitoutumaton. Hän oli tutustunut heränneisiin Sotkamossa. Kirkkoherra Kataviston mielestä Kajaanissa esiintyi 1920-luvulla vain "yksityisiä" herätyksiä. Kuitenkin hän kirjoitti vuonna 1929 seurakuntakertomukseensa, että kirkossakäynti on vireätä ja "pappilan pirttiseuroissa" on väkeä ruvennut olemaan paljon, ja joukossa nuoria.[362]

Johannes Väyrysen jälkeen Kajaanin yhteislyseon uskonnon lehtori Uuno Seppo huolehti heränneiden kokoontumisista. Koska hän oman työnsä ohella toimi myös Kajaanin seurakunnan virallisena apulaisena, hänellä oli virkatehtäviäkin seurakunnassa. Toinen heränneiden toiminnassa mukana ollut pappi oli seminaarin lehtori Kaarlo Aulis. Myös hän kävi puhujavieraana muissakin seurakunnissa. Herättäjä-Yhdistyksen matkapuhuja Edvard Hakkarainen asui Kajaanissa vuosina 1927–1929. Sillä oli suuri merkitys seuratoiminnalle.[363]

Heränneisiin lukeutunut jääkärimajuri Erkki Viitasalo ei ollut tyytyväinen vuoden 1935 piispantarkastuksen pöytäkirjan selostukseen seurakuntalaisten

[361] *Pulma* 1994, 254–255.
[362] OMA Eb 81 Kajaanin Kaupunki- ja Maaseurakunnan piispantarkastuspöytäkirjat 1872–1935.
.Piispantarkastuspöytäkirja 14-16.9.1929. Kertomus Kajaanin seurakunnassa pidettävää piispantarkastusta varten..
[363] HKA AD 2; PKA Bc 2. RKA II Dc Kirkolliset kuulutukset; KuKA II Dc 4. Kirkolliset ilmoitukset; *Kares* 1943, 15, 112; 1947, 94–104; *Pulma* 1994, 252; *HK* 1998, 61, 66, Leena Saarimäki: Uuno Seppo heränneiden paimenena vuosina 1929–1960.

vapaaehtoistoiminnasta, vaan kirjoitti siihen oman lisäyksensä. Kirjoituksesta voi päätellä, ettei hän ottanut huomioon sitä, että Uuno Seppo toimi oman työnsä ohessa myös Kajaanin seurakunnan virallisena apulaisena. Hän kirjoitti:

> Uuno Sepon aloitteesta ja hänen johdollaan pidetään joka kuukausi isommat. n. s. kuukausiseurat, joihin osallistuneiden luku nousee satoihin joka kerta. Samoin hänen johdollaan on kerran viikossa toiminut työseurat Herättäjän hyväksi. Omasta aloitteestaan hän on niin ikään pitänyt Hartausseurat Lehtikankaan esikaupungissa, joka toinen viikko sekä jokaisena sunnuntai-iltana läpi vuoden seurat pappilan pirtissä ja vielä suuren määrän kotiseuroja kaupungissa ja maaseurakunnassa, omin matkakustannuksin, mikä erikoisen alleviivattava. Lukuisia hartaustilaisuuksia hän on myöskin järjestänyt kaupungin ja maaseurakunnan kunnalliskoteihin sekä Paavolan lastentarhaan. Apuna pyydettäessä hän on ollut puhujana kaupungin ja Purolan rukoushuoneissa samoin avustajana jumalanpalveluksissa milloin muut ovat olleet estettyinä.
> Seminaarin lehtori Auliksen seurakunnallinen työ, jota hän on suorittanut eri yhdistysten kautta vuosikymmenien ajan ja tiettävästi edelleen.[364]

Kainuun kansanopiston johtaja Armas Antila oli seuroissa usein puhujana. Heränneiden joukkoon oli jo 1920-luvulla tullut huomattavia henkilöitä ennen mainittujen lisäksi. Heistä mainittakoon Kajaanin Puutavara Oy:n toimitusjohtaja Assar Wichman ja hänen puolisonsa Anna, asessori Selim Stenius, kauppias Jenny Rantala, tukkukauppias Juha Ahola ja agronomi, kansanedustaja Kustaa Fredrik Lehtonen, joka toimi myös lukijana. Hän lukikin niin taitavasti, etteivät kuulijat viereisessä huoneessa tienneet, lukiko hän vai pitikö puhetta.[365]

Pirtin seurat eivät kuitenkaan olleet enää pelkästään herännäisseuroja. Seuroissa syntyi erimielisyyksiä siitä, mistä kirjasta lauletaan. Kirjaksi ehdotettiin *Siionin virsien* lisäksi useita muita virsi- ja laulukirjoja, jopa *Siionin kannelta*, evankelisten laulukirjaa. Tästä asiasta keskusteltiin pari vuotta, kunnes suoritettiin äänestys. Siinä *Siionin virret* saivat heränneiden riemuksi voiton. Sen valinnan jälkeen jotkut jäivät seuroista pois ja liittyivät esimerkiksi evankelisten joukkoon. Mutta esim. suntio Alarik Sirviö, joka erikoisesti oli ollut *Hengellisten laulujen ja virsien* kannalla, jäi seuraväen mukaan.[366]

Heränneiden, lestadiolaisten ja evankelisten lisäksi Kajaanissa oli 1920-luvun lopulta lähtien myös uuspietismin kannattajia. Urho Muroma oli käynyt Kajaanissa Nuorten Miesten Kristillisen Yhdistyksen pääsihteerinä pitämässä vuodesta 1928 lähtien evankelioimiskokouksia. Myös pirtin väki osallistui niihin. Olihan ne ilmoitettu kirkossakin. Päiväkokoukset olivat Sissilinnan juhlasalissa ja

---

[364] OMA II Cf. KSA Piispantarkastuspöytäkirja 2–5. 9. 1935.
[365] *Tuovinen* 1971, 47–48; *Pulma* 1994, 256.
[366] *Tuovinen* 1971, 50.

iltakokoukset kirkossa. Seuraväki meni kokouksiin vilpittömästi Sanan kuuloon, mutta heränneiden johtohenkilöt menivät niihin uteliaisuuttaan ja arvostelevin mielin. Kansanopiston johtaja Otto Stenij (Korpijaakko) oli niissä puhumassakin. Evankelioimispäivien jälkeen johtohenkilöt pitivät neuvottelun, johon osallistuivat ainakin Otto Stenij, kauppias Emil Lehtovaara ja talonomistaja Hannes Korhonen. Siinä todettiin, että Muroman julistuksessa oli heränneille sopimatonta "reformaattista henkeä".[367]

Osa pirtin seurojen väestä suhtautui myönteisesti Muroman julistukseen ja ihmetteli johtohenkilöiden asennoitumista. Tästä voi päätellä, että Kajaanin heränneet olivat tottuneen pietistiseen julistukseen eivätkä huomanneet Muroman puheissa herännäisyydestä poikkeavia korostuksia. Aluksi pelättiin, että nämä kokoussarjat aiheuttavat hajaannusta heränneiden keskuudessa, mutta niin ei käynyt. Seuraväkeen uskollisesti kuulunut nahkuri Kalle Möttösen vaimo, Jenny sai nähtävästi aikaan sen, että suurin osa pirtin väkeen kuuluneista naisista pysyi herännäisyydelle uskollisena. Jenny Möttösellä oli arvostettu asema seuraväen keskuudessa. Eino Lehtovaaran mukaan hänellä oli "henkien erottamisen lahja". Viisi henkilöä jäi pois pappilan pirtin seuroista ja liittyi Muroman ystäväpiiriin. Se kokoontui rukouspiirin merkeissä osallistujien kodeissa.[368]

Vaikuttiko sitten eri herätysliikkeiden leviäminen Kajaaniin seurakuntaa hajottavasti ja eroteltiinko eri seurakuntalaiset uskovaisiin ja suruttomiin, kuten pietisteillä on ollut tapana? Kajaanissa ei ollut pahempia hajaannuksia. Monet evankeliset kävivät heränneidenkin seuroissa. Heränneiden johtohenkilöiden kielteinen asenne Muroman julistusta kohtaan laimeni. Esimerkiksi Hannes Korhonen kävi vuonna 1932 Nurmeksessa kirkon nuorisopäivillä, jossa Muroma oli puhujana. Sen jälkeen hän ei vastustanut evankelioimispäiviä.[369]

Vain vanhoillislestadiolaisilla oli vähän yhteyksiä heränneiden kanssa. Myös heränneiden asenne heihin oli epäluuloinen. He eivät esimerkiksi hyväksyneet puhujakseen vanhoillislestadiolaisiin kuuluneen henkilön veljeäkään. Kajaanin kirkkoneuvostossa ja kirkkovaltuustossa olivat kaikki herätysliikkeet ainakin

---

[367] *Tuovinen* 1971, 57–59."Reformeerattu henki" tarkoitti nähtävästi anglosaksisten maiden reformoidulle uskonkäsitykselle tyypillistä ratkaisukristillisyyttä.
[368] *Tuovinen* 1971, 59–60, 85.
[369] *Tuovinen* 1971, 61, 70.

vuorotellen edustettuina. Koska pöytäkirjoissa ei ole mainintoja erimielisyyksistä, ei niitä ilmeisesti ainakaan näkyvästi ollut.[370]

Vähitellen kajaanilaisten seurainnostus väheni. Sitä kuvaa seuraava Uuno Sepon tyttären Leena Saarimäen kertoma tapaus lapsuudestaan:

> Myös kesällä oli seurat iltaisin. Niissä seuroissa oli väkeä yleensä vähän. Isä lähti yksin seuroihin Rehjansaaresta. Joskus äiti esteli häntä lähtemästä ja sanoi isälle, että siellähän on vain muutama mummu.. Isä vastasi: "Niiden mummujen takia minä sinne menenkin.[371]

Herännäistoiminta hiljeni 1930-luvun lopulla muutenkin. Kuukausiseurat, jotka Otto Stenij oli aloittanut, ja joissa edelleen vieraili myös piispa J. R. Koskimies, siirrettiin vuonna 1932 pidettäväksi rukoushuoneelle tai kirkkoon. Tämän jälkeen niihin osallistujien määrä väheni ja vuosikymmenen loppuun mennessä kuukausiseurat lopetettiin. Viimeiset kuukausiseurat olivat Kajaanin kirkossa 2.2.1939. Sissilinnalla saattoi olla oma vetovoimansa. Myös työseurojen toiminta ja jäsenmaksujen kerääminen hiipui.[372]

Uuden herännäisyyden "tulien sytyttäjä" Johannes Väyrynen oli poissa. Myös 1920-luvulla heränneisiin liittyneet olivat jo 1930-luvun lopulla niin iäkkäitä, etteivät jaksaneet enää olla mukana seuroissa tai olivat jo kuolleet. Edellä ollut valokuva 1920-luvun Kajaanin seuraväestä osoittaa, että siinä oli jo silloin paljon vanhuksia. Kajaanissa oli lisäksi tarjolla monen muunkin herätysliikkeen omaa toimintaa. Se näkyy 1936 laaditussa Kajaanin seurakuntakertomuksessa, jossa sanotaan: "Kaikki kirkolliset suunnat edustettuina paitsi rukoilevaisuus".[373]

Sotkamossa taas paljon herännäisseuroja

Sotkamossa pidettiin taas 1920-luvulla innokkaasti seuroja. Tämä käy ilmi kirkollisten kuulutusten lisäksi Edvard (Eetu) Hakkaraisen kirjoituksesta vuoden 1923 *Hengellisessä Kuukauslehdessä*. Siinä hän kirjoittaa:

> Viime vuoden loppuosalla sain olla tilaisuudessa sitä näkemään Sotkamon seurakunnan eri kylissä. Pieniksi tahtoivat siellä käydä suuretkin pirtit ja kansakoulujen luokkahuoneet sille väenpaljoudelle, joka riensi sinne, missä kuultiin

---

[370] *Tuovinen* 1971, 87—88.
[371] *HK* 1998, 61, 66. Leena Saarimäki: Uuno Seppo heränneiden paimenena vuosina 1929—1960.
[372] *HK* 1931, 166—168; 1932, 179—181; 1933, 209—212; 1934, 229; 1935, 164—165; 1936, 259; 1937, 257—258; 1938, 313—314; 1939, 211—212. Herättäjäyhdistyksen ompeluseura- ja jäsenmaksutuloja; *Tuovinen* 1971, 53; *Pulma* 1994, 256. *KS* 26.1.1939. Kajaanin kaupunki- ja maaseurakunnan ilmoituksia; Liite7.
[373] TUMA K Tilastot. Yleiskertomukset seurakunnista synodaali- ja kirkolliskokoukselle 1932—1936. Ka 50. Kirkollisella pohjalla syntyneet hengelliset liikkeet; Liite 11.

seurat olevan. Erääläkin kansakoululla oli seurat viitenä iltana peräkkäin, ihmisjoukon vain kasvaessa ilta illan perästä... Monienkin kilometrien takaa uskollisesti jaksettiin seuroissa käydä. Useiden keskusteluista sai kuulla, että Herran sana on käynyt sydämiin. Heräämättömyyttään kuului moni itkevän...

Sotkamon seurakunnalle on taivaallinen Isä antanut opettajat, jotka uhraavat aikansa ja voimansa Herran kunniaksi liikkuen ahkerasti seuramatkoilla ympäri pitäjää, ei esiintyen korkeasti oppineina, vaan Kristuksen oppilaina samalla penkillä köyhäin syntisten kanssa...

Hengellistä kuukauslehteä luetaan kuluvalla vuodella monissa kodeissa. Siionin virsien veisuu kuuluu ahdistettujen Herran ystävien majoista.[374].

Edvard Hakkarainen (1896—1935) puhuu tässä seurakunnan "opettajista", mutta haastateltavien mukaan hän itse oli se henkilö, joka sai väenpaljouden koolle. Edvard Hakkarainen ei vielä 1920-luvun alussa ollut Herättäjä-yhdistyksen palkkalistoilla, vaikka kiersi seurapuhujana. Hänet otettiin Johannes Väyrysen esityksestä vasta vuonna 1925 Herättäjä-Yhdistyksen matkasaarnaajaksi. Sen jälkeen hän oli tuttu vieras Kainuussa ja varsinkin Sotkamossa. Esimerkiksi, kun hän vuoden 1926 maalis-huhtikuussa oli pari viikkoa Sotkamossa, hän oli puhumassa noin 20:ssä seuroissa. Seurakuntasalissakin pidettiin peräkkäisinä iltoina neljät seurat. Myös Tipasojan kylällä oli eri taloissa neljät seurat.[375]

Seuroja pidettiin jo ennen Edvard Hakkaraisen tuloa. Miltei joka viikko oli ainakin yhdet seurat kirkolla tai jollakin sivukylällä. Erikoisen paljon niitä oli joulun ja loppiaisen tienoilla. Ristijärven Fr. Fr. Lönnrotin poika Eljas Lönnrot oli tullut Sotkamon kirkkoherraksi Oulun tuomiorovastin virasta vuonna 1917.[376]

Myös kappalainen Max Katavisto oli seurakunnan työntekijänä seuroissa mukana. Hän oli tuonut niihin *Hengelliset laulut ja virret* -kirjan ja uutta näkemystä. Katavisto ei kuulunut mihinkään herätysliikkeeseen, mutta kävi puhujavieraana myös Kainuun kansanopistolla. Kajaanin kirkkoherranvaalissa häntä äänestivät sinne heränneet ja osittain myös vanhoillislestadiolaiset.[377]

Matkapuhuja Aku Rädyn veli Jafet Räty tuli Sotkamon papiksi syksyllä 1927. Hän työskenteli ensin kirkkoherran apulaisena ja virkaa tekevänä kappalaisena. Jafet Räty oli kuulunut "Fariseuksen ulosajamisseuraan" ja oli omaksunut sen suomalaiskansallisen aatteen. *Kusti Korhosen* mukaan hän oli Kiuruvedellä

---

[374] SoKA II Dc 9–10. Kirkolliset kuulutukset; *HK* 1923, 72. Ystävien kirjeitä. Sotkamosta.
[375] SoKA II Dc 9. Kirkolliset kuulutukset .
[376] SoKA II Dc 9. Kirkolliset kuulutukset; *Korhonen* 1969, 1–3.
[377] SKS KKA XX 1. Sotkamo 9 N. Kusti Rafael Korhonen; Sotkamo 12 N. Kalle Aatami Rönty; 16 N. Matti Artturi Moilanen; *KS* 4.3.1924, Kainuun uutisia. Toveripäivät Kainuun Opistolla; *Kares* 1943, 15, 112; 1947, 94–104.

syntyneenä ja kasvaneena jo nuoruudessaan osallistunut seuraliikkeen toimintaan ja leppoisana persoonana sai Sotkamossa paljon nuoriakin seuroihin.[378]

Seuroja pidettiin kirkonkylällä, Tipasojalla, Jormaskylällä, Juurikkalahdessa, Korvanniemellä, Korholanmäellä, Ontojoella, Sapsonrannalla ja Sumsassa. Kussakin oli 30–40 osanottajaa, joukossa paljon miehiä ja lapsia sylivauvoista lähtien. Seurapuhujina olivat pappien lisäksi suntio Salomo Meriläinen ja joskus talonpoika Kusti Huovinen. Niissä alettiin veisata *Siionin virsiä* vasta Edvard Hakkaraisen tulon jälkeen. Sitä ennen oli käytetty virsikirjaa ja "Hengellistä laulukirjaa". Se oli nähtävästi *Halullisten sieluin hengelliset laulut* -kirja, koska Abel Klemetti käytti siitä nimeä "Antti Aabrab Achreniuksen Hengelliset laulut".[379]

Sotkamosta tuli jälleen 1920-luvulla yksi Kainuun herännäisyyden keskuspaikoista. Siellä alettiin järjestää entistä näyttävämpiä herännäistilaisuuksia. Paitsi juhlia ja seuroja, siellä järjestettiin Edvard Hakkaraisen ja Jafet Rädyn toimesta myös työseuroja, joita kutsuttiin ompeluseuroiksi. Ne olivat samalla kertaa sekä hartaus- että työtilaisuuksia, koska niihin osallistui usein seurakunnan pappi ja joskus Herättäjä-Yhdistyksen matkapuhujakin. Talvikautena 1927–1928 toimi yksi ompeluseura (Paakinmäen ompeluseura) ja seuraavana vuonna sen lisäksi jo kolme ompeluseuraa (Pohjavaaran, Vaarankylän ja Vuokatin ompeluseurat).[380]

Joka puolelle Sotkamoa seuroja ei ollut. Tämä näkyy sotkamolaisen Annikki H:n (Anna Huotarin) kirjoituksesta *Hengellisessä Kuukauslehdessä* keväällä 1923. Hän oli käynyt kansanopistokurssin talvikaudella 1921–1922. Nyt hän kertoo yksinäisyydestään. Hänellä ei ollut mahdollisuutta tai oma-aloitteisuutta kutsua opistotovereitaan kotiinsa *Siionin virsiä* veisaamaan.[381]

Kesällä 1921 Sotkamossa oli pyhäkouluopettajille kaksiviikkoinen Luther-kurssi, jossa Anna Oikarisen mukaan opeteltiin myös uusia *Siionin virsiä*.[382]

---

[378] *Godenhjelm* 1944, 236; *Wilmi* 1997, 547; *Korhonen* 1982, 38.
[379] SoKA II Dc 9–10. Kirkolliset kuulutukset; SKS KKA IX 1. Sotkamo 8 N. Abel Arvid Klemetti; XVIII 11. 16 N. Matti Artturi Moilanen; XX 9 N. Kusti Rafael Korhonen.
[380] TUMA K Tilastot. Yleiskertomus seurakunnista synodaali- ja kirkolliskokoukselle. 1932–1937. Ka 45 Sananjulistus. Muita papiston pitämiä hartaushetkiä ja raamatunselityksiä; SoKA II Dc 9, 10. Kirkolliset kuulutukset; *Tuovinen* 1971, 16. Sotkamon ompeluseuratuloja tilittivät Lahja Keränen, Sofia Keränen, Hilda Pöhtiö, Kalle Huusko ja Edvard Hakkarainen. *HK* 1928, 151; 1929, 129–130; 1930, 179–180. Herättäjä-Yhdistyksen kannatus ompeluseuroilta.
[381] *HK* 1923, 120. Tervehdys Sotkamosta.
[382] SKS KKA IX 1. Ristijärvi 5. Anna Oikarinen; *KS* 16.2.1921. Luther-opistokursseja.

Sotkamosta tilitettiin jäsenmaksuja vasta 1820-luvun lopulla. Vaikka Jafet Räty ei itse jäsenmaksuja tilittänyt, hän nähtävästi toi asiaa esille. Jäsenmaksuja maksettiin seura- ja työseuratoiminnan yhteydessä.[383]

Paitsi seurainnostukseen herännäisyys vaikutti myös arkiseen elämään. Sotkamolaisen Kalle Rönnyn mukaan hänen appensa oli "heittänyt viulunsoiton" ja anoppinsa "hävittänyt synnillisinä tykkimyssyt." Vuokatilla oli kansan vaatetus muuttunut entistä tummemmaksi. Körttipukujakin oli käytetty.[384]

Kuitenkaan kirkkoherra Eljas Lönnrotin mukaan Sotkamossa ei esiintynyt 1920-luvulla herätyksiä "huomattavassa määrin". Hän ilmoittaa, että seurakunnan hengellinen tila on "yleisesti ottaen surutonta". "Vanhemmassa väessä" hän kuitenkin toteaa olevan joukon "vakavia ja Jumalan sanaa rakastavia".[385]

Kun "ehtoollispakko" eli velvoite osallistua vuosittain ainakin kolmeen ehtoolliseen päättyi vuonna 1910, ehtoollisella kävijöiden määrä Sotkamossakin laski. Vuonna 1920 heitä oli keskimäärin 214, mutta vuonna 1935 vain 175.[386] Ehkä tästäkin syystä Eljas Lönnrotin täytyi ilmoittaa seurakuntansa hengellisen tilan olevan "surutonta"."Vanhemmassa väessä" oli vielä heränneisiin lukeutuneita.

Paltamon herännäistoiminta kansanopistolla

Koska Kainuun kansanopisto sijaitsi Paltamon Mieslahden kylällä, oli Paltamon seurakunnan alueella herännäistoimintaa joka sunnuntai. Siellä näet pidettiin opistoväen keskeisten seurojen lisäksi sunnuntai-iltaisin kaikille avoimet seurat. Opiston tilat olivat varsinkin työkausien alkajais- ja lopettajaistilaisuuksissa sekä toveripäivillä "ääriään myöten täynnä, joukossa nuoria ja vanhoja".[387]

Opistolla veisattiin luonnollisesti uudistettuja *Siionin virsiä*, ja julistus oli uuden herännäisyyden hengen mukaista. Niinpä sinne tulleet "vanhatkin heränneet" tiesivät talon tavat ja oppivat niitä ymmärtämään. Yhtenä esimerkkinä mainittakoon Salomo Pulkkinen, joka oli vastustanut opiston muuttamista herännäisopistoksi ja

---

[383] Sotkamosta tilittivät jäsenmaksuja Lydia Keränen, Sofia Keränen, Hilda Pöyhtiö ja Kalle Huusko. *HK* 1923, 141; 1924, 142; 1925, 141–142; 1926 180–181; 1927, 140–141; 1928, 149–150; 1929, 131–132; 1930, 181. Herättäjä-Yhdistyksen kannatus jäsenmaksuina; Liite7.
[384] *Kemppainen & Pykäläinen* 2009, 68; SKS KKA XIX. 20, 27. Sotkamo 12 N. Kalle Aatami Rönty.
[385] TUMA. K. Tilastot. Yleiskertomukset seurakunnista synodaali- ja kirkolliskokoukselle 1922–1927. Ka 2. Kirkollisella pohjalla syntyneet hengelliset liikkeet; Liite 11.
[386] TUMA. K. Tilastot. Yleiskertomukset seurakunnista synodaali- ja kirkolliskokoukselle 1922–1927. Ka 2. Kirkollisella pohjalla syntyneet hengelliset liikkeet; W*ilmi* 1997, 554.
[387] *KS* 28.3.1925 Kainuun Kansanopiston toveripäivät. *Kemppainen & Pykäläinen* 2009, 54.

johtokunnan lähettämänä myynyt osakkeita Kainuun alueella, jotta kansanopisto olisi säilynyt humanistisena. Puhuessaan eräillä toveripäivillä hän kertoi opiston alkuhankaluuksista ja valitti omana laiminlyöntinään sitä, ettei ollut "käyttänyt opiston tukemiseksi rukouksen etuoikeutta, josta siunauksen voimat virtaavat".[388]

Nyt Vilho Keränen, joka aiemmin oli kirjoittanut hautajaistunnelmaisista seuroista, sai iloita herännäisyyden henkiin virkoamisesta Paltamossa ja erikoisesti sen Mieslahden kylällä. Hän kirjoitti:

> Se aika tuli, kun Herra antoi. Vanhoista haudoista nousi uusi elämä. Ihmeellistä teitä kuljetti Herra asiaansa. Mieslahdella toiminut opisto joutui Hänen aseekseen. Sen kautta Hän alkoi sytytellä nuotioita. Unohtuneet virret otettiin uudelleen veisattaviksi, seurapaikat täyttyivät jälleen, voimakkaana kulki Herra kansansa keskellä. Uusi päivä koitti.[389]

Paltamon seurakunnan kirkkoherrana toimi vuosina 1920–1936 Kustaa Emil Roine. Hän ei kuulunut herännäisiin, mutta suhtautui heihin ja Kainuun kansanopistoon myönteisesti. Hän kirjoitti 1922–1927 Paltamon seurakunnan yleiskertomukseen, ettei herätyksiä ole siellä viime aikoina esiintynyt. Samaan kysymykseen vuosilta 1927–1931 hän ei edes antanut vastausta. Seurakuntalaisten mielestä 1930-luvulla Wihman ja Antilan aikana oli paljon herännäisseuroja.[390]

Kirkkoherra Roine oli puhujana kansanopiston seuroissa. Hän myös järjesti sinne piispantarkastuksen vuonna 1924. Kun kirkkoherran ja lukkarin asunto sekä seurakunnan virasto muutettiin vuonna 1936 Paltaniemeltä Kiehimään (nykyiseen Paltamon keskustaan), eikä siellä ollut vielä kirkkoa (valmistui vasta 1946), toimi Kainuun opiston sali myös Paltamon seurakunnan kirkkona. Vuosina 1933–1936 toisen jumalanpalveluksen piti Paltaniemellä asunut kappalainen Vilho Wihma Paltaniemen vanhassa kirkossa. Wihman jälkeen vuonna 1937 kappalaiseksi tullut herännäispappi Erkki Kaikkonenkin jatkoi nähtävästi jumalanpalveluksien pitoa.[391]

Paltamossa oli myös vanhoillislestadiolaisia. Heidän seurojaan pidettiin Paltamon länsiosassa, missä heitä oli eniten. Paltamon vanhalestadiolaiset

[388] KS 19.5.1921 Kainuun uutiset. Kainuun kansanopistokysymys; Kemppainen & Pykäläinen 2009, 54. Vuoden 1925. KS 19.5.1921 Kainuun uutiset.
[389] Keränen 1977, 241.
[390] SKSK KKA XIII. Paltamo 3. Antti Hyttinen; Paltamo 4. August Hyttinen; TUMA K Tilastot. Yleiskertomukset seurakunnista synodaali- ja kirkolliskokoukselle 1922–1927. Ka 2 ja 1927–1931. Ka 51. Kirkollisella pohjalla syntyneet hengelliset liikkeet; Arffman 2004, 493–494, 503; 508; Liite 11.
[391] SKSK KKA XIII. Paltamo 3. Antti Hyttinen; Paltamo 4. August Hyttinen, XX 22. Paltamo 7 N. Eino Korhonen; KS 15.3.1924. Piispantarkastus Kainuun opistolla; KS 6.11.1924. Kainuun kansanopiston lukukauden avajaiset; Keränen 1977, 67; Väisänen 2002, 119; Keränen 2009, 66–67.

osallistuivat uskollisesti seurakunnan jumalanpalveluksiin. Eräs emäntä olikin sanonut: "Nuuhkaisee se karitsakin vierasta emää, saako siitä mitään".[392]

Vaikka paltamolaiset vanhalestadiolaiset olivat kirkkoystävällisiä, heitä sanottiin "villiläisiksi". Lestadiolaisten taholta taas muihin herätysliikkeisiin kuuluneet tuomittiin "suoralta kädeltä helvettiin". *Jorma Keränen* on todennut, että paltamolaiset lestadiolaiset olivat uskollisia seuraliikkeelle, uskollisia ja kuuliaisia esivallalle ja noudattivat ehdotonta raittiutta.[393]

Ristijärvellä "vanhat ja uudet heränneet" erillään

Ristijärven "vanhat heränneet" pitivät Fr. Fr. Lönnrotia vielä hänen kuoltuaankin niin arvovaltaisena oppi-isänään, etteivät voineet hyväksyä Wilhelmi Malmivaaran uudistuksia. Vanhaan ja uuteen herännäisyyteen lukeutuneiden välit olivat kireät. "Vanhoja ja uusia heränneitä" erottivat uudet kirjat. Vanhoja heränneitä sanottiinkin "vanhojen kirjojen käyttäjiksi". He eivät päästäneet lapsiaan kansanopistoonkaan, sillä heidän mielestään siellä vallitsi "väärä henki". Nuoret kyselivät, mihin voi uskoa, kun he tuomitsivat pappien julistuksenkin.[394]

Vanhat heränneet kokoontuivat Jaakko Heikkisen johdolla omiin seuroihinsa. Haastateltavien mukaan heidän keskuudessaan oli herätystä, mutta kirkkoherran mielestä ei. Kirkkoherra P. E. Selin kertoo vuosien 1922–1927 Ristijärven seurakunnan yleiskertomuksessa, ettei Jaakko Heikkisen ympärillä kokoontunut liike ole lisääntynyt ja että se on kääntynyt "toistupalaisuuteen".[395]

Jaakko Heikkinen ei ollut enää 1920-luvulla seurakuntansa pappien kanssa yhteistyössä. Hänen seurojaan ei edes ilmoitettu kirkossa. Hän kyllä itse kaipasi yhteistyötä omien pappiensa kanssa ja myöhemmin nähtävästi onnistuikin. Se käy ilmi siitä Lauri Tuomen muistelusta, jossa hän kertoo, että "hiukan tuikean näköinen, mutta puhetavaltaan hillitty" Jaakko Heikkinen oli tullut juuri ennen hänen "tuliaisjuhlaansa" tapaamaan häntä ja toivonut pääsevänsä uuden kirkkoherran "suosioon", mitä aiemmin ei ollut tapahtunut. Lauri Tuomi oli

---

[392] SKSK KKA XIX 6. Paltamo 2. Kalle Leinonen; XIII Paltamo 3. Antti Hyttinen; *Keränen* 1977, 245–246; 2009, 88.
[393] SKSK KKA XIX 6. Paltamo 2. Kalle Leinonen; *Keränen* 1977, 246; 2009, 89.
[394] *Tuomi* 1978, 199; *Arffman* 2004, 503–506, 508.
[395] TUMA K Tilastot. Yleiskertomukset seurakunnista synodaali- ja kirkolliskokoukselle 1922–1927. Ka 2. Kirkollisella pohjalla syntyneet hengelliset liikkeet; Liite 10.

vakuuttanut Heikkiselle, että hänen tavoitteenaan on "yhteistyö ja toistensa kunnioittaminen".[396]

Kainuun Sanomista luettiin Jaakko Heikkisen nimimerkillä *Korven ääni* allekirjoittamiaan sunnuntaikirjoituksia, jotka on koottu saman nimiseen kirjaan. Jaakko Heikkistä arvostettiin Kainuussa muuallakin kuin Ristijärvellä. Hän oli kirkolliskokousedustajana vuosina 1933 ja 1935.[397]

Myös Kariniemen emäntä Liina Kinnunen oli vanhan perinteen vaalija. Hänen äitinsä oli ollut Fr. Fr. Lönnrotin ystävän Kaarlo Forbuksen leski. Ollessaan Forbuksen perheelle hieman sukua Fr. Fr. Lönnrot oli joutunut Forbuksen kuoltua tämän perheen huoltajaksi ja hankkinut sille Ristijärveltä Kariniemi-nimisen talon. Fr. Fr. Lönnrot ei vieraillut paljoakaan kylillä, mutta tämä koti oli hänen kyläpaikkansa. Hän oli opetuksineen tullut sen talon asukkaille sellaiseksi auktoriteetiksi, ettei uudistuksia haluttu ottaa myöhemminkään vastaan.[398]

Nuoret papit viihtyivät Ristijärvellä vain muutamia vuosia. *Kaarlo Arffmanin* mukaan yhtenä syynä siihen saattoi olla huonon palkan ja pappispulan lisäksi Lönnrotin perinteen vaalijoiden tiukka pitäytyminen omaan uskonkäsitykseen.[399]

Kirkkoherra P. J. Selin kertoo vuosien 1922–1927 yleiskertomuksessaan uuden herännäisyyden leviämisestä Ristijärven nuorison keskuuteen:

> Nuoressa väessä on "huomattavana kiintymystä herännäisyyteen ja ilmenee pyrkimisenä heränneitten kansanopistoon. Nuorten joukossa leviää myöskin Siionin virret (Malmivaaran suomentama).[400]

Kun Helsingin "fariseuksiin" kuulunut Eino Seppo hoiti vuosina 1928–1931 Ristijärven väliaikaisena kirkkoherrana, siellä uusi herännäisyys voimistui. Seurojen lisäksi alettiin siellä pitää myös ompeluseuroja.[401]

---

[396] *Tuomi* 1978, 199 *Arffman* 2004, 507–508
[397] Esim. *KS* 9.4., 23.4., 28. 5., 11. 6., 6. 8., 12. 11, ja 26.11.1932; *Korven ääni* 1976; *Arffman* 2004, 493–494.
[398] Kaarlo Arffmanin tiedonanto 24.9.2008.
[399] SKSK KKA XIX 6. Paltamo 2. Kalle Leinonen; *Keränen* 1977, 246; 2009, 89.
[400] TUMA K Tilastot. Yleiskertomukset seurakunnista synodaali- ja kirkolliskokoukselle 1922–1927. Ka 2. Kirkollisella pohjalla syntyneet hengelliset liikkeet; Liite 10.
[401] TUMA K Tilastot. Yleiskertomus seurakunnista synodaali- ja kirkolliskokoukselle 1927–1931, Ka 29. Kirkollisella pohjalla syntyneet hengelliset liikkeet; OMA II Cf. KSA Piispantarkastuspöytäkirja 2–5. 9. 1935; *Arffman* 2004, 503–504; Eino Seppo ompeluseuratulot ja jäsenmaksut Herättäjä-yhdistykselle. *HK* 1928, 151; 1929, 129–132.

Puolangalla yhteisymmärrystä

Puolangalla, kuten Ristijärvelläkin vallitsi heränneiden keskuudessa vielä "vanha henki". Hannes Hyvärinen (1888–1931) oli ollut Puolangalla pappina vuosina 1920–1921. Matkatessaan Puolangalle kevättalvella 1920 hän oli kysynyt kyyditsijältään, että oliko siellä "heränneitä tahi uskovia". Vastaukseksi hän oli saanut: "Onhan siellä uskovaisii ja on malliksi niitäkin, joita vanhoiksi heränneiksi hokoovat". Hän sai tietää, että uskovaiset olivat lestadiolaisia ja vanhat heränneet olivat Paavo Ruotsalaisen opetuksiin pitäytyviä.[402]

Hannes Hyvärinen onnistui saamaan vanhojen heränneiden luottamuksen. Hänet näet kutsuttiin aina heidän seuroihinsa. Niihin tultiin pitkienkin matkojen takaa "tuiskuisesta kelistä huolimatta", ja niissä viivyttiin pitkään. Virsikirja tai "vanha Siion" olivat veisuukirjoina. Seurojen lukemistona oli joku tunnetuista postilloista. Myös "Kristityn vaellus" ja "Hunajan Pisara" kuuluivat niihin. Aapeli Seppäsen poika Edvin Seppänen, Matti Rusanen ja Jaakko Hyttinen sekä Jaakko Heikkinen toimivat vielä 1920-luvulla seurapuhujina.[403]

Hannes Hyvärisen jälkeen tuli Puolangan kirkkoherraksi Väinö Tanskanen, vuosiksi 1921–1935. Vanhojen heränneiden seurat jatkuivat entiseen tapaansa. Muistitiedon mukaan hän arvosti ristijärveläistä vanhoihin heränneisiin kuuluvaa Jaakko Heikkistä seurapuhujana. Kansanopiston johtaja Armas Antila oli tervetullut Puolangalle. Siellä hän opetti seuroissa uusia *Siionin virsiä*. Niiden käyttö lisääntyi. Opistoon meni nuoria erikoisesti Törmänmäestä sekä Kotilan ja Väyrylän kylältä. Sen, että Väinö Tanskanen kuului vielä vanhaan herännäisyyteen, osoittaa se, ettei hän puhunut Kainuun kansanopistossa eikä muissakaan uuden herännäisyyden tilaisuuksissa. Myöhemmin hän levitti myös Herättäjän uutta kirjallisuutta.[404]

Tanskanen kertoo seurakunnan yleiskertomuksissa vuosilta 1922–1931, että herännäishenkisiä herätyksiä on ollut. Ne vaikuttivat myös kirkkoveisuuseen. Puolangalta kotoisin oleva Toivo Hyyryläinen, joka toimi myöhemmin siellä kappalaisenakin, on kertonut, että hänen mieleenpainuvia lapsuudenajan muistoja on ollut "kirkkoväen harras veisuu".[405]

---

[402] *HK* 1921, 153; Puolangan heränneistä. *Kares* 1952, 462.
[403] *Hyyryläinen*, 1985, 540.
[404] SKS KKA XX 16. Puolanka 9. Pauli Johannes Virkkunen; Kustannus Osakeyhtiön Herättäjän kassakirja 1937–1941, 95; *Hyyryläinen*, 1985, 543.
[405] TUMA K Tilastot. Yleiskertomukset seurakunnista synodaali- ja kirkolliskokoukselle 1922–1927. Ka 2. Kirkollisella pohjalla syntyneet hengelliset liikkeet; TUMA K tilastot.

Vuonna 1935 kirkkoherraksi tulleen Toivo Laitisen aikana alettiin pitää entistä säännöllisemmin uuden herännäisyyden seuroja. "Perttulina" ja "mikkelinä" pidettiin myös isot seurat. Aku Räty, Armas Antila ja Uuno Seppo olivat niiden tavallisimpia vierailevia puhujia. Toivo Laitinen kuului Suomussalmella syntyneenä Artturi Laitisen poikana kainuulaisten omiin pappeihin. Hänelläkin oli taito toimia niin, että "vanhat ja uudet heränneet" kokoontuivat yhteisiin tilaisuuksiin.[406]

Toivo Laitisen laatimasta seurakunnan yleiskertomuksesta voi päätellä, että vanha herännäisyys oli Puolangalla vielä voimissaan. Hän kirjoitti vuonna 1936:

> Vakavaa, antaa arvon iäisyysasioille. Uskonnollisten arvojen pilkkaa aivan harvoin. Vanhat herännäiskirjat arvossa. Niiden lukeminen arvossaan. Vaikeroidaan puutoksen puutoksessa. Pyydetään ennen kaikkea rukouksen henkeä."[407]

Kirkossakäynti lisääntyi hieman Puolangalla 1920- ja 1930-luvuilla. Vuonna 1927 siellä kävi sunnuntaisin keskimäärin 125 henkeä ja vuodessa noin 1600 henkeä. Vuonna 1937 kirkossa kävijöiden määrä oli sunnuntaisin keskimäärin 145 ja ehtoollisella kävijöiden määrä vuodessa noin 1900.[408]

Pauli Virkkusen mukaan usko vaikutti elämäänkin. Hän on kertonut:

> Herätysten seurauksena ennen suruttomat tavat muuttuivat Jumalan kasvojen eteen vedettyinä: Pyhätöitä varottiin, naapuririidat sovittiin, juoppous nähtiin synniksi, ja pienistä synneistä tuli suuria. Tanssi, juoppous, kiroileminen, juoruileminen, kortinpeluu yöjuoksu oli syntiä. Liika koreilu oli sopimatonta. Tupakanpolttoa ei pidetty syntinä. Vanhemmat ohjasivat lapsiaan myös aviopuolison valinnassa johtaen heitä tervehenkisten nuorten pariin... Heränneen ihmisen synteihin maailma kiinnittää kärkkäämmin huomion kuin omiinsa, joita se pitää saavutuksina. Uskovan synti on häpeä.[409]

Hyrynsalmella vanhaa herännäisyyttä

Hyrynsalmella oli vielä 1920-luvulla hieman vanhan herännäisyyden vaikutusta. Vaikka seuroja oli vähän, luettiin kodeissa vanhoja saarnakirjoja ja veisattiin vanhaa Siioniakin. Sen osoittaa seuraava tapaus vuodelta 1925: Kainuun kansanopiston johtaja Otto Stenij:n oli ollut seurakuntien kirkkoherrojen kanssa pitämässä seuroja Hyrynsalmella, Suomussalmella ja Puolangalla. Hyrynsalmella Kytömäen seurojen jälkikeskustelussa oli johtaja Stenij tiedustellut, että osataanko

---

Yleiskertomus seurakunnista synodaali- ja kirkolliskokoukselle. 1927–1931. Ka 51. Kirkollisella pohjalla syntyneet hengelliset liikkeet. *Hyyryläinen* 1985, 526; Liite 10.
[406] PKA II Bc 2. Jumalanpalveluspäiväkirjoja.
[407] TUMA K Tilastot. Yleiskertomus seurakunnista synodaali- ja kirkolliskokoukselle. 1932–1936; Ka 50. B. Uskonnollisen yleinen luonne.
[408] *Hyyryläinen* 1985, 526.
[409] SKS KKA XIX.1-11. Puolanka 9. Pauli J. Virkkunen.

täällä vielä veisata "vanhaa virsikirja ja vanhoja Siionin virsiä". Peltolan Keskipirtin vanha emäntä oli sanonut, että vielähän niitä osataan ja veisaillaankin. Sitten oli sovittu, että Suomussalmelta palattua pidetään vielä toiset seurat Peltolan Keskipirtissä. Näihin seuroihin oli tullut väkeä pirtin täydeltä, vanhaa ja nuorta. Seurapuhujat yllättyivät, kun väki ei poistunutkaan iltaseurojen jälkeen, vaan vieraiden aterioiduttua oli aloitettava uudet seurat. Ne jatkuivat yli puolen yön. Seuroja oli jatkettava vielä seuraavana aamunakin, kun seuraväki oli käynyt lähitaloissa yöpymässä. Vieraiden tehdessä lähtöään oli talon emäntä lausunut ilonsa siitä, että jälleen ne vanhat kirjat, joista hän oli nuoruudessaan veisannut, olivat jälleen päässeet julkisuuteen.[410]

Hyrynsalmella toimi virkaa tekevänä kirkkoherrana 1920-luvun alussa Vilho H. Kivioja. Hänen aikanaan oli paljon seuroja varsinkin pappilassa ja pappilan pirtissä. Kun Toivo Liimatta tuli virkaansa vuoden 1922 alussa, seurat loppuivat. Hän alkoi pitää niin sanottuja hartaushetkiä, mutta jo 1920-luvun puolivälistä lähtien oli kirkollisten ilmoitusten mukaan Hyrynsalmellakin taas hartausseuroja ja seuroja. Vuodesta 1927 alkaen niitä oli ilman vierailijoitakin. "Omalla väellä" pidetyt seurat olivat ilmeisesti vanhan herännäisyyden seuroja, koska niistä ei tullut tietoja Herättäjä-Yhdistykselle. Hyrynsalmella oli kuitenkin Kainuun kansanopistoseuroja, joita saattoi olla yhdellä käynnillä 7–8 paikassa. Ne edustivat jo uutta herännäisyyttä.[411]

Hyrynsalmen itäosaan, Luvankylälle, Tapaninkylälle ja Moisiovaaralle syntyi vuoden 1936 jälkeen herätystä, jota alettiin kutsua sen saarnamiehen mukaan härkösläisyydeksi. Joku Luvankylällä asunut mies oli kutsunut kotiinsa Haukivuorelaisen Aatami (Adam) Härkösen luettuaan hänen kirjoittamansa kirjan. Kylillä, joihin härkösläisyys levisi, ei juuri esiintynyt vanhaa eikä uutta herännäisyyttä. Kirkkoherra Liimatta tuki tätä hengellistä liikehdintää.[412]

Heränneet ja härkösläiset arvostelivat toisiaan. Härkösläiset eivät hyväksyneet alatien kristillisyyttä ja tuomitsivat heränneet helvettiin. Heränneetkään eivät hyväksyneet härkösläisiä.[413]

[410] *Claudelin* 1936, 50–52; *Bucht* 1975, 26; *Arffman* 2004, 501.
[411] TUMA K Tilastot. Yleiskertomukset seurakunnista synodaali- ja kirkolliskokoukselle 1922–1927. Ka 2. Kirkollisella pohjalla syntyneet hengelliset liikkeet; HKA AD 2. Kirkolliset kuulutukset; *Turpeinen* 1988, 573; *Hyyryläinen* 1986, 543; *Turpeinen* 1992, 373, 929; Liite 10..
[412] SKSK KKA. Hyrynsalmi. Bucht: Keruukertomus; XVIII 8. Hyrynsalmi 6. Anteri Keränen; XIX 3. Hyrynsalmi 6 Anteri Keränen; *Turpeinen* 1988, 575; *Bucht* 1975, 48–58.
[413] *Vaahtoniemi* 1958, 87–89.

Kuhmossa (Kuhmoniemellä) herännäistoimintaa taas 1930-luvulta lähtien

Kuhmossa eli Kuhmoniemellä oltiin 1900-luvun alussa pääasiassa "kirkollisia" ja "evankelisia", vaikka herännäisyys oli sielläkin aiemmin vaikuttanut. Kuuluisan herännäispapin, kappalaisena toimineen *A. N. Holmströmin* lisäksi siellä oli ollut pitäjän apulaisena vuosina 1874–1904 hänen poikansa *August Holmström*.[414]

Herännäisyyden vähäisyydestä kertoo seuraava tapaus 1920-luvulta: Otto Stenij ja majuri Erkki Viitasalo olivat opistoseuramatkallaan yöpyneet Lentiirassa eräässä talossa, jonka seuroissa oli veisattu virsikirjasta. Illalla saunassa ollessaan vieraat olivat veisanneet Siionin virttä. Sen kuullessaan oli mukana ollut "Niskalan ukko heltynyt kyyneliin saakka". Hän oli kertonut jo kauan sitten kadottaneensa toivon siitä, että kukaan nuoremmasta väestä enää veisaisi Siionin virsiä. Hän oli luullut, ettei herännäisyyttä ollut Kuhmossa enää olemassakaan.[415]

Herännäistoiminta alkoi Kuhmossa viritä uudelleen Kajaanin herättäjäjuhlien jälkeen. Ensimmäiset omat isot herättäjäseurat olivat siellä 18.9.1932, jolloin kansanopiston johtaja Armas Antila saarnasi jumalanpalveluksessa ja puhui seurakuntasalissa pidetyissä seuroissa. Lisäksi sivukylillä pidettiin seuroja. Nähtävästi niissä oli kansanopistoasia esillä, sillä ne oli "omistettu erikoisesti nuorille". Antila saarnasi myöhemminkin syksyisin kirkossa ja piti sen jälkeen seuroja eri kylillä. Myös Herättäjä-Yhdistyksen matkapuhuja Edvard Hakkarainen kävi Kuhmossa pitäen jumalanpalveluksen saarnan. Sen jälkeen oli kylillä useita hänen seurojaan. Saarnavuoro Emil Rechardtin seurakunnassa osoitti sen, että häneen luottivat muutkin kuin herännäiskirkkoherrat. Edvard Hakkarainen kiersi Kainuuta ja Pohjois-Karjalaa kuolemaansa eli heinäkuuhun 1935 saakka. Hän oli silloin vasta 39-vuotias. Hänen jälkeensä Kainuussa kävi Herättäjä-Yhdistyksen seurapuhujana pastori Kustaa Huhta.[416]

Kirkkoherra Emil Rechardt ilmoitti vuonna 1936 yleiskertomuksessaan, että herännäisyys on "selvästi elpymässä". Kun Kuhmon pohjoisosaan perustettiin vuonna 1938 Lentiiran rajaseutupiiri ja sen pastoriksi tuli herännäispappi Jorma

---

[414] TUMA K Tilastot. Yleiskertomukset seurakunnista synodaali- ja kirkolliskokoukselle 1922–1927, Ka 2 ja 1927–1931, Ka 29. Kirkollisella pohjalla syntyneet hengelliset liikkeet; KKA II Dc 4. Kirkolliset kuulutukset ja ilmoitukset; *Colliander* 1910, 302; Liite 10.

[415] *Kares* 1952, 405–406, 523.

[416] HKA KKA II Dc 3; KuKA Dc; PKA II Bc 2; RKA II Dc; KuKA. II Dc 4. Kirkolliset ilmoitukset. *Kajaani* 18.8.1931. Herättäjän paikallisseurat; *HK* 1935, 155; 1936, 163. Kuulumisia. Herättäjän seuroja; *Kares* 1952, 43, 288.

Kauko, seurojen pito aloitettiin Lentiirassa. Kuhmon herännäisseuratkin pidettiin pääasiassa siellä. Niissä veisattiin virsikirjasta ja uudesta "Siionista".[417]

Kuhmossa on 1900-luvulla evankelisuus vaikuttanut voimakkaammin kuin herännäisyys. Se oli tullut sinne 1800-luvun lopulla Saara Malisen (1861–1823) mukana. Hän oli tutustunut evankelisuuteen Viipurissa, missä hän oli ollut vuosina 1878–1886 ja missä Evankeliumiyhdistyksen toiminta oli vilkasta. Hän sai kyvyn parantaa sairaita ja pitää horrospuheita. Kirkkoherra Pfaler tulkitsi nämä "jonkimmoisiksi herätyskelloiksi ulkonaiseen uskontokaavaansa jäykistyneelle seurakunnalle." Vuosien 1889–1890 tienoilla hän alkoi pitää Pfalerin kehotuksesta pyhäkoulua.[418]

Saara Malinen piti myös seuroja, joissa kerättiin varoja Japanin-lähetykselle. Varsinaisena Evankeliumiyhdistyksen toiminnan organisoijana oli kuitenkin vuosina 1914–1921 Kuhmon kanttori Kalle Ferdinand Tiainen. Hän levitti Kuhmoon Siionin kannel -laulukirjoja. Evankeliset ja heränneet ovat tiettävästi eläneet keskenään yhteisymmärryksessä.[419]

Paikallisia evankelisia lähetysjuhlia alettiin järjestää Kuhmossa vuodesta 1908 lähtien. Vuonna 1915 perustettiin ensimmäinen Japanin-lähetysompeluseura. Oulun läänissä Kuhmo on ollut Oulun lisäksi merkittävä evankelisen liikkeen keskus. [420]

Suomussalmella uskonnollinen elämä polarisoitunut

Suomussalmella oli ollut 1910-luvulla huomattavia herätyksiä, mutta sen pohjoisosaa lukuun ottamatta oli seuratoiminta laantunut. Niinpä vuoden 1929 piispantarkastuspöytäkirjassa todetaan, että uskonnollinen elämä on "selvästi polarisoitunut" ja että "ylivoimainen enemmistö on tavanomaista kirkkokansaa, ehkä jonkin verran kallellaan maltilliseen herännäisyyteen". Lisäksi todetaan, että herätysliikkeen suuri merkitys näkyy vielä muun muassa "kotihartauden ja

---

[417] TUMA K Tilastot. Yleiskertomukset seurakunnista synodaali- ja kirkolliskokoukselle, 1932–1936, Ka 50. Kirkollisella pohjalla syntyneet hengelliset liikkeet; KKA II Dc 4. Kirkolliset kuulutukset ja ilmoitukset; SKSK KKA XIII. Kuhmo 12 N. Jorma Kauko; *HK* 1937, 257–259; 1938, 311–312, 1939, 189–190. Herättäjä- Yhdistyksen kannatus. Juhla- ja seuratuloja.
[418] *Immonen* 2001, 18.
[419] TUMA K Tilastot. Yleiskertomukset seurakunnista synodaali- ja kirkolliskokoukselle 1922–1927. Ka 2. Kirkollisella pohjalla syntyneet hengelliset liikkeet; TUMA K Tilastot. Yleiskertomus seurakunnista synodaali- ja kirkolliskokoukselle 1927–1931, Ka 29. Kirkollisella pohjalla syntyneet hengelliset liikkeet; KKA II Dc 4. Kirkolliset kuulutukset ja ilmoitukset; KKA Kuhmo Raimo Kemppainen, keruukertomus; *Immonen* 2001, 16, 17, 20, −24, 69; Liite 10.
[420] *Immonen* 2001, 25, 69.

sunnuntain viettämisessä". Polarisoituminen näkyy haastattelujen vastauksissa. Herännäisyydestä ja herätyksistä kyllä puhutaan, mutta pääasiassa niiltä ajoilta, jolloin Paavo Lassila oli ollut vaikuttamassa.[421]

Jo 1920-luvun alussa Ilmari Kianto puhui Suomussalmen suojeluskunnan iltamissa pitämässään juhlapuheessa suomussalmelaisten hengen köyhyydestä. Vaikka hän ei tarkoittanut hengellistä köyhyyttä, siihen voi yhdistää senkin. Puhe julkaistiin *Kajaani* lehdessä, jonka toimittajana Kianto oli. Siinä hän toteaa:

> Suomussalmen nykyinen henkinen ilmapiiri on, vertauksilla puhuen, niin harvaa ja raakaa että se – ei täytä keuhkoja.. Paikkakunnalta puuttuu henkeä. Henkisen elämän merkit ovat täällä surkeat.... Ei kirkko, ei kinkeri, ei työväentalo, eivätkä suinkaan nämäkään "pimeän pirtin" aniharvat iltamat innosta ihmisiä siinä määrin, että uskaltaisimme todeta voimakasta henkistä elämää Suomussalmella... Minä väitän, ettei täällä ole mitään henkistä innostusta. Ei uskonnollista eikä poliittista. Suomussalmen uskonto torkkuu yhdessä vasussa vanhain virsikirjain kanssa ja politiikka täällä on outo kummitus... Mutta sokea herraviha täällä tunnetaan, sellainen, joka on valmis lyömään päänsä seinään kuin sittapörriäinen.[422]

Kirkkoherra Toivo Janhonen, joka itse ei kuulunut herännäisiin, kirjoitti vuosien 1922–1927 yleiskertomukseensa suomussalmelaisten hengellisestä tilasta, että se on "surutonta". Hän totesi kuitenkin: "Vanhempi väestö on kirkkorakasta".[423]

"Vanhojen heränneiden" seurojen pito jatkui Suomussalmen pohjoisosassa 1930-luvullakin. *Hannu Mustakallion* mukaan niitä pidettiin Ruhtinansalmen Saarijärvellä. Niissä luettiin vanhoja postilloja ja veisattiin vanhaa virsikirjaa ja "Sionia".[424]

Piispajärven kylältä kotoisin ollut maanviljelijä Manne (Hermanni) Juntunen oli ollut Kainuun kansanopistossa lukuvuonna 1913–1914. Maanviljelijä Kalle (Kaarlo) Moilanen (Haapo-Kalle) kävi kansanopiston talvella 1926–1927. He vaalivat herännäisyyttä omassa ympäristössään. Manne Juntunen oli vielä vanhan herännäisyyden miehiä, vaikka olikin käynyt kansanopistokurssin. Hän oli opistossa sen humanistisena aikana, jolloin siellä ei vielä veisattu uudistettuja Siionin virsiä. Hän oli kuitenkin mukana myös uuden herännäisyyden seuroissa. Hänen mielestään kansanopistossa ei ollut hänen aikanaan "perusherätystä", vaikka siellä olikin

---

[421] SKS KKA XX. Suomussalmi 4. Robert Juntunen; 5. Johannes Moilanen; 6. Helena Moilanen; 8. Herman Juntunen; *Turpeinen* 1988, 573 ja 1992, 373.
[422] *Kajaani* 15.1.1923. Muuan korpisaarna.
[423] TUMA K Tilastot. Yleiskertomus seurakunnista synodaali- ja kirkolliskokoukselle 1922–1928, Ka 2. Kirkollisella pohjalla syntyneet hengelliset liikkeet; Liite 10.
[424] *Mustakallio* 1958, 128.

"herätyksen tuulta".[425] Tässä käy ilmi, se että uusi herännäisyys oli vanhojen heränneiden mielestä liian kevyttä.

Vanha "Siioni" ei enää nuorille kansanopiston käyneille kelvannut. He lauloivat ennemmin vaikka *Hengellisiä lauluja ja virsiä.* Niitä oli laulettu Kainuun kansanopistossa sen humanistisena aikana eli 1920-luvulle saakka.[426]

Vuonna 1914 Suomussalmelle Nilsiästä muuttaneet Kreeta ja Kalle Miettinen olivat muistitiedon mukaan aloittaneet seurojen pidon. Kalle Miettinen myi kaupassaan myös herännäiskirjallisuutta. Hän oli Suomussalmelle muutettuaan aluksi maatalousneuvojana ja sitten osuuskaupan hoitajana. Myöhemmin hän toimi kirjakauppiaana ja kirkonisäntänä. Hän kuului välistä myös kirkkovaltuustoon. Miettisten yhdestätoista lapsesta neljä kävi Mieslahden kansanopiston kurssin.[427]

Uuden herännäisyyden seuroja pidettiin Suomussalmen kirkonkylällä varsinkin 1930-luvun puolivälistä lähtien, kun kirkkoherraksi oli tullut uuden herännäisyyden omaksunut Lauri Säippä. Haastateltavien mukaan "Talosta taloon kuljettiin kirkolla Siionia veisaamassa". Siinä saattoi olla hieman liioitteluakin. Vuonna 1936 laaditussa seurakunnan yleiskertomuksessa kirkkoherra Säippä ilmoittaa, että herännäisyyden pohjaa on olemassa ja että sen vaikutus on hyvä.[428]

Kun Kainuuseen perustettiin vuonna 1938 rajaseutupiirejä ja -pastorien virkoja, Suomussalmen koillisosaan muodostettiin Ruhtinansalmen rajaseutupiiri. Sen ensimmäiseksi pastoriksi tuli heränneisiin lukeutunut Pentti Pyy. Seuroissaan hän myi Herättäjän kirjallisuutta.[429]

Säräisniemellä ja Vuolijoella taas herännäisseuroja

Vaikka Säräisniemi on ollut lestadiolaispitäjä, yksittäisiä heränneitä ja vanhoja herännäistaloja oli siellä täällä pitäjän alueella. Niitä oli varsinkin Veneheitossa,

---

[425] SKS KKA XX. Suomussalmi 8. Manne Juntunen.

[426] SKSK KKA XX. Suomussalmi 4. Robert Juntunen; 5. Johannes Moilanen; 6. Helena Moilanen; 8. Manne Juntunen; *Järvilehto* 1954, 54; *Maunumaa & Ranta* 1959, 38; Liite 4.

[427] SKSK KKA XIII Suomussalmi 10. Tatjana Karjalainen; SSA. Seurakuntaan muuttanet 1886–1944; *HK* 1938, 311–312. Herättäjä- Yhdistyksen kannatus. Juhla- ja seuratuloja; *Maunumaa & Ranta* 1959, 56, 57,

[428] TUMA K Tilastot. Yleiskertomukset seurakunnista synodaali- ja kirkolliskokoukselle; 1932–1936, Ka 50. Kirkollisella pohjalla syntyneet hengelliset liikkeet; Iida Tolvasen haastattelu 28.4 2006 ja 23.7.2006; Sirkku ja Heikki Vaahtoniemen haastattelu 26.6.2006.

[429] HYA. Kustannusosakeyhtiö Herättäjä. Kassakirja II Cb 8; Kuukauslehden kassakirja 1937–1946 II Cb 11; Tilaajaluettelo kirjapainoille 1938–1948. I Cc 1; *HK* 1924, 59–60; 1929, no 1–2, etulehti. Hengellistä Kuukauslehteä levisi; *HK* 1939 Vihko 1. Takasivu. Hengellinen Kuukauslehti; *Voutilainen* 1995, 145; Liite 9.

Kukkolassa ja kirkonkylällä, joissa pidettiin seuroja. Kansanopiston johtajat Otto Stenij ja Armas Antila kävivät pitämässä Säräisniemellä myös opistoseuroja. Vuosina 1933—1935 järjestettiin kirkossa isotkin seurat. [430]

Vuosina 1917—1936 kirkkoherrana toiminut Johannes Jaakko Mustakallio ei mainitse vuosien 1932—1936 yleiskertomuksessa herännäisyydestä mitään, vaan kertoo "vanhemman lestadiolaissuunnan" leviämisestä. J. J. Mustakallio ei vielä 1920-luvulla ollut herännäistoiminnassa mukana, vaikka hänen isoisänsä Henrik Schwartzberg oli 1800-luvulla pitänyt Säräisniemellä seuroja.[431]

Opiskeluaikanaan Mustakallio kuului monien jumaluusopin ylioppilaiden tavoin beckiläisiin. Hän oli Säräisniemelle tultuaan innostunut erikoisesti Suomen Pipliaseuran työstä. Kajaanilaiset kirkkoherrat Johannes Väyrynen ja Max Katavisto tulivat hänen ystävikseen juuri Kajaanin Pipliaseuran toiminnan yhteydessä.[432]

Mustakallion tyttären Helvi Mustakallion mukaan hänen isänsä oli ennen papiksi vihkimystään muutamien tovereidensa kanssa päättänyt "pitää suunsa kiinni" herätysliikkeiden kohdalla. Viimeisinä elinvuosinaan 1930-luvulla hän liittyi heränneisiin. Kodissa vallitsi herännäishenki, sillä äiti Edla Leskinen oli herännäiskodista. Kotona veisattiin palvelusväkeä myöten *Siionin virsiä* ja luettiin iltahartauksissa Wilhelmi Malmivaaran *Wiestejä vaivatuille* -postillaa, mutta myös Pietari Toppin *Huutavan ääntä*. Perhe kävi vuosittain herättäjäjuhlilla. [433]

Seurakuntalaiset muistivat J. J. Mustakallion körttihenkisenä, mutta kaikkia suvaitsevana pappina. Otto Stenij, Armas Antila ja Oskari Vihantola ja Aku Räty olivat hänen ystäviään. Aku Rätyä hän piti jopa rippi-isänään..[434]

Vuolijoella oli vuosien 1932—1936 yleiskertomuksen mukaan herännäisyyttä vain "nimeksi". Lestadiolaisuus oli siellä valtasuuntana. Kansanopistoseuroja oli pidetty siellä jo 1920-luvulta lähtien. Kun Antti Hakala oli Vuolijoen kirkkoherrana

[430] SKS KKA XIX. 3, 16. Vaala 12 Helvi Maria Mustakallio; *Hyyryläinen* 1973, 48—51; *Vähäsarja* 2000, 456; Taulukko 4, Liitteet 3 ja 11.
[431] TUMA K Tilastot. Yleiskertomukset seurakunnista synodaali- ja kirkolliskokoukselle; 1932—1936, Ka 50. Kirkollisella pohjalla syntyneet hengelliset liikkeet; *Colliander* 1910, 314, 685; *Rosendal* 1912, 376—377; *Mustakallio* 1958, 99, 127—129; *Hyyryläinen* 1979, 62—63.
[432] SKS KKA XIX. 3, 16. Vaala 12 Helvi Maria Mustakallio; *Hyyryläinen* 1973, 48—51; *Vähäsarja* 2000, 456. Liitteet 1, 3.
[433] SKS KKA XIX. 3, 16. Vaala 12 Helvi Maria Mustakallio.
[434] SKS KKA XIX. 3, 16. Vaala 12 Helvi Maria Mustakallio; *Hyyryläinen* 1973, 48-51; *Vähäsarja* 2000, 456; Taulukko 4, Liitteet 3 ja 11.

vuosina 1937–1944, siellä oli muitakin herännäisseuroja. Hänellä oli myytävänä Herättäjän kirjallisuutta. [435]

Isot maakunnalliset kirkkoseurat suosittuja

Isoja Herättäjän seuroja eli maakunnallisia kirkkoseuroja, joihin liittyi seurojen lisäksi myös jumalanpalvelus ja jotka kestivät miltei koko päivän, alettiin Kainuussa viettää 1920-luvun lopulla.[436]

Siellä pidettiin 1930-luvulla isoja Herättäjän seuroja seuraavasti:

Taulukko 3 Kainuussa 1930-luvulla pidettyjä maakunnallisia herättäjäseuroja.[437]

Seurakunta	1930 -1931	1931 -1932	1932 -1933	1933 -1934	1934 -1935	1935 -1936	1936 -1937	1937 -1938	1938 -1939	1939 -1940
Hyrynsalmi					X					
Kajaani, Kaup. ja Maas.		X		X	X	X	X	X	X	X
Kuhmoniemi, Kuhmo			X		X	X	X	X	X	X
Paltamo	X	X	X	X	X	X	X	X	X	X
Puolanka					X	X	X	X	X	X
Ristijärvi										
Sotkamo					X	X	X	X	X	X
Suomussalmi					X	X	X	X	X	X
Säräisniemi				X	X	X				
Vuolijoki										

Sotkamossa järjestettiin maakunnalliset kirkkoseurat ensimmäisen kerran jo elokuun 18.–19. 8. 1928. Jafet Räty kertoi niistä *Hengellisesä Kuukauslehdessä*:

> Pariintuhanteen nouseva ihmisjoukko oli läsnä päiväjumalanpalveluksessa, jossa saarnasi Kiuruveden kirkkoherra Väinö Malmivaara. Ystäviä, puhujiakin oli saapunut Savosta jopa Pohjanmaaltakin saakka… Eräskin vanhus, joka oli vaipunut siihen luuloon, ettei Herra eläväksi tekijänä enää liikukaan, soperteli ihmetyksissään ja ihastuksissaan: "En koko elämäni aikana ole ollut tällaisissa seuroissa mukana. Kaikki puheet olivat niin eläviä ja kirkkaita."
> Kuului ääniä, että tällaisia suuria kirkkoseuroja olisi suotava koettaa toistekin järjestää etenkin täällä Kainuussa, jossa suorastaan varojenkin puute on monia estämässä pääsemästä heränneen kansan yhteisille juhlille, herättäjäjuhlille, jotka useinkin ovat kovin kaukana Kainuusta.[438]

---

[435] TUMA K Tilastot. Yleiskertomukset seurakunnista synodaali- ja kirkolliskokoukselle; 1932–1936, Ka 50. Kirkollisella pohjalla syntyneet hengelliset liikkeet; Kustannusosakeyhtiö Herättäjä. Kassakirja II Cb 8; Kuukauslehden kassakirja 1937–1946 II Cb 11; Tilaajaluettelo kirjapainoille 1938–1948. I.; Liite 9.

[436] *HK* 1935, 233. Kuulumisia.

[437] *HK* 1932 182. Kolehdit; 1935, 233; 1935, 155; 1936, 156, 163, 261; 1937, 150–151, 259–260; 1938,190–191; 1939, 157, 189–190. Kertomus Herättäjä-Yhdistyksen toiminnasta kunakin vuonna. Toimintavuosi vaihtui toukokuun alussa, siksi sarakkeissa on kaksi vuosilukua. *KS* 17.8.1939. Kainuun herättäjäseurat Suomussalmella; *Hyyryläinen* 1973, 50.

[438] *HK* 1928, 147–148. Sotkamon kuulumisia.

Kajaanissa pidettiin maakunnallisia herättäjäseuroja vuodesta 1931 lähtien.

Kajaani-lehdessä oli 20.8.1931 kirjoitus, *Miksi pidetään kristillisiä kokouksia?*:

Nykyinen pula panee ajattelemaan, mitä me syömme, mitä me juomme, millä itsemme verhoamme? Ajattelemmekohan ehkä näitä asioita liikaa, ajattelemmeko ehkä yksinomaan näitä. Kuule, ei ihminen elä yksinomaan leivästä. Pitäkäämme pulakokouksia vain, mutta ei ihminen elä ainoastaan leivästä. Kyllä meidän pitää karistaa välinpitämättömyys pois...

Kajaanissakin on järjestetty, kuten kirkollisissakin ilmoituksissa mainitaan, ensi lauantai-illaksi klo 18 seminaarille seurat ja sunnuntaiksi klo 14 sekä 18 samaan paikkaan. Näihin Herättäjän seuroihin saapuu pappeja ja maallikoita Pohjanmaalta ja Savosta. Sunnuntain jumalanpalveluksessa on juhlasaarnaajana Lapuan kirkkoherra, asessori Kares. Myös useita kihlakuntamme pappeja lupautunut puhujiksi... [439]

Vielä seurojen jälkeen oli samassa lehdessä seuroista näyttävä selostus. Niihin osallistuneiden lukumäärää ei kerrottu. Todettiin vain, että seminaarin juhlasali oli "ääriään myöten täynnä kansaa" ja että sitä oli tullut paitsi kaupungista "jopa kaukaisilta perukoilta saakka". Seuroissa olivat puhuneet asessori K. R. Kares, seminaarin johtaja tri Hela, kansanopiston johtaja Armas Antila, pastori Jafet Räty, lehtori Uuno Seppo, rovasti Max Katavisto, rovasti J. J. Mustakallio, maanviljelijä Tenhunen, toimittaja Oskari Vihantola sekä kauppias J. K. Kuoppala. [440]

Paltamossa pidettiin kansanopistolla isoja seuroja jumalanpalveluksineen joka vuosi. Vuodesta 1932 lähtien niitä oli vuosittain muuallakin seurakunnassa. Herättäjä-Yhdistyksen matkasaarnaajat eivät ehtineet aina tulla maakunnallisiin seuroihin mukaan. Seurakuntien ulkopuolisina puhujina olivat niissä useimmiten Armas Antila ja Uuno Seppo. Hengellisessä Kuukauslehdessä kerrotaankin Herättäjä-Yhdistyksen toiminnasta vuonna 1938–1939: "Paikallisilla työvoimilla on herättäjäseuroja pidetty edellisten lisäksi noin 10 Kajaanin kihlakunnassa". [441]

Mainittakoon, että kun *Suomussalmella*, jossa uuden herännäisyyden toiminta oli vähäistä, vietettiin maakunnallisia herättäjäseuroja 25–26.8.1934, seuravieraita oli noin 2000 henkeä. Heitä oli tullut "Valtimolta ja Savosta saakka." Puhujina olivat Toivo Janhonen, Armas Antila, Vilho Wihma, Uuno Seppo, Jafet ja Aku Räty, Jussi Kuoppala ja Oskari Vihantola. [442]

---

[439] *Kajaani* 20.8.1931.
[440] *Kajaani* 25.8.1931. Kajaanista. Herättäjä-yhdistyksen paikallisseurat Kajaanissa.
[441] Sirkku ja Heikki Vaahtoniemen haastattelu 26.6.2006; *KS* 8.8.1933. Herättäjän paikallisseurat Mieslahden Kansanopistolla elokuun 12–13 päivinä; 15.8.1933. Herättäjäjuhlat Mieslahden Kansanopistolla; *KS* 1939, 157. Kuulumisia; *Aulis* 1959, 1618; *Maunumaa* 1959, 2; *Hyyryläinen* 1985, 543.
[442] *KS* 28.8.1934. Kainuun paikalliset Herättäjäseurat.

Vuonna 1935 olivat maakunnalliset herättäjäseurat *Hyrynsalmella*. Niissä oli noin 1300 osallistujaa. Miehiä oli mukana melkein puolet seuraväestä eli noin 600. Jumalanpalveluksessa saarnasi Armas Antila. Puhujina olivat hänen lisäkseen kirkkoherra Toivo Liimatta, "jumaluusopin ylioppilas" Jorma Kauko, talonomistaja Hannes Korhonen, lehtori Uuno Seppo ja pastori P. Beyer.[443]

Rovastikunnalliset eli maakunnalliset seurat olivat merkkitapahtumia. Puolangan kirkkoherra Toivo Laitinen sanoi kirkossa ilmoituksissaan 1.9.1935:

> Ensi sunnuntaina 8.9. on kirkko kiinni, koska silloin Hyrynsalmella ovat Kainuun Herättäjäjuhlat, jonne suurin osa lähiseudun papistoa myös menee. Kehotetaan seurakuntalaisia näille juhlille runsaasti osallistumaan.[444]

Kuhmon maakunnallisissa herättäjäseuroissa 10–11.1937 olivat puhujina Kainuun pappien lisäksi Herättäjä-Yhdistyksen matkapuhujat Kustaa Huhta ja Aku Räty. Vaikka Kuhmon kirkkoherra Emil Rechardt ei lukeutunut heränneisiin, hän oli heidän toiminnassaan mukana.[445]

Puolangalla olivat maakunnalliset herättäjäseurat 24–25.9.1938. Niiden yhteydessä oli viikollakin lukuisia seuroja sekä seurakuntasalissa että eri kylillä. Tilaisuuksissa puhuivat mm. johtaja Armas Antila ja kirkkoherrat Toivo Laitinen, Lauri Säippä, Emil Rechardt, Jafet Räty, ja W. A. Malmberg.[446]

Suomussalmella muutamaa kuukautta ennen talvisotaa elokuussa 1939 pidetyissä maakuntaseuroissa olivat puhujina Lauri Säippä, Emil Rechardt, Jorma Kauko, Erkki Kaikkonen, Armas Antila ja Hannes Korhonen.[447]

Taulukosta ilmenee, ettei Ristijärvellä pidetty 1930-luvulla isoja Herättäjän seuroja. Nähtävästi syynä oli se, että se sijaitsee niin lähellä Paltamon Mieslahtea, että sieltä osallistuttiin Kainuun kansanopiston tapahtumiin. Vuolijoki taas on lähellä Kajaania, ja siellä oli sen verran vähän herännäisyyttä, ettei isojen seurojen pitoon ryhdytty. Säräisniemellä pidettiin kirkkoherra J. J. Mustakallion elämän loppuvaiheessa isoja seuroja vuosina 1933–1936.[448]

---

[443] HKA AD 2. Kirkolliset kuulutukset.
[444] PKA II Bc 2. Jumalanpalveluspäiväkirja.
[445] KuKA. II Dc 5. Kirkolliset ilmoitukset; PKA II Bc 2. Jumalanpalveluspäiväkirjoja. Kainuun Sanomissa oli 21.8.1939 artikkeli seuroista otsakkeella: "Kainuun herännäisväki oli koolla lauantaina ja sunnuntaina Suomussalmella, missä pidettiin herättäjäseuroja". *KS* 21.8.1939. Suomussalmen seurakunnan jumalanpalveluspäiväkirjat ym. ovat palaneet pappilan mukana sodan aikana.
[446] PKA II Bc 2. Jumalanpalveluspäiväkirjoja.
[447] *KS* 22.8.1939. Kainuun herännäisväki oli koolla lauantaina ja sunnuntaina Suomussalmella. Suomussalmen Kirkolliset ilmoitukset käsittävä aineisto on palanut sodan aikana pappilan mukana.
[448] *Hyyryläinen* 1985, 543.

Kajaanin herättäjäjuhlat 1932 vuosikymmenen kohokohta

Kajaanissa järjestettiin valtakunnalliset herättäjäjuhlat 5—7.7. 1932. Se oli merkki siitä, että Kainuu tunnustettiin herännäisalueeksi myös muualla Suomessa. Niihin valmistauduttiin jo ajoissa. Tiistaina lokakuun 20 p:nä 1931 kerrottiin *Kajaani*-lehdessä Kajaanin kaupungin työseuran kokoontumisesta, jossa oli jo tulevan vuoden herättäjäjuhlat esillä:

> Viime tiistai-iltana kokoontui Hannes Korhosen luona Herättäjäyhdistyksen työseura runsaslukuisena... Puhuivat m. m. rovastit Eljas Lönnrot, Max Katavisto, J. J. Mustakallio ja kansanopiston johtaja Armas Antila. Valittiin ensi vuoden Herättäjäjuhlaan juhlatoimikunta, johon 22 henkeä. Valitaan myöhemmin muut toimikunnat, kuten ravinto, majoitus-, kanslia- ja koristelutoimikunta ym.[449]

Herättäjäjuhlien paikkana oli seminaarin kenttä. Majoituspaikkoina olivat yksityisasuntojen lisäksi yhteislyseo, kaksi kansakoulua ja työväentalo. Juhlien talkoolaisina oli heränneiden lisäksi paljon muitakin kaupunkilaisia. Mukana olivat myös Kainuun kansanopisto, Kajaani Oy, Lotta-yhdistys ja rajavartio-osasto. Se, että Kajaani Oy:n johtaja Wichman kuului heränneisiin, vaikutti siihen, että Kajaani Oy lahjoitti lankkuja seurapaikan penkeiksi jne.[450]

Juhlakansaa Kajaanin herättäjäjuhlilla seminaarin kentällä 6.7.1932. (H-Y:n arkisto)

Juhlia vietettiin kolmena päivänä. Perjantai-illan aattoseuroissa puhuivat Kajaanin kirkkoherra Max Katavisto, Lääninrovasti, Sotkamon kirkkoherra Eljas Lönnrot ja pastori Jafet Räty, Ristijärven kirkkoherra V. A. Malmberg ja talonomistaja Hannes Korhonen Kajaanista.[451]

---

[449] *Kajaani* 20.10.1931.
[450] *Tuovinen* 1971, 53—54.
[451] *Kajaani* 2.7.1932 Herättäjäjuhlat. Juhlien ohjelma; Liite 8.

Lauantain aamuseuroissa puhuivat kansanopistojen johtajat Armas Antila, Juho Kytömäki, Vilho Pesonen ja Jaakko Lammi sekä maisteri Erkki Kurki-Suonio sekä diakonissalaitoksen johtaja Otto Korpijaakko (entinen Stenij). Kajaanin kirkossa pidetyssä juhlajumalanpalveluksessa saarnasi Oulun hiippakunnan piispa Juho Rudolf Koskimies. Alttarilla olivat kirkkoherra Matti Markkanen ja pastori Jussi Sinnemäki. Hetikään kaikki 5000 juhlavieraasta eivät mahtuneet silloin kirkkoon, vaan osa heistä seurasi sitä kahden kovaäänisen välityksellä kirkon ympärillä olevassa kirkkotarhassa. Juhlapuheen seminaarin kentällä piti kouluneuvos Matti Pesonen. Sitä ennen veisattiin virsi "Meidän linnam' on Jumal' taivaast'. Iltapäiväseurojen puhujina olivat kauppias J. K. Kuoppala, maanviljelijä Paavo Tiihonen, kirkkoherrat Kosti Kankainen ja Arvi Malmivaara sekä H-Y:n matkapuhuja Aukusti Räty. Illalla Herran Pyhän Ehtoollisen vietossa rippisaarnan piti kirkkoherra Sulo Rantanen. Alttarilla palvelivat pastorit Jorma Sipilä ja Eino Seppo.[452]

Herättäjäjuhlien ehtoollisen vietto Kajaanin kirkossa 6.7.1932. (H-Y:n arkisto)

---

[452] *Kajaani* 2.7.1932 Herättäjäjuhlat. Juhlien ohjelma; Liite 8.

Sunnuntain aamuhartaudessa saarnasi asessori K. R. Kares. Päiväseuroissa puhuivat lehtori Vilho Tikanoja, pastorit J. Järvi, Eemil Ponsimaa ja Eero Linnola, kirkkoherra Väinö Malmivaara sekä yllättäen "lähetyssaarnaaja" Heikki Saari. "Päättäjäisseuroissa" olivat puhujina pastorit Toivo Laitinen, Kalevi Vihma ja Arvi Simojoki, lehtori Uuno Seppo ja toimittaja Oskari Vihantola Lapualta.[453]

Herättäjäjuhlat ovat olleet isolla joukolla järjestetty suurtapahtumia, joissa on talkoissa ja juhlavieraina ollut mukana muitakin kuin heränneisiin kuuluneita. Kouluneuvos Matti Pesonenkin oli havainnut, miten myötämielisesti Kajaanin kaupunki, Kainuun lehdistö ja kansa olivat juhliin suhtautuneet. Hän kirjoitti *Hengelliseen Kuukauslehteen*:

> Kajaanin herättäjäjuhlille antoi erikoisleiman se, että koko kaupunki, eikä vain sikäläisten heränneiden pieni joukko otti juhlan vastaan. Juhlan valmisteluihin, majoitukseen ynnä moniin muihin juhlan aiheuttamiin tehtäviin otti osaa moni, joka tavallisissa oloissa ei ole mukana heränneiden seuraelämässä. Että Herättäjäjuhla oli otettu yleisemmältä kannalta, näkyi heti alussa parista silmiinpistävästä seikasta. Toinen oli kaupungin, varsinkin sen valtakadun koristaminen valtakuntamme sinivalkoisin ristilipuin. Toinen Kajaanin sanomalehtien hyväntahtoinen ja myötämielinen suhtautuminen juhlaan..[454]

Juhlilla on ollut myös Herättäjä-Yhdistyksen toiminnalle suuri taloudellinen merkitys. Kajaanin herättäjäjuhlien juhlatuloja oli 17312,15 mk (ruoasta, majoituksesta ym.) ja kolehtituloja 2486,40 mk. Lisäksi tuli varoja Liivin Raamattujen kustantamiseen 2998,90 mk ja ulkolähetystyöhön 2525,75 mk.[455]

Herättäjäjuhlilla oli erikoisen suuri merkitys herännäisyyden tunnetuksi tulemiseksi Kainuussa. Kuten edellä on tullut esille, maakunnalliset "isot seurat" Herättäjä-Yhdistyksen vierailijoineen yleistyivät Kainuussa huomattavasti niiden jälkeen.

---

[453] *Kajaani* 5.7.1932; *Kares* 1952, 426, 490–491, 498; Liite 8.
[454] *HK* 1932, 122.
[455] *HK* 1933, 212.

Uusi arveluttaa

Jaakko Haavio toteaa *Tutustumme Siionin virsiin* -kirjassa:

> Malmivaaran arvovalta ja hänen nauttimansa luottamus oli niin suuri että laajoissa herännäispiireissä "vanha Sioni" vaivattomasti vaihtui uuteen. Ennakkoluuloja ja epäilyjä oli vain eräillä eristetyillä syrjäseuduilla. Lisäksi oli − kuten tämäntapaisia uudistuksia toteutettaessa aina on − vanhoillista ainesta, joka pitää sananmuotoa sisältöä tärkeämpänä ja korjaustyötä siis tarpeettomana. Tietysti siinä näkyy myös pyhä arkuus ja huoli, ettei pyhästä perinnöstä menisi mitään hukkaan.[456]

Ilmeisesti Kainuu oli sitä "eristettyä syrjäseutua", mistä Jaakko Haavio puhuu. Tutut hartauskirjat ja virret olivat siellä hyviksi todettuja, katekismus ja virret usein ulkoa opittuja. Vanhan arvostus ja uuden vieroksunta on ollut tuttua ja katsottu johtuvan ihmisen luontaisesta uudistusvastarinnasta. Kun kainuulaiset eivät helposti omaksuneet uutta arkielämässään, he vierastivat virkamiesten tuomia virtauksia uskonnollisuudessaankin. Uuden herännäisyyden leviäminen seurakuntiin sai vastustusta siellä, missä vanha herännäisyys oli vielä tuttua. *Olavi Moilasen* mukaan vieroksuminen johtui "herännäisten jähmeäliikkeisyydestä".[457]

Kainuulaisten vanhoillisuus saattoi johtua myös "vaivalloisesta lukemisesta". *Ilkka Huhdan* mukaan Itä-Suomessa lukutaito oli 1800-luvulla vielä puutteellista. Ulkoa opitut virret olivat rakkaita ja niitä oli helppo veisata.[458]

Uuden vastustamisessa oli edellistä painavampiakin syitä. Uusi oppi nähtiin vanhaan ja totuttuun uskonkäsitykseen verrattuna liian helppona ja jopa maailmallisena. *Edvard Merikari* kirjoitti marraskuussa 1928 *Kainuun Sanomien* artikkelisarjansa *Herännäismuistoja Kajaanin puolelta* lopuksi seuraavaa:

> Minua tietysti suuttuen luetaan, jos minä nämä muisteloni lopetan kysymyksellä, itse siihen vastausta tahtomatta antaa, onko nyt, kun yli maan on alkanut uusi herännäisyys elpyä ja virkistyä, siinä ilon vai surun aihetta, että tämä uusi herännäisyys näinkin hyvin kelpaa maailmalle. Sata vuotta sitten olivat heränneet vainottuja. Heitä vedettiin oikeusistuimen eteen ja käräjätupiin vastaamaan surutonta maailmaa häiritsevästä esiintymisestään. Nyt on melkein muodissa kuulua heränneisiin. Nyt, kun heränneet kokoontuvat yhteen, maan mahtavimmat kirkot ovat avoinna heille ja esipappeineen ja piispoineen kunnioittavat heitä, kun taas ennen he joutuivat maaherroin vihoihin ja nimismiehen ja järjestysvallan silmälläpidon alaisiksi.
> Mistä tämä muutos? Ennen suruton kansa liittyi heränneisiin ja liittyi raskaan ja vaikean sisäisen kampailun välityksellä. Nyt heränneiden kokouspaikat ainakin jossakin seuduin täyttävät siveät, entuudestaan jo jonkunlaisen kristillisen vaikutuksen alaiset ihmiset. Liitytään heränneisiin niin vain mukaviksi, tullaan ja

---

[456] *Saarelma−Maunumaa* 1993,127−128.
[457] *Rytkölä* 1998, 48; *Moilanen* 1987, 110.
[458] *KS* 10.11. 1928. Herännäisyysmuistoja Kajaanin puolelta; *Huhta* 2001, 68; *Viitaniemi* 2007, 96−97.

lähdetään itseensä yhtä tyytyväisinä, kuin on ainakin oltu. Ei näitä suurestikaan vaikuta maailman suruttomuus eikä suruton maailma heidän hyvää maailmaansa tahdo häiritä. – Lisäksi kuuluu suuriin joukkoihin meitä, jotka joko äidin tai isän perintönä tunnemme mieltymystä heränneisiin, vaikka eivät olisi itse koskaan mieskohtaisesti taistelleet kysymyksen edessä, miten minä autuaaksi tulisin. He ovat "heränneitä" isänsä ja äitinsä veressä.

Mutta kiitos Jumalan, on siellä joukossa kai kivulla syntyneitäkin ja kivun lapsista armon lapsiksi Herran kasvattamia... [459]

Ensisilmäyksellä voisi luulla, ettei tämä uuden herännäisyyden arvostelija tiennyt koventikkeliplakaatista mitään. Näin ei kuitenkaan ollut. Hänen asiantuntemuksensa näkyy jo siinä, että hän käytti uudistuneesta herännäisyydestä nimitystä uusi herännäisyys, jota eivät edes kaikki Kainuun papitkaan 1920-luvulla käyttäneet.[460]

Valtioneuvoston kirjapainon kirjanpitäjä *Edvard Merikari*, nuoruudessaan Asp (1869–1953), oli ollut maanviljelijänä Puolangalla ja tuntenut lapsuuskotinsa perintönä "mieltymistä heränneisiin". Myöhemmin hän oli toiminut opettajana, Uuden Suomettaren toimittajana, Yhdysvalloissa Amerikan suomalaisten lehtien toimittajana ja Suomeen palattuaan Suomen Lähetysseuran kustannusliikkeen "päätoimisena hoitajana". Hän oli myös kirjoittanut useita hengellisiä kirjoja. *Kainuun Sanomien* lisäksi hän avusti paikallishistoriaa koskevilla kirjoituksillaan myös sanomalehti *Kalevaa*.[461]

Ristijärvellä oli eniten uuden herännäisyyden vastustajia. Ristijärveläisen Anna Oikarisen mukaan "kirjariita oli hirveä, ja se teki hallaa".[462]

Suomussalmellakin uudet kirjat saivat aikaan pahennusta. Uutta virsikirjaa ja "uutta Siionia" ei heränneiden seuroissa käytetty. Kun Paavo Lassila, joka itse oli vanhojen kirjojen kannalla, otti 1800–1900-lukujen vaihteessa kirkkoherra Calamniukselle kuuliaisena uuden virsikirjan ja kristinopin kiertokoulun käyttöön, jotkut heränneet, jopa hänen ystävänsä loukkaantuivat ja erosivat hänestä. Lassila oli heidän mielestä luopunut oikeasta uskosta, kun "lähti oppineitten uutuuksia seuraamaan".[463]

Suomussalmen heränneisiin lukeutuneet pyhäkoulunopettajat olivat luvanneet lopettaa uusien kirjojen vuoksi pyhäkoulun pidon. Kun Kalle "Näyhä" Juntunen oli piispantarkastuksessa sanonut piispa Johanssonille, ettei "tykkää" uusista kirjoista

---

[459] *KS* 10.11. 1928. Herännäisyysmuistoja Kajaanin puolelta.
[460] TUMA K Tilastot. Yleiskertomukset seurakunnista synodaali- ja kirkolliskokoukselle 1922–1927. Ka 2. Kirkollisellapohjalla syntyneet hengelliset liikkeet. Liite 11.
[461] http://fi:wikipedia.org/wiki/Edvard_Merikari.
[462] SKSK KKA XVI 5, XIX 1. Ristijärvi 5. Anna Oikarinen; *Arffman* 2004, 503–506, 508.
[463] SKSK KKA XX. Suomussalmi 8. Herman Juntunen; *Järvilehto* 1954, 18, 19, 52–53.

eikä "rupea enää pyhäkoulussa opettamaan", jos ne otetaan käyttöön, piispa oli vastannut: "Vanhoja se minäkin veisailen tuolla kotona".[464]

A. B. Calamniuksen jälkeen toimi Suomussalmella virkaa tekevänä kirkkoherrana vuosina 1915–1916 vanhoillislestadiolaisiin kuuluva Oskari Jussila. Hän kirjoitti vuonna 1915 Juho Koskimiehelle, että hänen uudessa seurakunnassaan on "persoonallisen kristillisyyden alalla valveutuneimpia", jotka halusivat, että rippikouluopetuksessa vielä käytettäisiin vanhaa vuoden 1701 virsikirjaa ja uuden kristinopin sijasta *Johan Möllerin* katekismusta.[465]

Nämä valveutuneimmat olivat vanhoihin heränneisiin kuuluneita. Heihin lukeutunut Kalle Tolonen eli Toppisvaaran Kalle on kertonut, että muutamat hänen kyläläisistään eivät lähettäneet lapsiaan rippikouluun, koska siellä ei käytetty *Möllerin* katekismusta. Oskari Jussila halusi ottaa huomioon heränneiden toiveet. He ovat todenneet: "Jussila-pappi oli lestadiolainen, mutta toimitti hyvin asiat".[466]

Myös Kainuun ainoassa kaupungissa, Kajaanissa oli erimielisyyksiä uusista kirjoista. Johannes Väyrynen kirjoitti Wilhelmi Malmivaaralle pian sinne tultuaan, vuonna 1895 pyytäessään häneltä seuroihinsa "uuden Siionin" nuottikirjaa:

> Lähetä sinä se minulle, haluaisin niitä oppia laulamaan. Joku ehkä rupeaisi, vaan toiset eivät rupea, vaikka mikä olisi. Paljon on väitettä uusista ja vanhoista kirjoista.[467]

Seuraavan vuoden lokakuussa Väyrynen taas valitti seuraväestään Malmivaaralle:

> Joukko hajoaapi – perkele on huomannut meidät täällä ja pannut seulaan. Rakkaus uhkaa kylmetä ja vikova mieli rupeaa murhaamaan toisiaan. Kirjat ovat pahennus, tuo uusi Sijoni…. Kireällä on maailman ja meidän väli; ei sanariitanen vaan leiriytynyt. En oikein mielelläni mene joka paikkaan seuran pitoon…[468]

---

[464] SKSK KKA IX. Suomussalmi 1. Johannes Haapalainen s. 1878; 2. Kalle Tolonen (Toppisvaaran Kalle) s.1892.
[465] *Tapaninen* 2007, 86.
[466] SKS KKA XX. Suomussalmi 2 Kalle Tolonen.
Tapaninen 2007, 86.
[467] KA SKHSA VI 41–60. WM. Wäyrynen Malmbergille 11.1.1895.
[468] KA SKHSA VI 41–60. WM. Väyrynen Malmbergille 15.10.1896.

Kainuun uudistunut herännäisyys usein vain osittain uutta

Herännäisyys uudistui Kainuun monissa seurakunnissa 1930-luvun loppuun mennessä vain osittain. Uskonkäsitykseltään se säilyi monesti vanhan kaltaisena ja muuttui vain Herättäjä-Yhdistyksen johtaman organisaation ja toiminnan kannalta. Täysin uutta herännäisyyttä tavattiin Etelä-Kainuussa kansanopiston lähistöllä.[469]

Kun herännäisyys ei uudistunut kokonaan, katsottiin, että se vain virkistyi herännäishenkisen papiston ja kansanopiston myötä. Vielä vuosien 1927—1931 seurakuntakertomuksissa sidotaan vanha herännäisyys Kainuun kansanopiston, uuden herännäisyyden "tyyssijan" yhteyteen. Esimerkiksi Paltamon seurakunnan yleiskertomuksessa mainitaan: "Vanha herännäisyys jonkin verran kasvamassa. Kainuun kansanopiston vaikutukset".[470]

Malmivaaralainen herännäisyys juurtui Kainuuseen hitaasti monesta syystä. Edellä on ollut puhe uuden vierastamisesta. Sen lisäksi Kainuun monilla paikkakunnilla vanha herännäisyys oli vielä arvossaan uuden sinne levitessä. Siellä luettiin *Kainuun Sanomista* "vanhojen heränneiden" Jaakko Heikkisen ja Salomo Pulkkisen sunnuntaikirjoituksia. Monet heränneet olivat 1930-luvullakin "vanhojen kirjojen käyttäjiä" vaikka he lukivat myös uusia Herättäjän kirjoja ja veisasivat uudistettuja *Siionin virsiä*. Myös seuroissa saattoivat vanhat postillat olla esillä. Seuroissa puhuivat usein myös arvostetut vanhat maallikot. Heiltä käytiin kysymässä neuvojakin. Kainuussa toimi vielä 1920- ja 1930-luvuilla ja myöhemminkin "vanhan herännäisyyden" pappeja, jotka hyväksyivät myös uuden herännäisyyden. Heidän saarnoissaan ja puheissaan vaikutti yhä laguslainen herännäishenki.[471]

Fr. Fr. Lönnrotin poika, Sotkamon kirkkoherra Eljas Lönnrot oli *Armas Antilan* mukaan "Oulun puolessa rakkauden hengessä hoidellut vanhan

---

[469] Aarne J. Kyllösen haastattelu 26.7.2010; *Karppinen* 1979. (Ensimmäinen painos ilmestynyt 1954.)

[470] TUMA K Tilastot. Yleiskertomukset seurakunnista synodaali- ja kirkolliskokoukselle 1922—1927. On otettava huomioon, että edellä vastattiin kysymykseen: "Vanhojen hengellisten liikkeiden (herännäisyys, evankelinen liike, lestadiolaisuus) leviäminen ja luonne seurakunnassa?

[471] SKSK KKA XVIII. Sotkamo 12 N. Kalle Aatami Rönty, s.1902; Puolanka 5. Paavo Kemppainen, s. 1901; TUMA K Tilastot. Yleiskertomus seurakunnista synodaali- ja kirkolliskokoukselle 1932—1936. Ka 50. Hengellisen kirjallisuuden käyttö. Tavallisimmat saarna- ja hartauskirjat sekä krist. aikakauskirjat ja sanomalehdet; Tilastot. Yleiskertomus seurakunnista synodaali- ja kirkolliskokoukselle 1937—1941. Ka 76. Hengellisen kirjallisuuden käyttö. Tavallisimmat saarna- ja hartauskirjat sekä krist. aikakauskirjat ja sanomalehdet; Heikkisen kirjoittamista hartauskirjoituksista kootusta kirjasta *Korven ääni* on otettu toinen painos vielä tarkasteluajankohdan jälkeenkin. *Korven ääni* 1976; *KS* 1939.

`laguslaisen` herännäisyyden jäännöksiä". *Olavi Kareksen* mukaan hän kuitenkin "iloitsi suuresti, kun uuden elämän merkkejä alkoi näkyä" ja oli "ikään kuin siltana vanhasta uuteen". [472]

Myös Puolangan papit Hannes Hyvärinen ja Väinö Tanskanen olivat tällaisia "sillan rakentajia". Hannes Hyvärisellä oli myytävänä vanhojen kirjojen lisäksi myös uutta Herättäjän kirjallisuutta. Hän tarjosi tilattavaksi Hengellistä Kuukauslehteä, johon hän kirjoittikin. Väinö Tanskanen edusti vanhaa herännäisyyttä, mutta oli myös Kainuun kansanopiston ystävä.[473]

Tarkasteluajankohdan jälkeen Puolangalla, Hyrynsalmella ja Kajaanissa kirkkoherrana ollut Aarne J. Kyllönen oli nuorena käynyt polkupyörällä ajellen naapurinsa ja ikätoverinsa Paavo Luukkosen kanssa kysymässä neuvoja Puolangan Naulaperän Uutelassa Aapeli Heikkiseltä.[474]

Myös uuden herännäisyyden tuojissa kuten Johannes Väyrysessä saattoi "asua" vanha herännäishenki. Kajaaniin tullessaan hän tunsi olevansa beckiläinen. Sen juuret ovat vanhan herännäisyyden tavoin saksalaisessa vanhapietismissä. *Kares* ei puhu hänen beckiläisyydestään, mutta toteaa, että hänellä oli saarnasta se "herännäisyydelle vieras käsitys, että teksti oli selitettävä joka puolelta".[475]

Väyrysen kirjeiden perusteella saa sen vaikutelman, ettei hän Kajaanissakaan oikein omaksunut malmivaaralaista herännäisyyttä. Hän kaipasi siellä entisiä asuinsijojaan, joissa hän oli päässyt "ystäväin valituksiin yhtymään", Se on ollut etenkin vanhalle herännäisyydelle ominaista. *Olavi Moilasen* mukaan oman huonouden valittamisella purettiin sisäistä ahdistusta ja saatiin lohdutusta seurojen puheista ja virsistä.[476]

Johannes Väyrysen sai ystävikseen Fr. Fr. Lönnrotin ja Antero Vartiaisen, joiden kanssa hän sai jakaa painojaan ja pääsi sisälle vanhaan herännäisyyteen. Hän kirjoittikin Malmivaaralle menevänsä "Ristijärvelle ukko Lönnrotia oppimaan".[477]

---

[472] KA SKHSA WM VI 41-60 WM. Wäyrynen Malmbergille 23.2.1895 ja 4.9.1895; SKSK KKA XVIII. Puolanka 7. Matti Mäkelä; XX. Puolanka 9. Pauli Johannes Virkkunen; HYA. Kustannus Osakeyhtiön Herättäjän kassakirja 1937–1945; *HK* 1900, 304; 1902, 48; 1913, 101; Herättäjä-Yhdistyksen joululehti, Talvikynttilä 1933; *Kares* 1952, 405, 523; *Hyyryläinen*, 1985, 543
[473] SKSK KKA XVIII. Puolanka 7. Matti Mäkelä; XX. Puolanka 9. Pauli Johannes Virkkunen; HYA. Kustannus Osakeyhtiön Herättäjän kassakirja 1937–1945; *HK* 1900, 304; 1902, 48; 1913, 101; *Hyyryläinen*, 1985, 543
[474] Aarne J. Kyllösen haastattelu 26.7.2010.
[475] *Kares* 1947, 52,54, 84 ja 1952, 52–59; *Taipale* 1980, 25–26; *Pulma* 1994, 253; *Arffman* 2004, 472; http://wikipedia.org/wiki/ Beckiläisyys.
[476] KA SKHSA WM VI 41-60 WM. Wäyrynen Malmbergille 23.2.1895.
[477] KA SKHSA WM VI 41-60 WM. Wäyrynen Malmbergille 4.9.1895; *Kares* 1947, 54.

Vanhan ja uuden herännäishengen ero tuli esille muun muassa silloin, kun Puolangan "ukot" valittivat Herättäjä-Yhdistyksen puhujalle Oskari Vihantolalle kiusoistaan ja tämä vastasi: "Te taidatte seurustella enemmän pirun kuin Kristuksen kanssa." Vihantola edusti uutta herännäisyyttä, mutta Puolangan "ukot" olivat vielä "vanhoja heränneitä". [478] Oliko Vihantolan karkean vastauksen tarkoitus ohjata huonoutensa tuntevia ja tunnustavia ukkoja Kristuksen armahdettaviksi?

Vanhaa herännäisyyttä oli 1900-luvun alussa muuallakin kuin Kainuussa. *Tuomas Kortelainen* kertoo kirjassaan *Hiilloksesta liekkiin*, että Iisalmen maalaiskunnassa, jossa vielä 1920-luvulla oli "ukkojen herännäisyyden heijastusta", oli kirkkoherra *Erkki Kurki-Suonion* mukaan herännäisyys "muuttunut malmivaaralaisesta alustaan toistupalaisuudeksi."[479]

Heränneet seurakunnassa

Kuopion hiippakunnan piispana vuosina 1939–1962 toiminut Eino Sormunen (1893–1972), on sanonut Kainuun kansan olevan uskonnollisessa mielessä "vakavaa, harrasta ja mietiskelevää". *Olavi Moilasen* mukaan Kainuun herännäisyys on vakavaa niin, että siitä usein puuttuu leikillisyys ja "iloittelu".[480]

Myös kirkkoherrojen 1930-luvulla laatimissa Säräisniemen, Vuolijoen, Kuhmon, Hyrynsalmen, Puolangan ja Suomussalmen yleiskertomuksissa ilmoitetaan seurakuntalaisten uskonnollisen elämän luonteen olevan vakavaa. Sotkamossa ja Ristijärvellä sanotaan sen olevan kirkollista ja Kajaanissa valoisaa.[481]

Kainuun kansanopistolla oli siihen vaikutuksensa, koska siellä ohjattiin oppilaita vakavaan kristillisyyteen. Haastateltujen mukaan sen käyneet jopa herättivät Puolangalla huomiota vakavuudellaan ja hiljaisuudellaan. Heistä sanottiin, etteivät he uskalla puhuakaan, "jos se on synti". [482]

Herännäisyys on tullut herännäispappien mukana Kainuun seurakuntiin miltei huomaamatta. *Olavi Moilasen* mukaan se on "seuloutunut Kainuuseen pappien

---

[478] *Kares* 1947, 105–106; *Hyyryläinen* 1985, 544; http://fi:wikipedia.org/wiki/ Oskari Vihantola.
[479] *Kortelainen* 1986, 146.
[480] *Moilanen* 1987 110; *Antikainen* 2009, 15.
[481] TUMA K Tilastot. Yleiskertomus seurakunnista synodaali- ja kirkolliskokoukselle 1932–1936. Ka 50. Uskonnollisen elämän yleinen luonne.
[482] SKSK KKA XIII 1. Puolanka 5. Paavo Kemppainen; 8. Anna Stiina Heikkinen; 10. Janne B. Virrankari; 15. N. Väinö Ruonakangas; XX 16; Puolanka 9. Pauli J. Virkkunen; *Hyyryläinen* 1985, 542; *Moilanen* 1987 110; *Antikainen* 2009, 15. Liite 4.

kautta ja taannut sen ajatusmallin leviämisen kirkollisena mallina". Niinpä useat heränneet eivät ole edes tienneet olevansa heränneitä, vaan ovat sanoneet olevansa tavallisia kirkkouskovaisia. Suomussalmen kirkkoherra Toivo Janhonen ilmoittaa vuosien 1927–1931 seurakunnan yleiskertomuksessaan, että herätysliikkeistä on "herännäisyyttä vallalla" ja että siihen pohjautuu "seurakunnan elämäkin".[483]

Heränneet yhteiskunnassa

Heränneiden edustajia valtiollisissa ja kunnallisissa tehtävissä

Heränneet olivat 1900-luvun alkupuolella niin paljon mukana yhteiskunnallisten asioiden hoitamisessa että he alettiin käsittää poliittisiksikin toimijoiksi. Tämän vuoksi Väinö Malmivaara kirjoitti vuonna 1931 *Hengelliseen Kuukauslehteen*:

> Joillakin tahoilla näyttää päässeen vallalle käsitys, että maamme heränneet ovat painuneet syvästi politiikan pyörteisiin. Niin ei ole asia. Heränneiden yhdyskunta, se, jossa he ovat sydänjuuriansa kiinni, ei ole täällä maan päällä, vaan taivaassa...[484]

Kainuun kansanopiston johtaja *Aarno Pesonen* oli osallistuttuaan vapaussodassa ja käytyään Vienan Karjalan retkellä saanut innostuksen politiikkaan. Hän oli vuosina 1919–1923 maalaisliiton edustajana eduskunnassa.[485]

Hänellä oli paljon muitakin yhteiskunnallisia tehtäviä. Hän toimi Paltamon kunnanvaltuuston puheenjohtajana ja muissa kunnallisissa ja vapaan sivistystyön luottamustoimissa. Hän osallistui muun muassa Osuusliike Maakunnan toimintaan ja nuorisoseuratyöhön. Lisäksi hän oli vuonna 1917 perustamassa *Kainuun Sanomia* ja kuului sen toimitukseen. Varsinkin vuonna 1919 hänelle tulleet kansanedustajan tehtävät saivat aikaan sen, ettei hänellä ei ollut enää aikaa eikä voimia tarpeeksi paneutua kansanopiston asioiden hoitamiseen. Niinpä hän siirtyi vuonna 1921 sanomalehti *Liiton* toimitussihteeriksi Ouluun. Vuosina 1923–1927 eli elämänsä loppuvaiheessa hän toimi vielä Peräpohjolan kansanopiston johtajana.[486]

---

[483] TUMA K Tilastot. Yleiskertomus seurakunnista synodaali- ja kirkolliskokoukselle 1927–1931, Ka 26. Kirkollisella pohjalla syntyneet hengelliset liikkeet; *Moilanen* 1987, 109.
[484] HK 1931, 176. Heränneet ja politiikka.
[485] *Edustajamatrikkeli* 1982, 37, 460, 473; *Kares* I 1943, 401–409; *Heikkinen* 1986, 164, 312, 339; *Kemppainen & Pykäläinen* 2009, 37.
[486] *Maunumaa & Ranta* 1959, 8, 11; *Keränen* 1977, 239–240; *Karttunen,* 1981, 65; 1984, 27; *Ruuttunen* 1984, 46; *Kemppainen* 2008, 64. https://fi.wikipedia.org/wiki/Aarno Pesonen; *Kemppainen & Pykäläinen* 2009, 37.

Sotkamolainen maanviljelijä *Kusti Gerhard Arffman* (vuodesta 1935 *Arhama*, 1885—1957) oli maalaisliiton kansanedustajana vuosina 1917—1930, 1933—1944 ja tasavallan presidentin valitsijamiehenä vuosina 1925, 1931 ja 1950. Toinen sotkamolainen maanviljelijä *Johannes Korhonen* (1883—1955) oli eduskunnassa vuosina 1930 kevätkaudesta vuoteen 1932, eli sen kauden, jolloin Kusti Arffman oli sieltä poissa. Johannes Korhonen toimi Sotkamossa kansakoulunopettajana vuosina 1912—1952 ja lisäksi maanviljelijänä vuosina 1921—1955.[487]

Maalaisliiton kansanedustaja kirkkoherra *Toivo Janhonen* (1886—1939) oli suosittu poliitikko. Hän toimi Suomussalmen kirkkoherrana vuosina 1919—1935 ja Sotkamon kirkkoherrana vuosina 1935—1939 eli kuolemaansa saakka. Hän oli eduskunnassa vuosina 1924—1938 ja 1939, presidentin valitsijamiehenä vuosina 1925 ja 1937 ja sosiaaliministerinä vuosina 1936—1937. Jotkut seurakuntalaiset pitivät häntä heränneisiin kuuluneena, mutta hän ei lukeutunut mihinkään herätysliikkeeseen. Hän ei puhunut Kajaanin herättäjäjuhlilla eikä Kainuun kansanopiston tilaisuuksissa, vaikka olikin heränneille ja opistoon myönteinen.[488]

Toivo Janhonen oli ennen Suomussalmelle tuloaan toiminut humanistisen (grundtvigilaisen) Kuusamon kansanopiston johtajana vuosina 1911—1915 ja Ristijärven seurakunnan väliajan saarnaajana vuosina 1915—1919. Kirkkoherran viran ja kansanedustajan tehtävien ohessa, hänellä oli monia muita luottamustoimia. Hän toimi muun muassa Suomussalmen kunnanvaltuuston puheenjohtajana.[489]

Kajaaniin vuonna 1919 muuttanut Kajaanin puutavara Oy:n maatalousosaston päällikkö ja sosiaalisen työn johtaja, agronomi *K. F. Lehtonen* (1883—1962), joka osallistui Kajaanin heränneiden toimintaan, oli kokoomuslainen kansanedustaja vuosina 1933—1935 ja 1943—1944. Hän oli myös Presidentin valitsijamies vuosina 1937, 1940 ja 1943 sekä mukana lukuisissa muissa luottamustehtävissä kuten Kajaanin maalaiskunnan kunnanvaltuuston jäsenenä, kirkolliskokousedustajana, laajennetun piispainkokouksen jäsenenä, Kajaanin maanviljelysseuran esimiehenä, Kainuun kansanopiston johtokunnan, Seppälän maamieskoulun johtokunnan ja Helsingin Seuratupayhdistyksen hallituksen jäsenenä.[490]

---

[487]Maija Partasen puhelinhaastattelu 25.10. 2010; *Edustajamatrikkeli* 1982, 37, 272; *Heikkinen* 1998, 219, 220.
[488] SKS KKA XIX. 3, 4. Suomussalmi 8. Herman Juntunen; *Edustajamatrikkeli* 1982, 189; *Heikkinen* 1998, 219.
[489] *Edustajamatrikkeli* 1982, 189; *Turpeinen* 1992, 355.
[490] *Edustajamatrikkeli* 1982, 329; *Tuovinen* 1971, 47—48; *Pulma* 1994, 256..

Eljas Lönnrot osallistui poliittiseen toimintaan ja oli kokoomuslaisten kansanedustajaehdokkaana vuosina 1919 ja 1922 järjestetyissä vaaleissa, mutta tuloksetta. Heränneet kokoomuslaiset pappismiehet, jotka kuuluivat ensin vanhasuomalaisiin ja olivat valmiita kriisien ratkaisemiseksi myöntymään Venäjän vaatimuksiin, eivät saaneet kansanedustajapyrkimyksissään tarpeeksi kannatusta.

Säräisniemen kirkkoherra *Johannes Jaakko Mustakallio* (1876–1936), muistetaan myös maallisten asioiden hoitajana. Hän oli kunnanvaltuuston jäsen, kunnan ja säästöpankin tilintarkastaja, köyhäinhoitolautakunnan ja paloapuyhdistyksen jäsen sekä kirkonkylän kansakoulun johtokunnan puheenjohtaja. Hän pyrki vuonna 1929 Kansallisen Kokoomuksen vaalilistoilla eduskuntaan, mutta ei tullut valituksi. Eljas Lönnrot ja Mustakallio eivät olleet liian innokkaita politikoinnissaan, koska ei ilmene, että heitä olisi siksi paheksuttu.[491]

Jaakko Heikkinen, ristijärveläinen maanviljelijä ja herännäismaallikko, toimi Ristijärven Pyhännän kylän köyhäinhoidon tarkastajana ja oli mukana monissa kunnan taloushankkeissa ja luottamustoimissa. Hän kävi esimerkiksi 1930-luvun puolivälissä *Salomo Pulkkisen* kanssa Helsingissä "karvalakkilähetystön" joukossa esittämässä Siltasuon seisakkeen rakentamista Ristijärvelle.[492]

Porvarillisen Suomen puolesta

Kainuuseen 1920-luvun lopulla ja 1930-luvulla tulleet nuoret papit pysyivät isänmaalliselle aatteelleen uskollisina myös virkapaikoillaan. Jafet Räty, Otto Stenij, Uuno Seppo, Eino Seppo, Kaarlo Aulis, W. A. (Wilhelm Alarik) Malmberg, Aulis Savolainen, Johannes Jaakko Mustakallio ja Toivo Liimatta toimivat Suojeluskunnan kenttäpappeina.[493]

Kainuussakin herätti huomiota oikeistolaisten toiminta vasemmistoa vastaan 1930-luvulla. Maaliskuun puolivälissä vuonna 1930 kommunismin vastainen lapuanliike organisoitui Suomen Lukko -järjestön yhteyteen. Se yhdisti heimo-aktivisti- ja rintamamiesjärjestöt samaan "kapina-liikkeeseen". Sen valtuuskuntaan tuli toistakymmentä maalaisliittolaista, esimerkiksi aluksi Kainuun Sanomien

---

[491] Vuosien 1919, 1922 ja 1929 eduskuntavaalien ehdokaslistojen lopulliset yhdistelmät Oulun läänin eteläisessä vaalipiirissä; *Heikkinen* 1986, 209.
[492]Http://www.heikkistensukuseura.fi. Heikkiset Kainuun asuttajina ja vaikuttajina.
[493] SKSK KKA XX. Sotkamo 16. Matti Artturi Moilanen; XIX. Vaala 12. Helmi Maria Mustakallio; Matrikkeli 1953, 333, 464, 482; *Hyyryläinen* 1973, 52; *Bucht* 1975, 32; *Heikkinen* 1986, 249; *Pulma* 1994, 178, 180; *Väisänen* 2002, 63, 65, 74–75, 95.

päätoimittaja Jussi Kukkonenkin. Suomen Lukon Kainuun piiri ja sen Kajaanin paikallisosasto perustettiin Sissilinnassa 8.8.1930. Piiritoimikuntaan valittiin mm. heränneisiin kuuluneet Kajaanin Oy:n toimitusjohtaja Assar Wichman ja agronomi K. F. Lehtonen.[494]

Lapuanliike järjesti 7.7.1930 Helsingissä niin sanotun talonpoikaismarssin kommunistien laittoman toiminnan lopettamiseksi. Talonpoikaismarssilla haluttiin tehostaa myös avunantoa hallitukselle. Talonpoikaismarssi -ajatus oli lähtenyt tiettävästi K. R. Karekselta. Hän oli ottanut esikuvakseen Ruotsin talonpoikien marssin vuonna 1914. Sekä Suomen että Ruotsin kokoontumisella oli myös uskonnollinen painotus.[495]

Kainuusta osallistui marssiin Savo-Kainuun pataljoonan neljäntenä eli Kainuun komppanina 101 miestä. Marssille lähteneiden joukossa oli vain muutama heränneisiin lukeutunut, vaikka useimmat herännäisyyden johtomiehet kannattivat lapuanliikettä. Se saattoi johtua siitä että *Kainuun Sanomat* otti liikkeeseen kielteisen kannan.[496]

Lapuanliike menetti muuallakin suosionsa, ja se lakkautettiin kevättalvella 1932 ja Sen "poliittiseksi perilliseksi" perustettiin saman vuoden kesäkuussa Isänmaallinen kansanliike (IKL). Suomen lukon ja porvarillisten puolueiden ensimmäisenä tavoitteena olivat kommunistivapaat vaalit. Koska maalaisliittolaiset paheksuivat jyrkästi kyyditys- ja väkivaltapolitiikkaa, lapualaisjohto kielsi ennen vaaleja kyyditykset. Lapualaiskampanjassa pyrittiin puutavarayhtiössäkin "valkaisemaan" työväkeä tilaamalla sille *Kajaani*-lehteä, järjestämällä oma huoltotyö, tukemalla suojeluskuntatoimintaa ja tiukalla poliittisella kontrollilla. Tämä sai aikaan sen, että tänä epävarmana työllisyysaikana "punainenkin" muuttui "valkoiseksi".[497]

Kajaanissa kuten yleensä Suomen puunjalostusteollisuuden johdon piirissä tuettiin kokoomusta. Heränneisiin lukeutunut kokoomuksen kansanedustaja K. F. Lehtonen sanoo vuonna 1936 ilmestyneessä Kajaanin Puutavara Oy:n historiakirjassaan, etteivät aikanaan oivalliset "lapualaisajan suorasukaiset toimenpiteet", enää tepsineet. Kun kiihkeästi lapualaisliikettä kannattanut johtaja

[494] *Isohookana-Asunmaa* 1980, 151; *Pulma* 1994, 197.
[495] *Nieminen* 1980, 150–153; *Selen* 1991, 220–223.
[496] *Kokko*, 119–120; *Isohookana-Asunmaa* 1980, 151–155; *Nieminen* 1980, 153, 157–159; *Heikkinen,* 1986, 259–260.
[497] *Isohookana-Asunmaa* 1980, 155; *Pulma* 1994, 197; *Murtorinne* 1995, 133.

Asser Wichman vuonna 1934 muutti pois ja hänen tilalleen tuli Niilo Kanto, toimenpiteet muuttuivat entistä kohtuullisemmiksi.[498]

Vuosikymmenen alussa ja puolivälissä Isänmaallinen kansanliike (IKL) oli yleensäkin Suomen papiston suosiossa. Ainakin se oli sille myötämielinen. Lapuan liike ja Isänmaallinen kansanliike taisteli jumalankielteisyyttä vastaan. IKL oli 1930-luvulla puolue, joka taisteli laillisuuden, kirkon ja "isien uskon " puolesta. IKL ei kuitenkaan ollut ainoa eduskuntapuolue, johon kuului pappeja. Heitä oli myös maalaisliiton ja kokoomuksen eduskuntaryhmissä. Vuosikymmenen lopulla IKL oli menettänyt kannatustaan niin, että se sai vuoden 1939 vaaleissa vain kahdeksan kansanedustajaa. Heidän joukossaan oli yksi pappi (K. R. Kares). Tällä oikeistoradikaalilla puolueella oli vastustajiakin arkkipiispa Ingmania ja hänen seuraajaansa Kailaa myöten. Heidän mukaansa papiston ei tulisi antautua puoluepoliittisiin pyrkimyksiin. Saksan kirkkotaistelu nähtiin siitä varoittavana esimerkkinä. Poliittiset vastustajat kuuluivat muun muassa kokoomukseen ja maalaisliittoon, jotka olivat menettäneet ääniä IKL:lle.[499]

Sotkamossa Jafet Räty oli lapuanliikkeen mies. Hän oli muistitiedon mukaan perustellut kantaansa kommunistien jumalankielteisyyden vuoksi. Kyydityksiä ei Sotkamossa järjestetty, vaikka se oli niiden läpikulkumaastoa.[500]

Puolangalla taas kirkkoherra Väinö Tanskanen oli mukana IKL:n toiminnassa. Siksi IKL oli siellä voimakkaasti esillä, vaikka sitä vastustettiinkin seurakuntalaisten taholta. Muistitiedon mukaan erikoisesti Väyrylän kylällä oli innokkaita lapuanliikkeen kannattajia, vaikka siellä oltiinkin 1930-luvulla pääasiassa maalaisliittolaisia. Törmänmäessä taas oltiin IKL:ää vastaan. Tanskasen jälkeen vuonna 1935 kirkkoherraksi tullut Toivo Laitinen tiedettiin seurakuntalaisten keskuudessa innokkaaksi suojeluskuntalaiseksi. Sitäkin monet paheksuivat.[501]

Kajaanissa uskonnon lehtori Uuno Seppo oli lapuanliikkeen innokas kannattaja ja suojeluskuntalainen. Hän ei kuitenkaan osallistunut kyydityksiin. Hän kuului myös IKL:ään ja "piti mustaa paitaa"' mutta osasi pitää hyvät välit myös

---

[498] *Tuovinen* 1971, 96; *Pulma* 1994, 197–198.
[499] *Heinonen* 1965, 56–58, 76-78; *Selin* 1991, 241–242; *Murtorinne* 1995, 133–136; *Keskinen* 2000, 61, 64.
[500] SKS KKA IV. Sotkamo 9 N. Kusti Rafael Korhonen; 12. N. Kalle Rönty; 16 N. Matti Moilanen.
[501] SKS KKA IV. Puolanka 6.Matti Keränen; 7. Matti Mäkelä. Haastatellun Eeva Leinosen mukaan isänmaan katsottiin olevan vaarassa ja näin ollen katsottiin velvollisuudeksi puolustaa vasta saatua vapautta. . Puolanka 1. Eeva Leinonen;

työläisten kanssa. Hän perusti Kajaanin lyseon oppilaiden keskuuteen vuonna 1934 Sinimustat -järjestön paikallisosaston. Siihen kuuluivat heränneiden kuten agronomi K. F. Lehtosen ja talonomistaja Hannes Korhosen lapset. Heränneet leimattiin usein IKL -siksi. Kaikki Kajaanin heränneet eivät olleet yhtä mieltä asiasta.[502]

Sinimusta-järjestö oli IKL:n nuorisojärjestö, joka toimi vuosina 1933–1936. Sinimustat saivat paikalliskokouksissaan aatteellista koulutusta ja niissä harjoiteltiin käytännön taitoja. Juhlissaan Sinimustien laulu- ja lausuntakuorot esittivät isänmaallisia lauluja ja runoja. Valtakunnallisella tasolla pidettiin myös yhteyttä muiden maiden, kuten Saksan ja Italian veljesjärjestöihin.[503]

Vaikka IKL:ään kuului paljon heränneitä, kansanedustajia myöten ei heränneiden johtoportaassa nähtävästi hyväksytty. Pastori Elias Simojoki oli sen johtaja. Sinimustat saivat paikalliskokouksissaan aatteellista koulutusta ja niissä harjoiteltiin käytännön taitoja. Lisäksi järjestettiin valtakunnallisia kokouksia, marsseja ja kursseja. Juhlissaan Sinimustien laulu- ja lausuntakuorot esittivät

IKL:sten käyttämää mustaa paitaa. Tämän voi päätellä siitä, kun Ivar Lindroos oli lähettänyt *Hengelliseen Kuukauslehteen* sitä arvostelevan kirjoituksen ja kysynyt asiasta toimituksen mielipidettä, toimitus sanoi yhtyvänsä "täydellisesti" siihen. Ivar Lindroos kirjoittaa, ettei körttiläinen tarvitse "uutta pukua ilmaisemaan isänmaallista mieltään", sillä körttipuvun kantajat ovat muutenkin "tunnetusti ja tunnustetusti maamme kaikkein isänmaallisinta kansanainesta".[504]

IKL:ään ja maalaisliittoon lukeutuneiden välillä oli Kainuussa skismaa. Niinpä esimerkiksi Sotkamon "oikeistolapualaiset" eli nyt jo IKL:n kannattajat eivät olisi päästäneet siellä juhannuksena 1933 pidettyjen maakuntajuhlien juhlapuhujaksi maalaisliiton edustajaehdokasta, Suomussalmen kirkkoherraa Toivo Janhosta. Hän piti kuitenkin puheensa, joka sitten julkaistiin Kainuun Sanomissa.[505]

Suomen Pienviljelijäin Puolue (SPP) oli perustettu 12.5.1929. Se ei herättänyt Kainuussa erityistä huomiota, vaikka siellä oli paljon pienviljelijöitä.

---

[502] SKS KKA IV. 20. Kajaani 5. Hannes Tervonen; 14 N. Lauri Ruokonen; 16 N. Tyyne Katri Helenius. *Tuovinen* 1971, 93.
[503] Sinimustat -järjestöön sai liittyä kymmenvuotiaana. Viiteentoista vuoteen saakka kuuluttiin niin sanottuihin pikkusinimustiin. Kun nuori antoi 15-vuotiaana Sinimusta-lupauksen, hän kuului varsinaisiin Sinimustiin ja sai kantaa Sinimusta-merkkiä. Järjestöpukuun kuului musta paita ja sininen solmio, kuten IKL:n jäsenilläkin oli. Sen esikuvana oli Italian fasistien puku. Sininen ja musta olivat myös heränneiden ja Lapuan liikkeen tunnusvärejä. *Keskinen* 2000, 38.
[504] *HK* 1933, 254–255.Körttipuvusta ja mustasta puserosta.
[505] *KS* 8.6.1933, 1.7.1933.

Nuorisoseura edelleen heränneille paheksuttava

Puolangan kirkkoherraksi tuli vuonna 1921 herännäispappi Väinö Tanskanen. Hän kirjoitti seurakuntansa yleiskertomukseensa vuonna 1928: "Kevythenkiset iltamat vaikuttavat turmiollisesti. Monin paikoin nuori väki ei tottele vanhempia, vaan ottaa heiltä vallan". Myös Sotkamon kirkkoherra Eljas Lönnrot suhtautui nuorisoseuraan kielteisesti. Hän kirjoitti yleiskertomukseensa: "Nuoriso- ja työväen huvitiloissa ja kokouksissa on ohjelma usein köyhää ja pääasiallisesti vain tanssia". Paltamossa oli vuonna 1920 käsitelty asiaa kirkkoneuvostossa. Siellä oli todettu nuorisoseuralaisten herättäneen paljon pahennusta "remuavalla elämällä" ja päätetty koettaa ohjata heitä oikeaan elämään.[506]

Nuorisoseuraliike oli aluksi toiminut vakavalla pohjalla. Sen ohjelmana oli "Koti, Jumala ja isänmaa".[507] Pauli Virkkunen on kuitenkin sanonut:

> Maallisia yhdistyksiä ei ole osattu arvostaa. Nuorisoseuratoiminta on Puolangalla ollut vähäistä, eivätkä heränneet ole sitä erikoisesti suosineet, lestadiolaiset vielä vähemmän.[508]

Päätöksiä raittiusasiassa

Herännäisjohtajien taistelu väkijuomia vastaan ei onnistunut täydellisesti. *Olavi Kareksen* puhuessa kirjassaan *Heränneen kansan elämää* heränneiden raittiusasiasta hän sanoo, ettei "parannuksen asiasta tule koskaan valmista" ja että "lankeemukset eivät ole kilvoittelevan kansan keskuudessa harvinaisia poikkeustapauksia".[509]

Merkittävin henkilö tässä "raittiustaistelussa" oli Vartija-lehden toimittaja Elis Bergroth. Hänen johdollaan pappissääty teki vuonna 1900 aloitteen kunnallisen kieltolain säätämiseksi. Aloite ei johtanut tulokseen, kuten eivät monet muutkaan raittius-aloitteet. Kaikki papitkaan eivät olleet ehdottoman raittiuden puoltajia. Heistä mainittakoon arkkipiispa G. Johansson. Kieltolakiehdotuksia laadittiin useita. Muun muassa vuonna 1906 Raittiuden Ystävien päätoimikunnan asettaman komitean kieltolakiehdotus hyväksyttiin vuoden 1907 valtiopäivillä Wilhelmi Malmivaaran ehdotuksesta ilman äänestystä, mutta senaatti jätti sen raukeamaan. Vihdoin monien vaiheiden kautta astui kieltolaki voimaan 1.6.1919.[510]

---

[506]TUMA K, Yleiskertomus seurakunnista synodaali- ja kirkolliskokoukselle 1922–1927. Ka 3. Huomiota ansaitsevia seikkoja, joilla merkitystä siveellisyyteen.
[507] SKSK KKA XIX. Sotkamo 9 N. Kusti Rafael Korhonen; 16 N. Matti Artturi Moilanen.
[508] SKSK KKA XIX. Puolanka 9. Pauli Johannes Virkkunen.
[509] *Kares* 1932, 529.
[510] *Larkio* 1976, 9–13.

Vielä vuosina 1919–1920 kirkkoherrojen arviot kieltolaista olivat myönteisiä. Vain Muhoksen kirkkoherra S. A. Strömmer ja Hyrynsalmen kirkkoherra Toivo Liimatta olivat kriittisiä. Strömmerin mukaan kieltolaki ei perustunut kansan oikeustajuntaan, ja siksi sitä rikottiin hyvällä omallatunnolla. Liimatta taas sanoi, että kieltolaki oli "lamauttanut vakaumuksellisen työn ja saanut aikaan väärää luottamusta lain voimaan."[511]

Kieltolaki osoittautui epäonnistuneeksi. Koska se ei rakentunut kansan oikeuskäsitykselle, se vähensi lakien kunnioitusta. Näin se rasitti kohtuuttomasti oikeuslaitosta. Rannikkoseuduilla harrastettiin alkoholijuomien salakuljetusta ja - kauppaa. Sisä-Suomessa taas salapoltto oli yleistä. Tämä synnytti jo 1920-luvulla kieltolain arvostelua. Vaikeat taloudelliset olosuhteet lisäsivät kieltolain vastaista mielialaa. Porvarillisten puolueiden kieltolakirintama alkoi murtua maalaisliittoa myöten. Sosiaalidemokraatit pysyivät kieltolain kannalla. Kommunistivastainen lapuanliike asettui vuonna 1929 kieltolakiakin vastaan. Vuonna 1931 Sunilan II hallitus asetti komitean tutkimaan alkoholilainsäädännön ongelmia. Se esitti, että järjestettäisiin kieltolaista neuvoa antava kansanäänestys. Eduskunta yhtyi tähän mielipiteeseen, ja sitä koskeva laki hyväksyttiin 12.12.1931. Heti 29–30.12.1931 järjestettiin kansanäänestys.[512] Osanotto siihen näkyy seuraavassa taulukossa:

Taulukko 4. Äänestäneitä %:na äänioikeutetuista vuonna 1932.[513]

Kunta	Mp.	Np	K.
Kajaanin kaup.	71,6	43,5	61,6
Kajaanin mlk	51,3	38,7	45,1
Säräisniemi	58,3	34,5	47,2
Vuolijoki	44,6	26,4	35,2
Paltamo	44,8	30,9	38,4
Sotkamo	47,2	27,2	37,4
Kuhmoniemi	15,5	9,8	12,7
Ristijärvi	37,3	22,0	29,8
Hyrynsalmi	33,7	20,5	27,2
Suomussalmi	28,3	18,9	23,8
Puolanka	54,0	33,8	44,7
Suomen kaupungit	61,2	49,6	54,8
Suomen maalaiskunnat	50,8	33,7	41,9

Mp.= Miespuoliset äänestäjät, Np.=Naispuoliset äänestäjät, K.=Kaikki äänestäjät

Mielenkiinto äänestystä kohtaan oli Kainuussa Suomen keskiarvoa vähäisempi. Kuhmoniemellä äänioikeutetuista miehistä äänesti vain 15,7% ja naisista 9,8% eli kaikista äänioikeutetuista 12,7%. Huomio kiinnittyy muissakin kunnissa naisten

[511] *Larkio* 1976, 40.
[512] *Talonen* 1980, 338; *Selin* 1991, 238–239.
[513] SVT XXIX. Vaalitilasto C 1 1932, 6–11, 22–25.

laimeaan osanottoon. Pitkät matkat syrjäisillä seuduilla saattoivat myös olla syynä naisten vähäiseen osallistumiseen. Kuitenkin Puolangalla äänestysinnostus oli suurempi kuin keskimäärin koko Suomen maalaiskunnissa. Siellä äänioikeuttaan käytti 44,7 äänioikeutetuista, miehistä yli puolet. Kajaanin kaupungissa, jossa oli lyhyt matka äänestyspaikalle, äänesti siihen oikeutetuista miehistä 71,6% ja naisista 53,2%, eli 61,6% kaikista äänioikeutetuista.[514]

Kieltolain vastustajia oli koko Suomessa yli kaksinkertainen määrä puoltajiin verrattuna. Vastustajia oli 70,6% ja puoltajia oli 28,0%. Kaupungeissa vastustajia oli 77,6 ja puoltajia 21,4%. Maalaiskunnissa vastustajia oli 68,2% ja puoltajia 30,2%. Näiden välimuotoa, eli vain mietojen väkijuomien hyväksyjiä oli Suomessa vähän, kaupungeissa keskimäärin 1% ja maaseudulla 1,6%.[515]

Kainuussa äänestettiin suurin piirtein samalla tavalla kuin koko Suomessa keskimäärin. Poikkeuksiakin oli. Kainuussa mietojen alkoholijuomien sallimista puolsi suurempi joukko kuin keskimäärin Suomessa. Vuolijoella heitä oli 3,5% sekä Säräisniemellä ja Suomussalmella 2,7%.[516]

Kainuun äänestystulokset olivat seuraavat:

Taulukko 5. Eri vaihtoehtojen äänimäärät Kainuussa.[517]

Kunta	1 Mp.	1 Np.	1 Yht.	2 Mp.	2 Np.	2 Yht.	3 Mp.	3Np.	3 Yht.
Kajaanin kaup.	301	369	678	11	6	17	631	474	1105
Kajaanin mlk	167	171	338	9	5	14	266	148	414
Säräisniemi	144	91	235	10	9	19	303	136	439
Vuolijoki	46	43	89	7	3	10	126	63	189
Paltamo	305	261	566	12	9	21	297	120	417
Sotkamo	335	341	676	20	13	33	887	331	1218
Kuhmoniemi	89	86	175	7	1	8	182	83	265
Ristijärvi	96	98	194	4	2	6	143	37	180
Hyrynsalmi	30	25	55	1	5	6	167	89	256
Suomussalmi	125	109	234	10	14	24	414	210	624
Puolanka	103	77	180	8	9	17	554	267	821
Suomen kaupungit	16490	23800	40290	706	1087	1793	68814	77347	146161
Suomen maaseutu	85012	91867	176879	5327	3827	9154	250641	141491	400132

1= Kieltolain säilyttäminen, 2=Miedot väkijuomat laillistettaviksi, 3=Kieltolain kumoaminen
Mp.= Miespuoliset äänestäjät, Np.= Naispuoliset äänestäjät, K.= Kaikki äänestäjät

Ristijärvellä ja Paltamossa oli kieltolain puolustajia enemmän kuin vastustajia. Kajaanissa kieltolain puolustajia oli 37,7%, eli 16% enemmän kuin keskimäärin Suomen kaupungeissa. Erikoisesti naiset olivat puolustajia. Heitä oli Paltamossa

---

[514]Sama.
[515] Sama
[516] SVT XXIX. Vaalitilasto C 1 1932, 10–11, 22–23.
[516] *Kares* 1932, 128–130; *Larkio* 1976, 11.
[517] SVT XXIX. Vaalitilasto C 1 1932, 9–13, 24–25.

66,9% ja Ristijärvellä peräti 71,5%. Kajaanissa, Sotkamossa ja Kuhmoniemellä noin puolet naisista äänesti kieltolain puolesta. [518]

Kajaanissa, Paltamossa, Ristijärvellä olivat jo 1930-luvun alussa Wilhelmi Malmivaaran raittiusperiaatteet tunnettuja. Olihan Kainuun kansanopisto Paltamossa ja sen johtaja ja opettajat vierailivat usein näissä seurakunnissa. Lisäksi kirkkoherra Max Katavisto oli kieltolain puolella.[519]

Syy Kajaanin maalaiskunnan asukkaiden myönteiseen asenteeseen kieltolakia kohtaan löytyy ehkä politiikasta. Sosiaalidemokraatit olivat ottaneet kieltolain säilyttämisen puolueohjelmaansa. Ainakin Kajaanin maalaiskunnassa asui paljon sosiaalidemokraatteja.[520]

Äänestystuloksia tarkasteltaessa huomio kiinnittyy myös puolankalaisten, hyrynsalmelaisten ja suomussalmelaisten muita kovempaan kieltolain vastustamiseen. Näissä kunnissa peräti 70–80 % äänesti kieltolakia vastaan. Ainakin näissä Pohjois-Kainuun kunnissa oli vielä vanhaa herännäisyyttä ja valmistettiin viinaa heränneidenkin kodeissa omiksi tarpeiksi sekä käytettiin lääkkeeksi, vaikka juopottelu olikin "synti ja kauhistus".[521]

Hyrynsalmelaisten kieltolain vastustukseen oli nähtävästi syynä myös kirkkoherra Toivo Liimatan negatiivinen asenne sitä kohtaan. Vaikka kieltolakia puolustanut Max Katavisto ja sitä vastustanut Toivo Liimatta eivät lukeutuneet heränneisiin, heitä pidettiin herännäishenkisinä ja heitä kirkkoherroina kuunneltiin.[522]

Kainuun heränneet olivat suurimmaksi osaksi maa- ja metsätaloudesta toimeentulonsa saaneita ja olivat myös tietoisia Maataloustuottajien Keskusliiton 10.–12. 2 1931 kokouksen kielteisestä kannasta kieltolakia kohtaan. [523]

Myös uuden herännäisyyden piirissä oli jo tähän aikaan kieltolain kritisoijia. Heistä näkyvin henkilö oli yksi heränneiden johtohenkilö, kansanedustaja Lapuan kirkkoherra, K. R. Kares. Hänen mielipiteensä muuttuminen kieltolakivastaiseksi saattoi vaikuttaa Kainuun heränneiden ajatteluun. Hänet tunnettiin myös Kainuussa.

[518] SVT XXIX. Vaalitilasto C 1 1932, 10–11, 22–23.
[519] *Kares* 1932, 128–130; *Larkio* 1976, 11.
[520] *Larkio* 1976, 40; *Selin* 1991, 239.
[521] Suomussalmi 8. Manne Juntunen.
[522] SVT XXIX. Vaalitilasto C 1 1932, 24–25; SKS KKA XIX 17. Suomussalmi 8. Manne Juntunen; *Bucht* 1975, 26; *Larkio* 1976, 40, Liite 2; *Selin* 1991, 239.
[523] *Larkio* 1976, 162.

Hän oli ollut puhujavieraana kesällä 1932 Kajaanin valtakunnallisilla herättäjäjuhlilla ja oli *Heräävä Nuoriso* ja *Herättäjä* -lehtien toimittaja.[524]

Heränneet kunnioittivat kieltolakiin kriittisesti suhtautuvaan arkkipiispa Johanssonin mielipiteitä. Muutkin piispat luopuivat kieltolakimyönteisistä kannanotoistaan. Papit myötäilivät piispojensa mielipiteitä eivätkä erikoisemmin osallistuneet raittiusliikkeiden toimintaan.[525]

Neuvoa antaneen kansanäänestyksen jälkeen vuoden 1932 alussa kieltolaki kumottiin ylimääräisillä valtiopäivillä äänin 120–45.[526]

---

[524] *Larkio* 1976, 86, 87.
[525] *Larkio* 1976, 79, 169, 180, 193; Liite 3.
[526] *Larkio* 1976, 9–11; *Selin* 1991, 239.

Kainuun kansanopisto

Grundvigilaisenakin "herännäisvivahteinen"

Vaikka Kainuun kansanopisto toimi aluksi grundtvigilaisena, siis humanistisena oppilaitoksena, sillä oli alusta lähtien herännäishenkisiä johtajia, opettajia ja johtokunnan jäseniä. Herännäisyys vaikutti siellä henkilökohtaisella tasolla.[527]

Kainuun kansanopiston rakennukset vuoteen 1925. (Kainuun Opiston arkisto)

Kansanopistoa olivat perustamassa Kajaanin Maalaisseura ja sen seuraaja Kajaanin maanviljelysseura, Pohjalainen ylioppilasosakunta, Kajaanin kaupunginvaltuusto ja vuodesta 1899 ilmestynyt perustuslaillisten *Kajaanin Lehti.*[528]

Kuten on ollut jo esillä, kansanopiston ensimmäisenä johtajana toimi vuosina 1909–1913 Väinö Malmivaara. Opisto aloitti toimintansa vuokralaisena Paltamon Kontiomäen kylällä sijaitsevassa Karhun talossa 1.11.1909. Käsitöitä varten vuokrattiin lisätiloja lähinaapureista Purolasta ja Mäkelästä. Oman toimitilan saamiseksi ostettiin 7.3.1911 lautamies Leonard Ruhaselta Paltamon Mieslahdesta Pekkalan tila ja siihen liittyvä Vatukonrinne (yhteensä 320 hehtaarin suuruinen alue). Kun kevään ja kesän aikana lisättiin ja suurennettu rakennuksia, saatiin pitää uuden kansanopiston vihkiäiset marraskuun 14 päivänä vuonna 1911.[529]

Kansanopistot ovat olleet omistajayhteisönsä tai kannatuspiirinsä hengessä toimivia kulttuurilaitoksia. Niiden tehtävänä on ollut "kansallistunnon herättäminen

---

[527] *Maunumaa* 1959, 29–30; *Keränen* 2009, 86; Liite 4.
[528] *Maunumaa* 1959, 7–8: *Romppainen* 2007, 269.
[529] *Maunumaa* 1959, 8–10; *Keränen* 1977, 238.

ja vaaliminen, talonpoikaisnuorison yleissivistävä opetus, kristillissiveellisen tason kohottaminen ja ammatillinen koulutus".[530]

Opistossa oli oppilaita humanistisella kaudella seuraavan kaavion mukaisesti:

Kaavio 2. Kansanopiston oppilaat prosentteina kunnittain vuosina 1909–1920.[531]

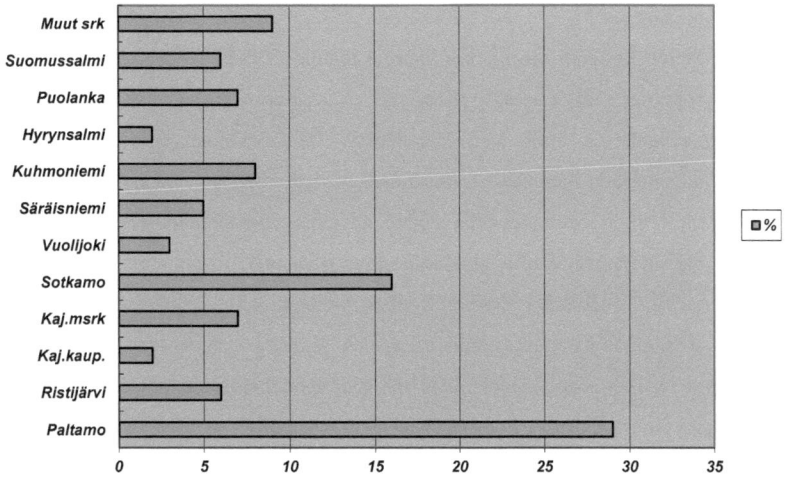

Maatalouden opetus sai opistoon useita miesoppilaitakin. Vuosina 1909–1919 sen yhteydessä toimi etenkin valtionavun saamista varten myös emäntä- ja isäntäkoulu. Vuonna 1919 emäntäkoulu muutettiin kotitalouskouluksi, joka toimi kesällä.[532]

Paltamolaiset ottivat kansanopiston innostuneina vastaan. Alussa heitä oli puolet oppilasmäärästä ja myöhemminkin lähes kolmannes. Alkuvuosina oli paltamolaisista enemmän poikia kuin tyttöjä, mikä oli kansanopistoissa erikoista.[533]

Uskonnonopetus kuului myös gruntvigilaisten kansanopistojen ohjelmaan. Siellä laulettiin paljon *Hengellisiä lauluja ja virsiä*. Heikki Oikarinen, joka oli käynyt kansanopistokurssin lukuvuonna 1912–1913, on muistellut, kuinka johtaja Malmivaara oli viimeisenä iltateehetkenä ehdottanut laulettavaksi opistossa eniten laulettua laulua "Kiitos sulle Jumalani, armostasi kaikesta".[534]

Väinö Malmivaaran jälkeen Kainuun kansanopiston johtajaksi tuli Kauhavalaisen herännäispappi Erkki Pesosen poika, filosofian maisteri Aarno

[530] *Ruuttunen* 1984, 52; *Raninen* 1994, 13.
[531] *Maunumaa* 1959, 50–54. Oppilasluettelo, josta taulukko on koottu. Liitteet 4 ja 5.
[532] *Kemppainen & Pykäläinen* 2009, 21–22.
[533] *Maunumaa*, 1959, 50–54. Oppilasluettelo, josta taulukko on koottu. Liite 4.
[534] SKSK KKA XIX Suomussalmi 8. Herman Juntunen; *Järvilehto* 1954, 54; *Oikarinen*, 1959, 38; *Ruuttunen* 1984, 52; *Tiensuu* 1989, 50; *Raninen* 1994, 14.

Fredrik Pesonen (1886–1927). Hänen herännäiskodillaan oli nähtävästi se vaikutus, että hänenkin aikanaan tällä grundvigilaisella opistolla säilyivät yhteydet herännäisyyteen. Sen saivat aikaan myös sen muut opettajat, henkilökunta, johtokunnan jäsenet, heistä erikoisesti Johannes Väyrynen ja opiston lähistöllä asuvat heränneet.[535]

Aarno Pesonen oli innokas kansanvalistuksen ystävä. Opiskeluaikanaan hän oli toiminut aktiivisesti Kainuun kansanopiston hyväksi kiertämällä Pohjoispohjalaisen osakunnan lähettämänä Väinö Kokon kanssa Kainuun eri puolilla innostaen kainuulaisia opistohankkeeseen mukaan. Aikalaistensa mukaan hänellä oli hyvin kansanomainen luonne, joten hän tutustui helposti kainuulaisiin.[536]

Opistossa painotettiin lainkuuliaisuutta ja isänmaallisuutta. Sen kurssitoiminta keskeytettiin sotatilan vuoksi 27.2.1918. Opiston pojat kahta lukuun ottamatta lähtivät agronomiopettaja Voitto Franssilan johdolla sisällissotaan. Heistä kaatui sodassa viisi. Naisopiskelijat olivat palveluksessa mukana ompelemalla sotilaille vaatteita. Johtaja Aarno Pesonen osallistui taisteluihin ja toimi Vienan Karjalan vapauttamiseksi. Opisto toimi kevätlukukaudella valkoisten tukipaikkana. Sinne koottiin sotilasvarusteita, viljaa, maitoa ja muita tarvikkeita. Sodan päätyttyä heinäkuussa 1918 järjestettiin siellä Paltamon rintamasotilaiden yhteinen ateria, johon osallistui yli 200 sotilasta. Samalla paljastettiin sodassa kaatuneiden entisten oppilaiden muistotaulu.[537]

Herännäisopistoksi kriisin jälkeen

Suomessa heränneet eivätkä muihinkaan herätysliikkeisiin kuuluvat olleet tyytyväisiä grundtvigilaisten kansanopistojen ohjelmaan. Lisäksi nähtiin, että 1800-luvun lopulla Keski-Euroopasta Pohjoismaihin levinneet liberaalit aatevirtaukset olivat horjuttamassa kirkon oppeja. Pidettiin tärkeänä perustaa Suomeen eri hengellisten liikkeiden kansanopistoja.[538]

Wilhelmi Malmivaara arvosteli jyrkästi grundtvigilaista kristillisyyttä pitäen sitä "iltamailoineen" liian iloisena. Myös muut heränneiden johtomiehet kuten Mauno Rosendal, Juho Malkamäki ja Matti Pesonen kritisoivat 1890-luvun

[535] Kemppainen 2008, 64.
[536] Kemppainen & Pykäläinen 2009, 37.
[537] Maunumaa 1959, 10; Kemppainen & Pykäläinen 2009, 38.
[538] Tolonen 1985, 1.

koululaitoksen lisäksi grundtvigilaisia kansanopistoja. Heidän mielestään niissä herännäiskotien nuoret loitontuvat Jumalasta.[539]

Grundtvigilaisia kansanopistoja arvosteltiin siksi, että vaikka uskonto oli niissäkin esillä, niissä ei kristillisen elämänkatsomuksen herättäminen nuorissa ollut yhtenä pääasiana ja myös siksi, että ne olivat yhteistyössä nuorisoseurojen kanssa. Ensimmäinen herännäishenkinen kansanopisto perustettiin Lapuan Karhunmäkeen vuonna 1914. Sen johtajaksi tuli Kainuun kansanopistolta Väinö Malmivaara.[540]

Kristillisten kansanopistojen opetusohjelmat eivät eronneet paljoakaan grundtvigilaisten opistojen ohjelmista. Herännäisopistoissa tärkeällä sijalla olivat herännäisyyden historia, Siionin virret ja seurat. Opiston opetus- ja kasvatustyö tuli tehdä herännäisyyden hengessä. Kansantanhut ja erilaiset illanvietot korvattiin seuroilla ja hartaushetkillä.[541]

Kainuun kansanopisto muuttui herännäiskansanopistoksi ristiriitaisissa tunnelmissa. Varoista ja oppilaista oli puute. Työkautena 1920–1921 opisto ei toiminut ollenkaan. Kainuulaiset eivät tunteneet humanistisessa hengessä toimivaa kansanopistoa omakseen.[542]

Opiston tilannetta käsiteltiin monissa kokouksissa. Ensimmäisen kerran asia oli virallisesti esillä kansanopiston johtokunnan kokouksessa 6.8.1920. Johtokunnan puheenjohtaja, Kajaanin seminaarin johtaja Volter Rihtniemi selosti kokouksen osanottajille ehdotusta "kansanopiston järjestämiseksi herännäisyyden aatesuunnan mukaiseksi" ja sanoi itse kannattavansa sitä. Hänen mielipiteeseensä yhtyivät Kajaanin kappalainen Johannes Väyrynen, Kajaanin maanviljelysseuran sihteeri, maisteri Hugo I. Linna, Kajaanin pormestari Fredrik Hyöky ja metsänvartija Erik Keränen. Ehdotusta vastaan olivat maanviljelijät Salomo Pulkkinen, Kalle Keränen ja kansanopiston johtaja Aarno Pesonen. Maalaisliittolaisina he puolsivat Kainuun valtaväestöä, jolla oli vahvoja ennakkoluuloja Herättäjä-Yhdistystä kohtaan. Samana päivänä Kajaanin Raatihuoneella pidetyssä yhtiökokouksessa hyväksyttiin johtokunnan ehdotukset opiston toiminnan keskeyttämisestä.[543]

Seuraavassa Kainuun kansanopiston johtokunnan ja osakeyhtiön kokouksessa päätettiin keskeyttää opiston toiminta yhdeksi lukuvuodeksi ja hankkia jäseniä

[539] *Raninen* 1994, 14, 20–21, 26.
[540] *Raninen* 1994, 14, 20–21, 26; *Kemppainen & Pykäläinen* 2009, 12–13.
[541] *Malmivaara* 1916, 80; *Pesonen* 1935, 183; *Tiensuu* 1989, 51–53; *Raninen* 1994, 35.
[542] *Kares* 1952, 399; *Tolonen* 1985, 32.
[543] KOA Pöytäkirja Kainuun opiston johtokunnan kokouksesta 6. 8. 1920; 1959, 11; *KS* 7.8. 1920. Muut lehdet. Kansanopisto itsekkäiden puoluepyyteiden uhri.

opistoa kannattavaan yhtiöön antamalla merkittäväksi 8000 uutta osaketta a´ 5 mk. Johtokunnan erovuorossa ollut jäsen Johannes Väyrynen ei ollut ratkaisuun tyytyväinen ja kieltäytyi jatkamasta johtokunnan jäsenenä.[544]

Kansanopistoasiaa näkyi myös sanomalehdissä. Opiston asiat olivat sittenkin merkittäviä. Kirjoitukset osoittivat sen, miten tuntematon uusi herännäisyys vielä 1920-luvun alussa oli. Tunnettiin vain uudistuksia vastustaneet "vanhat heränneet" periaatteineen. Esimerkiksi toukokuussa 1921 Kainuun sanomissa luki:

> Kun osakemerkinnät eivät ole tiettävästi tuottaneet tuloksia, on luultavaa, että opisto joutuu vanhoillisen Herättäjäyhdistyksen huostaan".

Toiseksi pelättiin, että kainuulaisten oma päätäntävalta opiston asioissa vähenisi ja siirtyisi muille osakkeita ostaneille. Tätä pelkäsi Aarno Pesonenkin.[545]

Uudistusta vastustaneelle Aarno Pesoselle oli toki uusi herännäisyys tuttua. Muta hän oli tietoinen siitä, että varsinkin *Kotimaa*-lehdessä käytiin keskustelua kristillisestä kansanopistosta ja sen nimestä. Hän tiesi, että vuonna 1920 asetettu kansanopistojen valtionapulakia valmistellut komitea oli sitä mieltä, että valtion apua saadakseen kansanopistojen pitäisi olla poliittisesti ja uskonnollisesti sitoutumattomia yleissivistäviä oppilaitoksia.[546]

Kansanopistouudistusta vastustettiin myös siksi, että sen aloitteentekijöinä olivat oikeistolaiset kajaanilaiset virkamiehet eivätkä maaseudun asukkaat. Kainuun Sanomien kirjoituksessa todettiin: "Kainuun kansanopiston luovuttaminen Herättäjä-yhdistykselle ja muuttaminen kristilliseksi kansanopistoksi oli herätetty paikkakunnan oikeistopiirien keskuudessa". Monen kainuulaisen mieleen oli syöpynyt eräänlainen ennakkoluulo tai jopa viha "herroja" kohtaan. Seurakuntalaiset maksoivat pappien ja muidenkin virkamiesten palkan pääasiassa luonnon tuotteilla. Papit saattoivat jopa käräjien kautta periä huono-osaisilta rästiin jääneitä saataviaan. Se herätti katkeruutta varsinkin heissä, jotka eivät kuuluneet seurakunnan aktiivijäseniin.[547]

Johtokunnan jäsen maanviljelijä Salomo Pulkkinen valtuutettiin vielä kerran kiertämään Kainuun kihlakuntaa ja myymään opiston osakkeita, ettei kansanopistoa

---

[544] KOA Pöytäkirja Kainuun opiston johtokunnan kokouksesta 11.9.1920; *KS* 14.9.1920. Kainuun kansanopistokysymys; *Keränen* 1977, 240–241.
[545] *KS* 17.8.1920. Kainuun Kansanopisto kihlakunnan kansan omaksi; 7.5.1921. Kainuun kansanopistokysymys; *Kares* 1947, 104–105; *Arffman* 2004, 504–505, 507–508.
[546] *Tarna* 1947, 105–112; *Raninen* 1994, 6; *Kemppainen & Pykäläinen* 2009, 37.
[547] *KS* 12.8.1920. Muut lehdet. Kansanopisto itsekkäiden puoluepyyteiden uhri; *KS* 7.5.1921. Kainuun kansanopistokysymys; *Heikkinen* 1986, 27–29, 205–206; *Arffman* 2004, 504–505, 507–508.

tarvitsisi antaa Herättäjä-Yhdistyksen hallittavaksi. Hän kuitenkin epäonnistui osakehankinnoissaan. Kansanopistoasia ei kiinnostanut. Niinpä 9.7.1921 pidetyssä yhtiökokouksessa päätettiin tarjota kansanopiston toiminnan järjestäminen vuodeksi Herättäjä-Yhdistykselle. Herättäjän päätoimikunta hyväksyi 22.7.1921 Lapuan pappilassa pitämässään kokouksessa kainuulaisten ehdotuksen. Kainuun kansanopiston nimi säilytettäisiin entisenä.[548]

Uuteen herännäisyyden kuuluneiden piirissä oltiin ratkaisuun tyytyväisiä. Kansanopiston pitkäaikainen veistonopettaja, Mieslahden Mäntylän isäntä Vilho Keränen kirjoitti *Hengelliseen Kuukauslehteen* vuoden 1922 alussa:

> Herran tuli kytee, vaikka hiljaa ja salassa. Tanssiminen on Kansanopiston ympäristössä käynyt vaikeaksi. Sionia on täytynyt ottaa ja tulla opistolle seuroihin ja itkeä itkeväisten kanssa. Voi, kuinka tuntuu suurelta, kun kuulee ja näkee Herran läsnäolon ja Herran työtä. Se olisi hartain toivomme, että Herran tuli palaisi ja leviäisi täällä Kainuussa. Sitä me rukoilemme ja rukoilkaa tekin meidän raukkain puolesta."[549]

Kansanopiston toiminnasta Herättäjä-Yhdistyksen yhteydestä saatiin hyviä kokemuksia ja seuraavana syksynä järjestettiin opiston omistussuhteet uudelleen. Kainuun Kansanopisto Oy:n 27.7.1922 vuosikokouksessa, jossa rovasti Väyrynen "valittiin puhetta pitämään ja pöytäkirjaa laatimaan" päätettiin antaa "kansanopiston toiminnan jatkaminen Sisälähetysseura Herättäjän huostaan".[550]

Opisto toimisi entisten sääntöjen mukaan. Ehtona oli, ettei Herättäjä-Yhdistys saanut käyttää opiston omaisuutta toisten opistojen hyväksi eikä mihinkään muuhunkaan. Kainuun Kansanopisto Oy tarjosi 50 000 markkaan korotetun osakepääoman osakkeina merkittäväksi Kainuussa ja muualla. Kainuun osakkeiden merkitsijät olivat etuoikeutettuja. Etelä-Pohjanmaan heränneet ottivat Kainuun Kansanopiston asian omakseen niin, että suurin osa osakkeista ostettiin heidän keskuudessaan. Vielä vuoden päästä eli 1.10.1923 pidetyssä yhtiökokouksessa tehtiin päätös Kainuun Kansanopisto Osakeyhtiön lopettamisesta ja sen omaisuuden luovuttamisesta Osakeyhtiö Kainuun Kansanopisto -nimiselle osakeyhtiölle.[551]

---

[548] KOA Pöytäkirja Kainuun opiston johtokunnan kokouksesta 6.12.1921; *KS* 19.5.1921 Kainuun uutiset. Kainuun kansanopistokysymys; *KS* 12.7.1921 Kainuun uutiset. Kainuun Kansanopisto Osakeyhtiön vuosikokous; *Kares* 1952, 399–400; *Aulis* 1959, 11; *Heikkinen* 1986, 339; *Raninen* 1994, 30; Liite 3.
[549] *HK* 1922, 32. Kuulumisia Kainuusta.
[550] *KS* 29.7.1922 Kainuun Kansanopisto Sisälähetysseura Herättäjän huostaan.
[551] *KS* 29.7.1922 Kainuun Kansanopisto Sisälähetysseura Herättäjän huostaan; 15.10.192 ja 3.11.1923 Kainuun Kansanopisto; *Raninen* 1994, 30; *Heikkinen* 1995, 373.

Uudistuneen kansanopiston johtajaksi tuli lukuvuodeksi 1921—1922 filosofian maisteri Lauri August Hakalehto (1897—1977). Tehtäväänsä hän oli saanut opastusta Wilhelmi ja Väinö Malmivaaralta. Työnsä alussa hän oli käynyt tutustumassa Lapualla Karhunmäen Kristillisen kansanopiston toimintaan ja kertoi siitä seuraavaa:

> Kun syksyllä 1921 käytyäni Lapualla rovasti Vilhelmi Malmivaaran puhuttelussa ja saatuani myös työn alkuun evästykset kokeneelta kansanopistomieheltä, piispa Väinö Malmivaaralta lähdin Kainuuseen yhdeksi vuodeksi opistotyöhön, rohkaisi mieltäni tunto siitä, että herännyt kansa rakastaa opistojansa. Opiston työn takaajana on ystäväkansa...[552]

Johtaja Hakalehto toi opistoon selvästi herännäishenkisen sävyn. Mutta hän ei yhdessä vuodessa ehtinyt tuoda opistoa tunnetuksi, ja siksi sitä kohtaan tunnettiin oppilasmääristä päätellen vieläkin ennakkoluuloa.[553]

Herännäisopisto Otto Stenij:n johtamana

Vuonna 1922 tuli opiston johtajaksi 21-vuotias Otto Albert Stenij, (vuodesta 1929 Korpijaakko, 1900—1958). Ylihärmässä hän oli tutustunut Wilhelmi Malmivaaraan

Kainuun kansanopiston opettajien ja oppilaiden leppoisa kahvihetki 1920-luvulla. Johtaja Otto Stenij papin puvussa pöydän vasemmassa päässä. Poikien käsityönopettaja Vilho Keränen pöydän toisessa päässä. (Kainuun Opiston arkisto)[554]

---

[552] Hakalehto 1959, 38—39.
[553] Kares 1952, 400; Oikarinen 1959, 3; Vähäsarja 1984, 47; Kemppainen & Pykäläinen 2009, 44.
[554] Kemppainen & Pykäläinen 2009, 46.

ja eteläpohjalaiseen herännäisyyteen. Eteläpohjalaisia isänmaallisia vaikutteita tuli näin Kainuun herännäisyyteen hänenkin kauttaan. Otto Stenij hoiti johtajan tehtäväänsä yhtä välivuotta lukuun ottamatta vuoteen 1930 saakka. Hänet vihittiin papiksi kesällä 1923. Hän toimi johtajan tehtäviensä lisäksi Paltamon ja Ristijärven ylimääräisenä pappina vuosina 1923—1924 ja 1925—1930. Tällöin opistokin tuli entistä tutummaksi näissä seurakunnissa.

Stenij teki opistoa tunnetuksi myös lehtikirjoituksillaan. Syksyllä 1923, hän kirjoitti *Kajaani-* lehteen selostuksen kansanopistosta. Siinä hän korosti, että kansanopistossa opiskellaan elämää varten ja että siellä opetetaan yleissivistäviä aineita sekä tutustutaan kansalliseen kulttuuriin ja isänmaan historiaan.[555] Hän kirjoitti vielä:

> Kaikkiaan on kasanopisto toiminut kihlakunnassamme jo toistakymmentä vuotta, Kun tarkastelee opiston oppilasluetteloita tältä ajalta, huomaa sen, että opisto on vain parina vuonna saanut toimia täysin oppilasmäärin. Useimpina vuosina on kymmenkunta oppilaspaikkaa ollut tyhjinä kertomassa siitä, että opinhalu kihlakunnassamme on vielä peräti heikko... Usein kuulee sen, että varattomuus eikä haluttomuus on syynä siihen. Oppilaiden enemmistö on ollut Kainuun varattomampaan luokkaan kuuluvaa.[556]

Jo Väinö Malmivaaran aikana oli opistolta käyty pitämässä Kainuun seurakunnissa kansanopistoseuroja ja esittelemässä opistoasiaa. Stenij:n aikana alettiin kesäisin kiertää maakuntaa vielä enemmän. Hän kirjoitti jatkuvasti lehtiin opistoaan koskevia artikkeleita. Hänen toimintansa lisäsikin kainuulaisten luottamusta sitä ja uutta herännäisyyttä kohtaan. He tunnustivat johtajan "lahjakkaaksi ja tulisieluiseksi nuoreksi papiksi".[557]

Hänen aikanaan alettiin lähettää "paimenkirjeitä" niille entisille oppilaille, joiden osoitteet tiedettiin. Kirjeitä lähetettiin jopa viisi kertaa vuodessa. Näin haluttiin lujittaa entisten oppilaiden hengellistä elämää. Sen lisäksi kirjeet oli tarkoitettu sitä varten, että entiset oppilaat levittäisivät tietoa opistosta, jotta sinne tulisi oppilaita. Kirjeisiin odotettiin myös vastattavan.[558]

Kansanopistoasia sai takaiskun, kun vuoden 1925 joulun edellä sen oppilasasuntola paloi poroksi. Uusi asuntola saatiin talkoovoimin rakennetuksi

---

[555] *Kajaani* 12.10.1923 Kainuun Kansanopisto.
[556] *Kajaani* 12.10.1923. Kainuun Kansanopisto.
[557]SKSK KKA XVIII 9. Kajaani 9. Eino Lehtovaara; Esim. *KS* 1.8.1925 Kainuun Kansanopisto; 6.8.1927. Kainuun Kansanopisto; 1.5.1928. Kainuun Kansanopiston kesäiset kansanopistokurssit; *Maunumaa & Ranta* 1959, 13.
[558] *Kemppainen & Pykäläinen* 2009, 57.

syksyyn 1927 mennessä. Tämä tiedettiin maakunnassa. Oppilaita pyrki opistoon niin paljon kuin sinne mahtui.[559]

Kainuun kansanopiston rakennukset vuonna 1927. Edessä kesällä 1927 valmistunut asuntolarakennus. (Kainuun Opiston arkisto)

Kansanopiston toiminnassa pyrittiin poistamaan niitä ennakkoluuloja, joita sillä oli herännäiskansanopistona. Esimerkiksi vuoden 1924 Marian päivänä vietetyillä toveripäivillä tuomiorovasti, Sotkamon kirkkoherra Eljas Lönnrot piti puheen ja Sotkamon kappalainen Max Katavisto raamattutunnin. Juhlat päättyivät jumalanpalvelukseen, jossa saarnasi kirkkoherra Eljas Lönnrot.[560]

Keväällä 1924 oli kansanopistolla piispantarkastus. Siihen osallistuivat piispa J. R. Koskimiehen lisäksi tuomiorovasti Eljas Lönnrot, rovasti Johannes Väyrynen ja Paltamon kirkkoherra Kustaa Roine. Koska Paltamon seurakunnan kirkko oli Paltaniemellä eikä sitä ollut vielä uudessa kirkonkylässä Kiehimässä, piispa Koskimies vihki opiston ison salin rukoushuoneeksi. Siihen oli entisen näyttämön paikalle rakennettu kuori ja alttari. Tämän piispan vierailu oli kainuulaisille osoitus siitä, että kansanopisto oli kirkollinen oppilaitos eikä suosinut "jotain evankelisluterilaiselle kirkolle vierasta lahkolaishenkeä".[561]

Vuonna 1926 uusittiin Kainuun kansanopiston opetustyön ohjesääntö. Sen mukaan opetuksen tuli olla "Jumalan sanan mukaista sekä pyrkiä jumalanvaltakunnan harrastusten ohella oppilaissa herättämään rakkautta maalaiskansan tehtäviin ja kaikkeen kotimaiseen."[562]

[559] *KS* 6.8.1927. Kainuun Kansanopisto; *Maunumaa & Ranta* 1959, 13; *Turpeinen* 1985, 292–303; *Väisänen* 2002, 86–87, 91–92; *Kemppainen & Pykäläinen* 2009, 61; Liite 6
[560] *KS* 4.3.1924. Kainuun uutisia. Toveripäivät Kainuun Opistolla.
[561] *KS* 15.3.1924. Piispan tarkastus Kainuun opistolla.
[562] *Kemppainen & Pykäläinen* 2009, 52.

Herännäisyys ilmeni opistossa monella tavalla. Uskontotunneilla tutustuttiin herännäisyyteen ja kirkkohistoriatunneilla Kainuun herännäisyyden historiaan. Äidinkielen tunneilla tutustuttiin herännäiskirjallisuuteen yleisen kirjallisuuden lisäksi. Viikoittain järjestettiin kaksi raamattutuntia ja vähintään yhdet seurat. Oppilaat opettelivat pitämään puheita ja pyhäkoulua. Sunnuntaisin oli pyhäkoulun lisäksi jumalanpalvelus. Oppitunnit alkoivat Siionin virrellä ja joka ilta oli jossakin oppilashuoneessa seurat. Oppilaiden mukaan puhujina olivat "milloin opettaja, johtaja tai maallikkosaarnaaja".[563]

Vierailevina puhujina olivat toimineet Pohjanmaalta Paavo Tiihonen, Juho Malkamäki, Oskari Vihantola ja Jussi Kuoppala, Kajaanista Hannes Korhonen, ja Eemil Lehtovaara sekä Mieslahden kylältä Ville Junkkari ja Ville Keränen. Sunnuntaisin ei pidetty seuroja oppilashuoneissa vaan juhlasalissa, jonne seuraväkeä odotettiin myös opiston ulkopuolelta. Heränneiden yhteyttä saatiin kokea myös toisissa kansanopistoissa vierailtaessa. Tämä tapa tuli käyttöön vuonna 1928, jolloin vierailtiin Kalajokilaakson kansanopistossa.[564]

Stenij oli opiskelunsa aikana omaksunut monien muiden tulevien pappien lailla aitosuomalaisen aatteen ja osallistunut sisällissotaan, Hän kuului myös kommunisminvastaisen Lapuanliikkeen kainuulaisiin johtajiin. Se, että opisto oli saanut isänmaallisen johtajan, ilmeni myös sen toiminnassa. Isänmaallisten juhlien lisäksi liikunnan opetuksen yhteydessä pidettiin pojille suojeluskuntaharjoituksia ja opiston miesväestä muodostettiin yksi pikakivääri- ja yksi jalkaväkiryhmä.[565]

Stenij oli Kainuun suojeluskuntapiirin sivutoimisena piiripappina vuosina 1926—1930. Samalla hän toimi suojeluskuntapiirin valistusohjaajana. Hän toimitti maanpuolustushengen nostattamiseksi *Kainuun Sissi* -lehteä ja järjesti juhla- ja valistustilaisuuksia. Hän kirjoitti myös Sissi-rykmentin historia-teoksen.[566]

Stenij aloitti myös kuukausiseurojen pidon Kajaanin Sissilinnassa. Sinne kokoonnuttiin runsaslukuisesti. Kajaanin suojeluskuntapäällikkö jääkärimajuri Erkki Viitasalo lukeutui heränneisiin ja oli kansanopiston ystävä. Hän oli usein mukana eri puolilla Kainuuta järjestetyissä opistoseuroissa.[567]

---

[563]SKSK KKA XX 22. Paltamo 7. Eino Korhonen; *Kemppainen & Pykäläinen* 2009, 52–53.
[564] *Maunumaa & Ranta* 1959, 13, 27, 35–36.
[565] *Kares* 1952, 400–401; *Maunumaa & Ranta* 1959, 12, 25; *Keränen* 1977, 241; *Heikkinen* 1986, 339; *Romppainen* 2007, 276; *Kemppainen & Pykäläinen* 2009, 53.
[566] *Matrikkeli* 1953, 333; *Romppainen* 2007, 276.
[567] *Romppainen* 2007, 276.

Kansanopistojen on todettu alusta saakka olleen maalaisnuorten oppilaitoksia. Sellainen oli 1900-luvun alussa myös Kainuun kansanopisto. Tämä käy ilmi esimerkiksi siitä, että sen oppilaista suurin osa eli 68 % oli vuosien 1921—1930 aikana lähtöisin tilallisten perheistä. Tämä otettiin kansanopiston opetuksessa huomioon. Paitsi teoriaa, opiston opetusohjelmaan kuului paljon käytännön aineita kuten käsitöitä, kotitaloutta ja maataloutta.[568]

Kansanopiston oppilaat tulivat eri seurakunnista seuraavasti:

Kaavio 3. Kansanopiston oppilaat eri seurakunnista lukuvuosina 1921—1930[569]

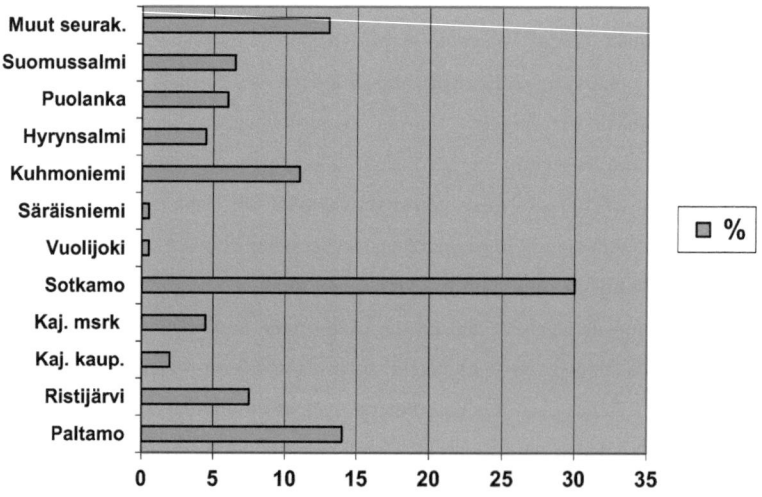

Oppilaiden kotiseurakunnissa näkyy muutos. Edellisenä vuosikymmenenä oppilaat olivat etupäässä lähiseurakunnista, nyt heitä tuli paljon myös Sotkamosta. Talvikautta 1921—1922 lukuun ottamatta heistä oli sieltä noin kolmannes.[570]

Vielä 1920-luvun alkuvuosina kansanopiston oppilasmäärä pysyi 31—35 paikkeilla, mutta vuonna 1925 se alkoi vähitellen kohota. Siihen vaikuttivat edellä kerrotut uuden oppilasasuntolan valmistuminen ja opiston tunnetuksi tuleminen sekä nähtävästi tieolosuhteiden parantuminen. Siihen vaikutti sekin, että uusi herännäisyys oli pappien, Herättäjä-Yhdistyksen matkasaarnaajien ja entisten oppilaiden välityksellä tullut 1920-luvun lopulla kainuulaisena kirkollisena

---

[568] *Kemppainen & Pykäläinen* 2009, 21—22.
[569] *Maunumaa & Ranta* 1959, 50—54; *Kemppainen & Pykäläinen* 2009, 282—286; Oppilasluettelo, josta taulukko koottu; Liitteet 4—5.
[570] *Maunumaa & Ranta* 1959, 50—54.

herätysliikkeenä entistä tutummaksi. Herännäiskansanopistoon luotettiin enemmän kuin humanistiseen. [571]

Sotkamon seurakunnalla oli jatkuvasti työntekijöitä, jotka huolehtivat siitä, että kansanopistoasia pysyi esillä. Siellä oli vuosina 1917–1933 kirkkoherrana tuomiorovasti Eljas Lönnrot, joka vieraili opistolla usein puhujanakin. Vuonna 1928 Sotkamoon tuli toiseksi papiksi Jafet Räty, joka oli opiskeluaikanaan ollut keväällä 1925 Otto Stenij:n sijaisena. Hän innosti nuoria opistoon. Kansanopiston muututtua herännäishenkiseksi kansanopistoseuroja ja opiston tiedotustilaisuuksia järjestettiin Sotkamossa jatkuvasti. Lisäksi kirkollisissa uutisissa muistutettiin syksyllä, että kansanopistoon otetaan uusia oppilaita.[572]

Paltamon kunnasta, jonka alueella Mieslahden kylä opistoineen on, oli tullut aluksi paljon oppilaita, mutta myöhemmin entistä vähemmän. Nähtävästi opiston ohjelman muutos vaikutti tähän.[573]

Ristijärveltä tuli opistoon 1920-luvulla yhteensä vain 36 opiskelijaa. Siellä oli vanhan herännäisyyden kannattajia, jotka vieroksuivat uutta herännäisyyttä uusine kirjoineen. Vuonna 1927 tapahtui kuitenkin oppilasmäärässä yllättävä nousu. Johtaja Otto Stenij toimi työnsä ohella myös Paltamon ja Ristijärven pappina. Eino Seppo oli Ristijärven virkaa tekevänä kirkkoherrana vuosina 1928–1931. Heillä oli nähtävästi osuutensa siihen, että ristijärveläisetkin lähtivät opistoon.[574]

Puolangalta kansanopistoon tuli oppilaita vuosittain vain muutama. Olisiko syynä ollut se, että kirkkoherra Väinö Tanskanen kuului vanhaan herännäisyyteen? Toivo Laitisen aikana ja nähtävästi opistoseurojen ansiosta mielenkiinto opistoa kohtaan myöhemmin lisääntyi.[575]

Hyrynsalmelta ja Suomussalmelta ei vuosien 1922–1924 kursseille tullut ainuttakaan. Esteenä olivat pitkät matkat, varattomuus ja ehkä ennakkoluulotkin. Vaikka vähävaraiset saivat opiskeluunsa avustusta (apuraha noin 200–500 mk ja vapautus 200 mk:n vuosimaksusta), talven kurssi vaati kotoa taloudellisia uhrauksia. Esimerkiksi ruokamaksu, joka oli noin 200 mk kuukaudessa, oli

---

[571] *Maunumaa & Ranta* 1959, 11; *Karttunen* 1984, 27.
[572] SoKA II 19. Kirkolliset kuulutukset 30.7.1922, 30.9.1923 ja 4.10. 192; *Maunumaa & Ranta* 1959, 12, 20; *Kemppainen & Pykäläinen* 2009, 45, 279–286. Liite 4.
[573] *Maunumaa & Ranta* 1959, 12, 51, 50–54; *Kemppainen & Pykäläinen* 2009, 282–286; Liite 4.
[574] *Matrikkeli* 1953, 333; *KS* 7.5.1921. Kainuun kansanopistokysymys; *Kares* III 1947, 104–105; *Maunumaa & Ranta* 1959, 54; *Arffman* 2004, 504–505, 507; *Kemppainen & Pykäläinen* 2009, 282–286; Liite 4.
[575] *Kemppainen & Pykäläinen* 2009, 282–286; Liite 4.

luontaistaloudessa eläneille perheille iso raha. Opiston tultua tunnetuksi oppilasmäärät kohosivat vaikeuksista huolimatta.[576]

Kajaanin kaupungista tuli koko 1920-luvulla oppilaita vähän, sillä kansanopisto miellettiin maalaisväestön oppilaitokseksi. Kajaanin maalaiskunnasta tuli yhteensä 25 oppilasta. Vuolijoki ja Säräisniemi olivat taas lestadiolaispitäjiä. Niistä tuli koko 1920-luvulla yhteensä vain 3 oppilasta.[577]

Kainuun ulkopuolelta tuli opistoon Stenij:n aikana vain muutama oppilas. Herännäishenkisiä kansanopistoja oli jo Pohjanmaalla ja Savossakin. Etelä-Pohjanmaalle, Lapualle oli perustettu vuonna 1914 Karhunmäen kristillinen kansanopisto, Ylivieskan Raudaskylään vuonna 1920 Kalajokilaakson kristillinen kansanopisto ja Pohjois-Savoon Lapinlahdelle vuonna 1923 Portaanpään kristillinen kansanopisto. Näiden lisäksi oli vuonna 1909 perustettu grundtvigilainen Kuusamon kansanopisto. Tulijoiden vähyys johtui myös tiedotuksen puutteesta. *Hengellisessä Kuukauslehdessä* ei opiston alkamisesta ilmoitettu kuin vuonna 1922. Vieläpä Stenij kirjoitti vuonna 1923 *Kainuun Sanomissa* toivomuksen, että opistoon tulisi kainuulaisia nuoria, etteivät siihen uhratut varat menisi ulkopuolisille.[578]

Kainuun kansanopistoon tuli oppilaita myös Venäjältä. Vienan Karjalasta pakeni Kainuuseen paljon ihmisiä vuoden 1921 Karjalan kapinan koston, nälän ja muun kurjuuden sekä rajan sulkeutumisen vuoksi. Esimerkiksi vuoden 1922 alussa heitä tuli sekä Kuhmoon että Suomussalmelle yhteensä yli 1500. (Koko Kainuuseen heitä tuli yhteensä 4745). Kainuun Kansanopistoon hakeutui vienankarjalaisia 22 oppilasta. Vuoden 1926 syksyllä ei heitä enää tullut, sillä heille oli myönnetty "armahdus" ja lupa palata takaisin tammikuun 1 päivään 1926 saakka. Koska sanomalehdissä oli tietoja palanneiden ja muidenkin vienankarjalaisten vaikeista oloista, osa pakolaisista myös kotiutui Suomeen eikä ilmoittanut kotipaikakseen enää Vienan Karjalaa.[579]

[576] *KS* 1.8.1925. Kainuun Kansanopisto; 6.8.1927. Kainuun Kansanopisto; *Maunumaa & Ranta* 1959, 50–54; *Kemppainen & Pykäläinen* 2009, 282–286; Liite 4.
[577] *Maunumaa & Ranta* 1959, 50–54; *Hyyryläinen* 1973, 107. Liite 4.
[578] *HK* 1922, 143; *KS* 25.10.1923; *Karttunen* 1984, 18–28, 307; Liite 5.
[579] Esim. *KS* 26.1.1922. Karjalaispakolaiset; 4.2.1922. Pakolaisia Karjalasta; 6.5.1922. Tietoja Vienan Karjalasta; 1.6.1922. Vienan Karjalasta; 1.3.1923. Päivän tuoreimmat uutiset. Bolshevikiterrori Itä-Karjalassa; 8.3.1923. Kainuun uutisia. Nälkäkurjuus Vienan Karjalassa; 16.4.1925 ja 18.4.1925. Kuulutuksia. S. N. T. L. Suomessa olevan Täysivaltaisen edustajiston tiedonanto Karjalan pakolaisille. Oikeus persoonalliseen amnestiaan myönnettiin tammikuun 1 päivään 1926." (SI 3333); *Kajaani* 28.3.1923. Kuulumisia Vienan Karjalasta; 7.5.1923. "Amnestia Karjalan pakolaisille". Neuvostohallitus julistaa "armoa" Suomeen muka houkutelluille karjalaisille;

Opisto johtaja Armas Antilan aikana

Vuodesta 1930 lähtien opiston johtajana toimi Armas Valfrid Antila (1903–1953). Hän oli syntynyt Lapualla 13.3.1903. Hänet oli vihitty papiksi vuonna 1926. Hänen vanhempansa toimivat Evankeliumiyhdistyksen piirissä, mutta suhtautuivat avarakatseisesti muihinkin herätysliikkeisiin. Herännäisyyteen Antila oli tutustunut jo kotipaikkakunnallaan ja erikoisesti opiskeluaikanaan Helsingissä. Hänkin kuului siellä "Fariseusten ulosajamisseuraan", missä syntyneet ystävyyssuhteet merkitsivät paljon hänen Kainuun kansanopiston johtajakaudellaan. Kuten monet muutkin herännäisylioppilaat myös Antila kuului Akateemiseen Karjalaseuraan. Hän sai paljon vaikutteita myös yliopiston professori Antti J. Pietilältä. [580]

Ollessaan vuosina 1926–1929 sotilaspastorina Sortavalassa Antila tutustui renqvistiläisyyteen ja sai myös siitä vaikutteita. Hänen hengelliseksi kodikseen tuli kuitenkin herännäisyys. Hän solmi avioliiton Sortavalassa vuonna 1927 Kerttu Pasasen kanssa. Luovuttuaan sotilaspapin toimesta Antila toimi vuosina 1929–1930 Seinäjoella Nuorten Kristillisen yhdistyksen piirisihteerinä ja Seinäjoen Rukoushuoneyhdistyksen saarnaajana. [581]

Toivo Hyyryläisen mukaan Antila sai "läheisen kosketuksen Kainuun itseensä sulkeutuvaan kansaan". Hänellä oli opistotyönsä lisäksi monia julkisen elämän tehtäviä, mutta hänet tunnettiin etenkin nuorison kasvattajana ja sananjulistajana. [582]

Antilan kulkiessa seurakunnissa opistoseurojen pitäjänä hänellä oli usein vastassaan opiskeluajalla tutuksi tulleita ystäväpappeja. Sotkamossa oli Jafet Räty, Ristijärvellä vuosina 1928–1931 Eino Seppo ja Kajaanissa Uuno Seppo vuodesta 1929 lähtien. Lisäksi vuonna 1935, kun Väinö Tanskanen lähti pois Puolangalta, hänen tilalleen tuli toinen herännäispappi Toivo Laitinen. Suomussalmelle tuli vuonna 1935 kirkkoherraksi opiskeluaikana heränneiden joukkoon liittynyt Lauri Säippä, joka oli tutustunut Armas Antilaankin. Seurojen yhteydessä johtaja Antila kirjoitti muistiin niiden henkilöiden nimet, jotka halusivat pyrkiä kansanopistoon. Suomussalmella oli ennen Lauri Säippää kirkkoherran virkaa hoitanut vuosina 1917–1935 Toivo Janhonen. Hän ei kuulunut heränneisiin, vaikka seurakuntalaiset

---

Kainuun Kristillinen Kansanopisto 1909–1959, 1959, 51–54; *Kemppainen & Pykäläinen* 2009, 282–286; Liite 5.
[580] *Matrikkeli* 1953, 223; *Karttunen* 1984, 117; *Innanen* 2003, 214.
[581] *Matrikkeli* 1953, 223; *Malkamäki* 1967, 11–17; *Maunumaa & Ranta,* 1959, 12; *Karttunen* 1981, 117.
[582] *Hyyryläinen* 1985, 488, 496.

niin ajattelivatkin. Entisenä Kuusamon kansanopiston johtajana hän ymmärsi kansanopiston merkityksen. Hän toimi Sotkamon kirkkoherrana. vuodesta 1936 lähtien vuonna 1939 tapahtuneeseen kuolemaansa saakka.[583]

Armas Antila oppilaineen 1930-luvulla. (Kainuun Opiston arkisto)

Toivo Liimatta toimi Hyrynsalmen kirkkoherrana vuodesta 1921 lähtien. Häntäkään ei voi sanoa herännäispapiksi, vaikka hänen puheensa ja kirjoituksensa olivatkin herännäishenkisiä. Kansanopistolta tulleet vieraat olivat silti tervetulleita hänen seurakuntaansa. Toivo Liimatan sitoutumattomuus johtunee siitä, että hän oli nuoruudessaan ja varsinkin opiskeluaikana osallistunut vanhoillislestadiolaisten toimintaan. Hänet mainitaan vuoden 1914 SRK:n puhujaluettelossa. Vuoden 1915 jälkeen hän ei enää ollut aktiivisesti liikkeessä mukana.[584]

Kuhmoniemen kirkkoherrana oli vuosina 1926–1959 Emil Rechardt, joka oli ollut siellä pappina jo vuosina 1916–1919. Hän ei kuulunut heränneisiin, mutta oli heille myötämielinen. Hänen paikkakunnalle muuttonsa jälkeen lisääntyi kuhmolaisten määrä kansanopistokursseille. Vuodesta 1938 rajaseutupastorina Lentiirassa toiminut Jorma Kauko oli kansanopiston ystävä.[585]

Säräisniemen kirkkoherrana toimi vuosina 1917–1936 Johannes Jaakko Mustakallio. Hän oli yliopistoaikanaan kuulunut beckiläisiin ja oli arkkipiispa

[583] *Godenhjelm* 1944, 236; *Matrikkeli* 1953, 354, 464, 482, 505; Iida Tolvasen haastattelu 28.4.2006 ja 23.7.2006; Sirkku ja Heikki Vaahtoniemen haastattelu 26.6.2006; *Maunumaa & Ranta* 1959, 12; *Karttunen* 1981, 117; *Heikkinen* 1986, 311.
[584] *Bucht* 1975, 26; *Tapaninen* 2007, Liite 4.
[585] *Maunumaa & Ranta 1909–1959*, 1959, 29–30.

Gustaf Johanssonin ihailija. Elämänsä loppupuolella hän tuki voimakkaasti Kainuun kansanopiston ja seurakuntansa heränneiden toimintaa.[586]

Opiston entisillä oppilailla oli merkittävä vaikutus opiston tunnetuksi tulemiseen. Antila kehotti heitä tähän tehtävään ja kirjoitti heille "paimenkirjeessä": "Jos jaksat vielä joitakin kehottaa opistoon, niin tee se heti, sillä emme tiedä, miten myöhästyneiden hakijoiden käy". Samalla hän kiitteli heitä heidän toiminnastaan.[587]

"Herännäishenkeä", mutta ei "herännäiskasvatusta"

Armas Antila kirjoittaa *Herättäjä*-lehdessä, ettei herännäisopistojen tavoite ole kasvattaa herännäisyyteen, vaan että opistossa "monet ystävystyvät heränneen kansan kanssa".[588]

Opettajien ja oppilaiden ryhmäkuva johtaja Armas Antilan aikana. (Kainuun Opiston arkisto)

Antilan mukaan oikea kristillisyys on arkista ja yksinkertaista "kotokristillisyyttä". Siitä puuttuu "epäraitis uskonnollinen korkeajännitys" eli "alituisessa syttymispisteessä oleva hengellisyys".[589]

---

[586] *Matrikkeli* 1953, 354, 464, 482, 505; SKSK KKA XIX. Suomussalmi 4. Robert Juntunen; 5. Johannes Moilanen; 6 Helena Moilanen; 8. Manne Juntunen; XIX 3. Säräisniemi 12 N. Helvi Maria Mustakallio; Sirkku ja Heikki Vaahtoniemen haastattelu 26.6.2006; *Maunumaa & Ranta 1909—1959*, 1959, 12; *Hyyryläinen* 1973, 107; *Bucht* 1975, 26. *Karttunen* 1981, 117; *Heikkinen* 1986, 311; *Ruuttunen* 1984, 456.
[587] *Kemppainen & Pykäläinen* 2009, 76; Liite 6.
[588] *Matrikkeli* 1953. 223; *Antila* 1952, 71; *Raninen* 1994, 37.
[589] *Tarna* 1947, 146.

Silti hengellinen herätys kuului hänen uskonnäkemykseensä. Antilan vakava henki näkyy seuraavassa hartauskirjoituksessa *Suomen kansan kotihartaus* -kirjassa:

Herätysaikojen ihmiset ovat merkillisiä. Se oli näkyvissä Niiniven kansassa. He olivat äärimmäisyysihmisiä. He olivat valmiit profeetta Joonan luvalla sanoakseni vaikka pukemaan eläimetkin säkkiin ja julistamaan niillekin paasto. Tästä on Jumalan aikojen kansaa usein syytetty. Näistä syytöksistä on meidänkin maassamme herätysaikojen kansa saanut osansa. Kun sen on täytynyt tehdä monin tavoin pesäeroa maailman jumalattomasta menosta, on se ollut sopimatonta ahdasmielisyyttä. Kun sen on pitänyt panna pois tämän maailman koreutta, on ravisteltu päätä. Kyllähän jumalisiakin saadaan olla, mutta on kartettava liikanaisuutta. Se on maailman yhä uudelleen antama viisas neuvo. On kuitenkin niin, että Jumalan ajalle on ominaista tinkimättömyyden henki. Jumalan on saatava kaikki.[590]

Kun jotkut opiston oppilaat erehtyivät menemään läheisen nuorisoseuran talon iltamiin tai tansseihin, he saivat ankaran puhuttelun ja sen jälkeen julkisen nuhtelun. Myös punaisen vaatteen käyttö oli liian maailmallista ja opistossa kiellettyä. Olipa yksi oppilas, jolla oli vain yksi paita ja sekin punainen, vaihtanut sen jonkun kyläläisen rikkinäiseen villapaitaan.[591] Voi kysyä, että oliko punaisen värin kieltoon syynä myös opiston aatemaailma.

Heränneet hyväksyivät radion, ja se oli opistollakin. Urheiluohjelmien kuunteleminenkin oli sallittua. Mieslahden kylän pojat tulivat sitä kuuntelemaan esimerkiksi vuoden 1936 Berliinin olympialaisten aikana.[592]

Körttiläisten "hengen köyhyys" kuuluu jo kainuulaisen luonteenpiirteeseen. Armas Antila kertoo kirjassaan *Viimeinen vaivattu* oppilaastaan, joka oli tullut opistoon pitkien matkojen takaa ja toi mukanaan isänsä johtajalle lähettämän kirjeen. Siinä luki:

"Herra johtaja! Tässä minun poikani Kalle. Lähetän hänet sinne kansanopistoon Herran Jeesuksen Kristuksen nimessä. Minä olen ollut huono isä, mutta en tahtoisi lapsiani saattaa oman suruttomuuteni hedelmiä niittämään. Sen tähden saakoon hän kristillisessä kansanopistossa kasvaa Herramme Jeesuksen Kristuksen tuntemisessa, joka onkin iankaikkinen elämä. Jääkää hyvästi." [593]

Oppilas sanoi itsekin olevansa "aivan sellainen tavallinen mies, turmeltu luonto päällimmäisenä.[594]

Kainuun kansanopiston vuonna 1931 uudistetun johtosäännön mukaan sen tarkoituksena on: "kohottaa aikuisen nuorison yleistä kansalaissivistystä siten, että

---

590 *Antila* 1954, 208.
591 *Kemppainen & Pykäläinen* 2009, 68.
592 *Kemppainen & Pykäläinen* 2009, 69.
593 *Antila* 1972, 68–69.
594 *Antila* 1972, 68–69.

sen toiminnassa pääpaino pannaan herättävään, omintakeista ajattelua ja siveellistä luonnetta kehittävään opetukseen."[595] Antilan mukaan opiston tarkoituksena tulee olla "luomassa maahamme uutta, terveen maalaiskulttuurin läpitunkemaa kansaa, jonka elämässä on johtotähtenä Jumalan kunnia".[596]

Isänmaallinen kasvatus jatkui Antilankin aikana. Olihan hän valmistuttuaan toiminut sotilaspappina. Hän ja monet opiston opettajista olivat innokkaita suojeluskuntalaisia. Maanpuolustusoppia opetettiin monissa kansanopistoissa ja Kainuunkin kansanopistossa miesoppilaille työvuodesta 1938—1939 lähtien noin tunti viikossa. Opistossa opetettiin myös maasto-oppia, suunnistusta, kartan ja kompassin käyttöä sekä jalkaväkikoulutuksen alkeita.[597] Näin kansanopistolaisetkin saivat tietämättään valmennusta tulevaa sotaa varten.

Vaikka oppivelvollisuuslaki oli tullut voimaan jo vuonna 1921, myönnettiin kunnille lykkäysaikaa kansakouluopetuksen lopulliseen järjestelyyn. Siksi melkein koko 1930-luvun ajan oli Kainuun kansanopistossa edelleen mahdollisuus suorittaa kansakoulun oppimäärä. Vaikka vuonna 1938 johtaja Antila kirjoittikin kansanopistoilmoituksessaan, ettei opistossa ole enää kansakoulukurssia, työvuonna 1938—1939 vielä 21 oppilasta suoritti kansakoulukurssin. Tämä järjestyi siten, että Kainuun piirin kansakoulutarkastaja kävi pitämässä heille yleisen kuulustelun. Myös rippikoulu oli mahdollista käydä opistotalvena.[598]

Jo 1920-luvulla oli Kainuun kansanopistossa opetettu pyhäkoulun pitoa. Sitä jatkettiin 1930-luvullakin. Oppilaat osallistuivat kurssille vapaaehtoisesti. Opistolla olikin Paltamon väkirikkain pyhäkoulu.[599]

Kansanopiston toiminnassa vaalittiin seurakuntakeskeistä henkeä. Se ilmenee Paltamon 24—25.9.1933 piispantarkastuksen pitäjän, Oulun tuomiorovasti J. A. Mannermaan sanoista: "Täällä toimii kansanopisto yhteisellä, jyhkeällä, kansanomaisen kristillisyyden pohjalla." Hän kehotti vanhempia lähettämään nuoria kansanopistoon ja sanoi: "Menestyköön opisto keskuudessanne ja tulkoon sen käyneistä nuorista seurakuntatyöntekijöitä".[600]

Herännäisyys oli myös Antilan aikana esillä opetuksessa siitä huolimatta, ettei hänen mielestään opistossa kasvatettu herännäisyyteen. Herännäiskirjallisuus tuli

---

595 KOA. Kainuun Kansanopiston uusittu Ohjesääntö 1931; *Kemppainen & Pykäläinen* 2009, 65.
596 *Antila* 1949, 23.
597 *Aitola* 1991, 371; *Kemppainen & Pykäläinen* 2009, 77.
598 *KS* 10.9.1931. Kainuun Kansanopisto; *Kemppainen & Pykäläinen* 2009, 66—67.
599 *Keränen* 1977, 211.
600 OMA II Cf. PSA. Paltamon seurakunnan piispantarkastuspöytäkirjat 1872—1938.

omaksi oppiaineeksi, jossa kiinnitettiin erikoista huomiota herännäisyyden historiaan. Ennen se oli kuulunut kirjallisuuden yhteyteen.[601]

Kainuun kansanopistossa voitiin käsityötunneilla valmistaa myös körttipuku. muttei sitä paljoakaan pidetty, "koska muutkaan eivät sitä pitäneet".[602] Tämä ilmaisee sen, ettei körttipuvun käyttö ollut Kainuussa enää 1930-luvulla yleistä.

Herännäishenki vaikutti opiskelijoihin oppituntien lisäksi retkillä herännäisseuroihin ja toisiin herännäiskansanopistoihin. Lukuvuoden 1937–1938 toimintakertomuksessa Antila mainitsee: "Niin kuin tapa on muissakin kansanopistoissa, Kainuunkin opistolaiset ovat tehneet pyhiä matkoja." Hän kertoo, kuinka helmikuussa oli käyty Kajaanissa Herättäjän seuroissa ja huhtikuussa pitkällä matkalla Kalajokilaakson ja Karhunmäen opistossa sekä Oulussa. Karhunmäen opistolaiset olivat sitä ennen "Marian päivän tienoilla" vierailleet Kainuun opistolla.[603]

Opiston seuroissa puhuivat johtaja, opettaja ja kauempaa tulleet papit ja maallikot. Edellä mainitussa toimintakertomuksessaan Antila mainitsee suuren joukon herännäispappeja, kuten Paavo Malmivaaran, Jafet Rädyn, Uuno Sepon, Toivo Laitisen ja W. A. Malmivaaran, sekä saarnaaja Aku Rädyn, jotka olivat lukuvuoden aikana käyneet opistolla pitämässä esitelmiä ja seurapuheita.[604] Maanviljelijänä ja opiston veiston opettajana vuoteen 1930 toiminut Vilho Keränen oli "opiston sydän" ja puhui usein seuroissa.[605]

Vaikuttiko herännäishengen ylläpitäminen opistossa myös kielteisesti? Niin voisi sanoa, jos ajattelee sitä oppilaiksi pyrkijöiden kannalta. Tyttöjä tuli kansanopistoon paljon enemmän kuin poikia. Se näkyy myös koko Suomen opiskelijatilastoissa, vaikkakaan ei niin selvästi kuin Kainuussa. Esimerkiksi lukuvuosina 1935/36–1938/39 oli Suomen kansanopistoissa vuosittain tyttöjä keskimäärin 2336 eli 72,0 % ja poikia 908 eli 28,0 %. Siitä, miten tilanne oli Suomen kristillisten opistojen kohdalla, ei ole tietoa. Kainuun kansanopistoon tuli vuosina 1930–1939 tyttöjä 586 eli 81,4 % ja poikia 134 eli 18,6 %. Opiston alkuvaiheessa, sen humanistisella pohjalla toimiessa poikien ja tyttöjen määrissä ei

---

[601] KOA. Kainuun Kansanopiston uusittu Ohjesääntö 1931.
[602] Iida Tolvasen haastattelu 28.4.2006.
[603] *HK* 1938, 151–152. Kertomuksia kansanopistojen toiminnasta.
[604] *HK* 1938, 151–152. Kertomuksia kansanopistojen toiminnasta.
[605] SKSK KKA XVIII. Sotkamo 16 N. Matti Artturi Moilanen; XX. Paltamo 7 N. Eino Korhonen.

ollut hetikään niin suurta eroa kuin myöhemmin. Vuosina 1909—1920 oli opistossa 181 tyttöä, eli 60 % ja poikia 124 eli 40 %.[606]

Antilan mukaan yhtenä syynä kansanopistojen poikapulaan oli poikien henkisten ja hengellisten asioiden vierastaminen. Historia, runous ja uskonto eivät heitä kiinnostaneet sillä tavalla kuin tyttöjä. Syynä saattoi olla myös varojen puute. Pula-aikana poikien ansiotyö nähtiin tärkeämmäksi kuin opiskelu.[607]

Vuodesta 1937 lähtien opiston pojat saivat valmistua kansakoulun veiston-ohjaajiksi. Tätä pätevöitymistä käyttivätkin opiskelijat hyväkseen. Tosin tämäkään mahdollisuus ei sanottavasti lisännyt poikien pyrkimisinnostusta.[608]

Kansanopisto opetti reippaaseen työn tekoon. Antila kirjoitti *Hengelliseen Kuukauslehteen* artikkelin, jossa hän esitti mielipiteenään, että kansanopistoon saapuvalla tulisi olla "eteenpäin pyrkivä mieli".[609] Artikkelissa sanotaan:

> Kansanopisto ei todellakaan ollut mikään "laiskankoulu". Keittiövuorolaiset herätettiin töihinsä aamulla kello puoli kuusi ja kaikki muutkin oppilaat kuudelta. Varsinainen työpäivä alkoi kello seitsemän aamuhartaudella sekä teoria- sekä käytännön opetuksineen. Työ jatkuivat kello seitsemään illalla, jolloin on "illallinen". Välillä olivat ruokatauot, ulkoilu, uunien lämmitys, ym. huoltotehtävät. Vielä iltaruokailun jälkeen olivat usein luokassa tai oppilashuoneissa seurat. Päivä päättyi iltahartauteen, jossa tavallisesti johtaja piti lyhyen hartauspuheen ja rukouksen. Kello kymmenen oli nukkumaanmenoaika, jolloin sammutettiin valot"[610]

Oppilaita Viipurista saakka

kansanopistoon tuli 1930-luvulla oppilaita paljon myös Hyrynsalmelta, Kuhmosta ja Suomussalmelta. Kulkuyhteydet olivat parantuneet ja kansanopistoseuroja järjestettiin edelleen kesäisin eri seurakunnissa. Esimerkiksi vuoden 1932 kesäkuun 5.—13. päivinä pidettiin Suomussalmella ja Hyrynsalmella yhteensä kahdeksat seurat, joissa oli mukana myös seurakuntien omia pappeja.[611]

---

[606] *Huuhka* 1955, 155; *Maunumaa & Ranta 1909—1959*, 1959, 54—60; Liitteet 4 ja 5.
[607] *Keränen* 1977, 244; *Sinikara* 1978, 68—69; *Tolonen,* 1985, 37—38.
[608] *Maunumaa & Ranta 1909—1959*, 1959, 15, 59—60; *Kemppainen & Pykäläinen* 2009, 79, 271—272; Liitteet 4—5.
[609] *HK* 1931, 112—114. Niille, jotka aikovat oppilaiksi Kainuun Kansanopistoon.
[610] *HK* 1931, 112—114. Niille, jotka aikovat oppilaiksi Kainuun Kansanopistoon.
[611] Sirkku ja Heikki Vaahtoniemen haastattelu 26.6.2006; *KS* 4.6.1932. Kansanopistopäiviä vietetään.; *Stenij* 1927, 203; *HK* 1937, 139. Kuulumisia; *Maunumaa & Ranta 1909—1959*, 1959, 55—60; *Kemppainen & Pykäläinen* 2009, 286—292.

Seuraavassa ovat eri paikkakunnilta tulleiden oppilaiden määrät 1930-luvulla:

Kaavio 4. Kainuun kansanopiston oppilaat %:na eri seurakunnista lukuvuosina 1931—1939[612]

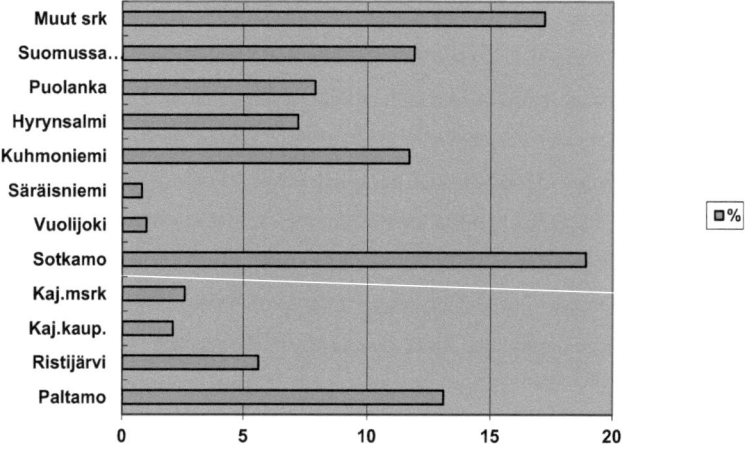

Vuonna 1920 oli Sotkamosta tullut yli kolmasosa oppilaista, mutta 1930-luvulla tuli muutos. Samalla kun kaukaisemmilta paikkakunnilta tulleiden oppilaiden lukumäärä lisääntyi, Sotkamosta tulijoiden määrä pieneni. Pula-aika saattoi vaikuttaa tähänkin, sillä 1930-luvun lopulla sotkamolaisten määrä taas kohosi. Sotkamo oli seurakunta, josta oli hyvät yhteydet kansanopistolle sekä liikenteen kannalta että hengellisessä mielessä.

Kansanopisto uuden herännäisyyden keskukseksi

Kainuun kansanopiston muuttuminen herännäisopistoksi vaikutti siihen, että uusi herännäisyys vahvistui Kainuussa. Herättäjä-Yhdistyksen aluesivulla todetaan:

> Oman lukunsa Kainuun herännäisyyden historiaa onkin herännäishenkisen kansanopiston saanti Mieslahteen. Kainuulaista herännäisyyttä on leimannut suuret yhteiset juhlat. Perinteisesti Marian päivänä Kainuun opistolla pidetyt opistolaispäivät (toveripäivät) kokoavat satoja opiston käyneitä ja opiston ystäviä yhteen.[613]

Olavi Kareksen mukaan "Uudistuneesta kansanopistosta on tullut ahjo, josta sinkoaa sytyttäviä kipinöitä Kainuun kuiviin ja koleikkoisiin korpiin". Hänen mukaansa kansanopisto sai näin ystäviä miltei kaikista Kainuun seurakunnista.

---

[612] *Maunumaa & Ranta 1909—1959*, 1959, 50—54; *Kemppainen & Pykäläinen* 2009, 296—292. Oppilasluettelo, josta taulukko koottu; Liitteet 4—5.
[613] Herättäjä-Yhdistyksen Itä-Suomen aluesivut, 1. http://itasuomi.h-y.fi/kainuu.html. Katsottu 21.4.2009.

Suuri osa heistä oli mukana vain "yleisen kristillisyyden pohjalta" mutta osa oli sellaisiakin, "jotka liittyivät heränneeseen kansaan". Seuroihin tulijoista pääosa oli opiston entisiä oppilaita ja heidän omaisiaan. *Kares* ilmaisee tässä sen totuuden, että opistolla oli paljon ystäviä, jotka eivät lukeutuneet heränneisiin ja että kaikista entisistä oppilaistakaan ei tullut heränneisiin lukeutuneita.[614]

Marian päivän isoihin seuroihin, juhannuksena vietetyille toveripäiville sekä opiston toimintakauden alkajais- ja päätöstilaisuuksiin tuli kainuulaisia runsain joukoin. Opistolla oli myös muita rovastikunnallisia tapahtumia, joihin Kainuun eri kulmilta tehtiin matkoja joko yksityisesti tai seurakunnan järjestämillä kyydeillä.[615]

Kansanopiston vaikutus seurakuntiin hyvä

Opiston käyneiden vaikutus omissa seurakunnissaan on yleisesti tunnustettu. Monet entiset oppilaat toimivat siellä vapaaehtoistyössä, kuten pyhäkoulunopettajina tai opiskelivat seurakunnalliseen ammattiin. Näin he siirsivät myös omaksuneensa herännäishengen nousevalle sukupolvelle. Hekin, joista ei tullut seurakuntien palkallisia tai vapaaehtoisia työntekijöitä, toivat sen koteihinsa. Varsinaista herännäistoimintaa he tuskin aloittivat. *Hengellistä Kuukauslehteäkään* he eivät aina tilanneet. Sitä tilattiin sinne, missä innokkaat asiamiehet sitä esittelivät. Kun papit aloittivat seurojen pidon, *Siionin virsien* osaajina ja herännäishenkiseen julistukseen tottuneena opiston entiset oppilaat tulivat niihin mukaan.[616]

Seuraavassa taulukossa ovat kirkkoherrojen vastaukset yleiskertomuksen kysymykseen, jossa tiedusteltiin, kuinka paljon seurakunnan nuoria käy opistossa a) Omalla paikkakunnalla, b) Muualla ja c) Mistä yhteiskuntakerroksista".

---

[614] *Kares* 1952, 404—406; *Antila* 1952, 71.
[615] Sirkku ja Heikki Vaahtoniemen haastattelu. 26.6. 2006; Esimerkiksi: *Kajaani* 12.10.1923, Kainuun Kansanopisto; *KS* 4.3.1924, Toveripäivät Kainuun Kansanopistolla; 15.3.1924, Piispantarkastus Kainuun Kansanopistolla; *KS* 28.3.1925 Kainuun Kansanopiston toveripäivät; 27.3.1928 Kainuun Kansanopiston toveripäivät; *Kares* 1952, 404—406.; *Maunumaa & Ranta* 1959, 2, 13. 16—18.
[616] TUMA K Tilastot. Yleiskertomus seurakunnista synodaali- ja kirkolliskokoukselle. 1927—1931. Ka 51. Kirkollisella pohjalla syntyneet hengelliset liikkeet; 1932—1936, s.39. Kirkollisella pohjalla syntyneet hengelliset liikkeet 1932—1936; SKSK KKA XIII Suomussalmi 10. Tatjana Karjalainen; Iida Tolvasen haastattelu; *Huttunen* 1959, 31; *Hyyryläinen* 1985, 543; *Moilanen* 1987, 110; *Huhta* 201, 224—225; *Arffman* 2004, 504—507; *Kemppainen & Pykäläinen* 2009, 76; *Maunumaa & Ranta* 1959, 37—41.Liite 4.

Taulukko 6.Kansanopiston käyneitä Kainuun seurakunnissa [617]

Kajaanin kaupunki, Max Katavisto: a, b) Noin 5 vuosittain Kainuun kansanopistossa Mieslahdella, c) Tilallisten lapsia.
Paltamo, K. E. Roine: a) Kainuun kansanopistossa keskim. 6, b) Lahdessa keskim. 2, c) Talollisten lapsia.
Säräisniemi, J. J. Mustakallio: a) Mieslahden kansanopistossa 1 mies, 3 naista
Vuolijoki, S. Karjalainen: a) 2—3 vuodessa, c) Varakkaiden talollisten lapsia.
Sotkamo, Eljas Lönnrot: Mieslahden kansanopistossa 20—30 nuorta vuosittain, jokunen Lapinlahden ja Sörnäisten kansanopistossa.
Kuhmonniemi, Emil Rechardt: Kainuun ja Soisalon opistoissa käy keskim. 10 nuorta ja ne ovat talollisten ja mäkitupalaisten lapsia.
Hyrynsalmi, Toivo Liimatta: Mieslahden kansanopistossa vuosittain 3—5, viime syksynä kansanopistoihin meni 17.
Ristijärvi, Eino Seppo: Mieslahden kristillisessä kansanopistossa viisi oppilasta vuodessa.
Suomussalmi, Toivo Janhonen: Mieslahden kansanopistossa useampia tyttöjä vuosittain, etup. talollisten lapsia.

Samalla tiedusteltiin kansanopistojen vaikutusta nuorten uskonnolliseen ja siveelliseen kehitykseen ja kirkolliseen harrastukseen. Miltei kaikki kirkkoherrat kertoivat kansanopiston vaikutuksen olleen hyvä. Sotkamon kirkkoherra Eljas Lönnrot vastasi: "Hyvä, kasvattava ja rakentava vaikutus" ja Hyrynsalmen kirkkoherra Toivo Liimatta: "Edullinen".

---

[617] TUMA K Tilastot. Yleiskertomus seurakunnista synodaali- ja kirkolliskokoukselle 1927—1931. KA 18. Kansanopistot ja niihin verrattavat laitokset.

Heränneiden lehdet ja kirjat

Hengellinen Kuukauslehti

Hengellisellä Kuukauslehdellä oli *Voitto Huotarin* mukaan merkityksensä "yhteydenpidon syventämisessä ja herännäisyyden jatkuvuuden säilyttämisessä".[618] Kainuussa Hengellisen Kuukauslehden tilaajamäärä oli vähäinen. Se näkyy seuraavissa taulukoissa:

Taulukko 7. Hengellisen Kuukauslehden levikkitietoja 1800 -luvun lopulta.[619]

Vuosi	1894	1895	1896	1897
Kajaani	5	16	31	28
Sotkamo	3	3	3	1
Suomussalmi	2	1	3	5
Kuhmoniemi				2
Kainuussa yhteensä	10	20	37	36
Vertailun vuoksi:				
Ylistaro	299	323	324	358
Ylivieska	165	209	167	177
Kiuruvesi	23	49	67	85
Nilsiä	3	4	23	36
Koko levikki	1592	2138	2239	2414

Taulukko 8. Hengellisen Kuukauslehden levikkitietoja 1900 -luvun alussa.[620]

Vuosi	1908	1909	1910	1911	1912	1915
Hyrynsalmi					1	
Kajaani		4	3	18	39	51
Melalahti	1					
Mieslahti						23
Paltamo			1	24	18	8
Puolanka	1					
Ristijärvi	3		1	3	3	1
Sotkamo				2	1	2
Suomussalmi.				1		
Kainuussa yhteensä:	5	4	5	48	62	85
Vertailun vuoksi:						
Ylistaro	319	298	302	372	476	261
Ylivieska	139	122	150	179	204	174
Kiuruvesi	108	43	71	98	115	112
Nilsiä	78	66	62	66	41	96
Koko levikki	2064	1899	2287	3033	3622	3411

---

[618] *Huotari* 1981, 229.
[619] *HK* takakannet seuraavista "vihkoista":1894, 4, 1895, 4, 1896, 4—5, 1897, 7. Hengellisen Kuukauslehden leviäminen; *Huhta* 2001, 230.
[620] *HK* 1909 takakansi; 1911, 202—203; 1912, 206—207; 1916, 46—48. Hengellistä Kuukauslehteä levisi; *Huhta* 2001, 230.

Taulukko 9. Hengellisen Kuukauslehden levikkitietoja Kainuusta 1920 luvulla [621]

Vuosi	1921	1922	1923	1928
Kajaani	30	36	91	67
Melalahti			16	
Mieslahti	13	18	27	42
Sotkamo	5	25	60	31
Kainuun levikki	48	79	194	140
Koko levikki	3953	5115	6968	8249

Hengellinen Kuukauslehti alkoi ilmestyä vuonna 1888. Vuonna 1897 sitä tilattiin Kainuuseen 36 vuosikertaa.[622]

Kajaaniin vuonna 1896 muuttaneen Johannes Väyrysen vaikutus näkyy kajaanilaisten ja muidenkin tilausten määrässä. Hän oli silloin innokas lehden markkinoija, ja lehdessä oli paljon hänen kirjoituksiaan. Sitä tilasivat myös he, jotka eivät Väyrysen mukaan olleet "heränneen mielisiäkään".[623]

Suomussalmelle, jossa ei 1800-luvun lopulla tiettävästi esiintynyt uutta herännäisyyttä, meni vuonna 1897 viisi Hengellisen Kuukauslehteä eli Kainuun maalaisseurakunnista eniten. Oliko se tullut tutuksi Kajaanin seuroissa?[624]

Hengellistä Kuukauslehteä tuli pääasiassa Pohjanmaalle ja Pohjois-Savoon, joissa uusi herännäisyys oli jo tunnetumpaa kuin Kainuussa. Tilaajamäärät laskivat 1900-luvun alussa koko Suomessa. Vaikeiden valtiollisten olojen, kokemiensa henkilökohtaisten murheiden ja monien tehtäviensä vuoksi Malmivaara aikoi jopa lakkauttaa lehden. Vuonna 1905 se ei ilmestynytkään. Kun hänen vävynsä Matti Pesonen ryhtyi vuonna 1908 lehden vastaavaksi toimittajaksi, lehti alkoi ilmestyä säännöllisesti. Tilaajamäärätkin kohosivat.[625]

Vuosina 1920—1922 *Puolangalla* pappina toiminut Hannes Hyvärinen kertoi saaneensa 1920-luvun alussa Puolangalla yhdeksän Hengellisen Kuukauslehden tilaajaa.[626] Se ei näy jostakin syystä taulukossa.

Kajaani, Paltamo, Ristijärvi ja Sotkamo olivat siis ne seurakunnat, joihin lehteä tilattiin 1900-luvun alkupuolella mainittavasti. Näissäkin seurakunnissa lehti menetti paljon lukijoitaan ensitutustumisen jälkeen.[627]

---

[621] *HK* 1924, 59—60; 1929, no 1—2, etulehti. Hengellistä Kuukauslehteä levisi.
[622] *HK* 1922, 32; *Tuovinen* 1971,16; *Keränen* 1977, 241.
[623] *HK* 1900, 11. Kirje Kajaanista.
[624] Ainakin Sotkamon markkinamiehiä osallistui Väyrysen pitämiin seuroihin. Väyrynen nimittäin kirjoitti Wilhelmi Malmivaaralle vuonna 1895, että hän kuuntelee mielellään, kun sotkamolaiset "valtaavat" seurojen veisuun. KA SKHSA VI 41—60. WM. Väyrynen Malmbergille 12. 11. 1895.
[625] *HK* takakannet seuraavista "vihkoista":1894, 4, 1895, 4, 1896, 4—5, 1897, 7. Hengellisen Kuukauslehden leviäminen; *Taipale* 1980, 146—147; *Huhta* 2001, 230; *Väinölä* 2008, 648.
[626] *HK* 1921, 153—155. Puolangan heränneistä.

Vuonna 1939 tuli Hengellistä Kuukauslehteä Kainuuseen seuraavasti:

Taulukko 10 Kainuuseen tilatun Hengellisen Kuukauslehden levikkitietoja 1939.[628]

Seurakunta	Tilaajia
Hyrynsalmi	3
Kajaani	42
Paltamo	7
Puolanka	1
Ristijärvi	8
Sotkamo	27
Vuolijoki	3
Levikki Kainuussa	**91**

Hengellisen Kuukauslehden tilausmäärä väheni 1930-luvulla. Syitä tilauksien vähenemiseen *Kajaanissa* oli useita: Aluksi lehteä tilattiin tutustumista varten, mutta nyt sitä tilasivat vain he, jotka tunsivat sen todella omakseen. Kajaanissa herännäistoiminta oli 1930-luvulla vähentynyt. Hannes Korhonen ja Eino Lehtovaara myivät paljon kirjoja, joita arvostettiin enemmän kuin lehtiä. [629]

Sotkamossa oli tilausten määrä pysynyt miltei samana kuin 1920-luvulla. Suurin osa vuosikerroista meni Tipasojan alueelle. Siellä toimikin Herättäjä-Yhdistyksen ompeluseura virkeänä vielä 1930-luvun lopulla. Vuonna 1928 Sotkamoon oli tilattu 31 vuosikertaa ja vuonna 1939 hieman vähemmän eli 27. Niistä 11 oli tilattu Tipasojalle. Sen lisäksi Sotkamossakin ostettiin kirjallisuutta.[630]

Paltamossa oli tapahtunut suhteellisesti suurin tilausten väheneminen. Sinne tuli vuonna 1939 seitsemän vuosikertaa, kun niitä oli tilattu kymmenen vuotta

---

[627] TUMA K Tilastot. Yleiskertomus seurakunnista synodaali- ja kirkolliskokoukselle 1927–1931, Ka 29. Hengellisen kirjallisuuden käyttö. Tavallisimmat saarna- ja hartauskirjat sekä krist. aikakauskirjat ja sanomalehdet; SKSK KKA IX. Esim. Sotkamo 1. Oskari Partanen; Sotkamo 8 N, Abel Arvid Klemetti.

[628]HYA. Kuukauslehden kassakirja 1937–1946 II Cb 11; Tilaajaluettelo kirjapainoille 1938–1948.

[629] Hannes Korhonen tilitti vuonna 1939 Herättäjä-Yhdistykselle noin 3200 mk ja kauppias Eino Lehtovaara 400 mk. Hengellinen Kuukauslehden tilausmaksu oli vuonna 1939 vain 15 mk. Asiamiehet saivat siitä "vaivojensa palkaksi" 20 %,.Lehtien tilausmaksuiksi tuli yhteensä vajaa 500 markkaa. Kirjallisuuden summaksi jäi näin ollen yli 3000 mk. HYA. Kustannusosakeyhtiö Herättäjä. Kassakirja II Cb 8; Kuukauslehden kassakirja 1937–1946 II Cb 11; Tilaajaluettelo kirjapainoille 1938–1948. I Cc 1; *HK* 1924, 59–60; 1929, no 1–2, etulehti. Hengellistä Kuukauslehteä levisi; *HK* 1939 Vihko 1. Takasivu. Hengellinen Kuukauslehti; Liite 9.

[630] Kirjallisuuden suosion voi päätellä esimerkiksi siitä, että sotkamolaisten Hengelliset Kuukauslehdet maksoivat vuonna 1939 yhteensä noin 400 markkaa, mutta asiamiehet Jafet Räty, Eero Permi, Konsta Heikkinen ja V. J. Tervonen ja Sotkamon kirjakauppa tilittivät Herättäjä-Yhdistykselle noin 1830 markkaa. HYA. Kustannusosakeyhtiö Herättäjä. Kassakirja II Cb 8; Kuukauslehden kassakirja 1937–1946 II Cb 11; Tilaajaluettelo kirjapainoille 1938–1948. I Cc 1; *HK* 1924, 59–60; 1929, no 1–2, etulehti. *HK* 1939, Vihko 1. Takasivu. Hengellinen Kuukauslehti; Liite 9.

aikaisemmin 42 vuosikertaa, joista kaikki Mieslahden kylälle. Kovin paljoa kirjallisuuttakaan eivät asiamiehet Erkki Kaikkonen ja Viljami Määttä myyneet.[631]

Vaikka *Ristijärvellä* oli koko 1930-luvun ajan ollut uuden herännäisyyden kirkkoherroja, Hengellistä Kuukauslehteä tilattiin sinne vain kahdeksan vuosikertaa. Edistystä oli hieman tapahtunut, sillä 1920-luvulla ei sinne mennyt ainuttakaan. Ristijärveläisetkin ostivat paljon kirjallisuutta.[632]

Suomussalmen Ruhtinansalmen rajaseutupappeina vuonna 1939 toiminut Pentti Pyy ja kirkonkylän kirjakauppias Kalle Miettinen tilasivat Herättäjä-Yhdistykseltä paljon kirjallisuutta, mutta eivät välittäneet ollenkaan Hengellistä Kuukauslehteä. Lestadiolaisseurakunnaksi leimautuneelle *Vuolijoelle* tilattiin muutama Hengellisen Kuukauslehden vuosikerta. Siellä oli vuodesta 1937 lähtien kirkkoherrana herännäispappi Antti Hakala, joka levitti Herättäjän kirjallisuutta. *Säräisniemeltä,* jossa 1930-luvun alkupuolella J. J. Mustakallion aikana oli vilkastakin herännäistoimintaa, ei Hengellistä Kuukauslehteä tilattu. Siellä ei myyty Herättäjän kirjallisuuttakaan.[633]

Vähäisestä Hengellisen Kuukauslehden tilausten määrästä voisi päätellä, ettei uudistunut herännäisyys ollut levinnytkään Kainuuseen. Mutta siellä arvostettiin ja luettiin kirjoja. Sen lisäksi sinne meni paljon K. R. Kareksen toimittama *Heräävä nuoriso* -lehteä, joka alkoi ilmestyä vuonna 1926. Se oli suosittu lehti nuoren herännäispapiston ja herännäiskansanopiston käyneiden keskuudessa muuallakin Suomessa.[634]

---

[631] HYA. Kustannusosakeyhtiö Herättäjä. Kassakirja II Cb 8; Kuukauslehden kassakirja 1937–1946 II Cb 11; Tilaajaluettelo kirjapainoille 1938–1948. I Cc 1; *HK* 1924, 59–60; 1929, no 1–2, etulehti. Hengellistä Kuukauslehteä levisi; *HK* 1939 Vihko 1. Takasivu. Hengellinen Kuukauslehti; Liite 9.
[632] V. t. kirkkoherra Aulis Savolainen jääkäri Heikki Oikarinen tilittivät vuonna 1939 Herättäjä-yhdistykselle noin 2580 markkaa. Kirjallisuuden osuus oli lähes 2500 markkaa. Lehtien osaksi jäi noin 100 markkaa. HYA. Kustannusosakeyhtiö Herättäjä. Kassakirja II Cb 8; Kuukauslehden kassakirja 1937–1946 II Cb 11; Tilaajaluettelo kirjapainoille 1938–1948. I Cc 1; *HK* 1924, 59–60; 1929, no 1–2, etulehti. Hengellistä Kuukauslehteä levisi; *HK* 1939 Vihko 1. Takasivu. Hengellinen Kuukauslehti; Liite 9.
[633] Kustannusosakeyhtiö Herättäjä. Kassakirja II Cb 8; Kuukauslehden kassakirja 1937–1946 II Cb 11; Tilaajaluettelo kirjapainoille 1938–1948. I Cc; Liite 9.
[634]Kustannusosakeyhtiö Herättäjä. Kassakirja II Cb 8; Kuukauslehden kassakirja 1937–1946 II Cb 11; Tilaajaluettelo kirjapainoille 1938–1948. I Cc; Liite 9.

Vanhat kirjat arvostettuja

Jo 1800-luvun alkupuolelta lähtien kainuulaisilla oli paljon hengellisiä kirjoja. Kirkkoon mentiin hankalien matkojen vuoksi harvoin ja sunnuntaisin pidettiin kotona hartaus. Elias Lönnrot kirjoitti 1.5.1834 suomussalmelaisten kirjoista:

> Pian jokasessa talossa on usiampia kirjoja, joita säilytetään pärevasussa pöydällä eli penkillä. Tavallisimmat kirjat ovat Raamattu, Virsikirja, Gezeliuksen Katekismus ja muita hengellisiä kirjoja, kanssa Vegeliuksen postilla.[635]

Vanhoilla heränneillä oli samoja kirjoja kuin Paavo Ruotsalaisella. Rukoilevaisten tavoin niiden piti vielä olla mahdollisimman vanhaa painosta. Thomas Wilcoxin *Kallihit hunajan pisarat*, jota luettiin "hiljaa mietiskellen", oli *Arffmanin* mukaan Fr. Fr Lönnrotin ja muiden ristijärveläisten rakastama. Sitä luettiin muuallakin Kainuussa. Pyhäisin luettuja postilloja eli saarnakirjoja olivat Johan Wegeliuksen *Se Pyhä Evangeliumillinen Walkeus,* Anders Björkqvistin *Uskon harjoitus autuuteen* ja Anders Nohborgin *Langenneen ihmisen autuuden järjestys.*[636]

Suosittuja kirjoja olivat myös Johan Möllerin *Autuuden oppi* -katekismus (Möllerin selitys Lutherin katekismukseen), Johann Arndtin kirjat *Totisesta kristillisyydestä* ja *Paratiisin yrttitarha*, David Hollazin *Armon järjestys*, Johan Filip Freseniuksen *Rippi- ja Herran Ehtoolliskirja*, Thomas Gougen *Sana Syntisille ja Sana Pyhille*, Erik Pontoppidanin *Uskon Peili* ja Johan Gerhardtin *Pyhät tutkistelemukset.* Joillakin oli Nils Hamnerin *Tien osottaja iankaikkiseen elämään,* Johan Bunyanin *Yhden Kristityn Waellus* ja *Uusi testamentti.*[637]

Hannes Hyvärinen on kertonut levittäneensä kirjoja Puolangalla seuraavasti:

> Nohrborgin postilloja 80 kappaletta, Björkgvistin 20 kappaletta, Lutherin Isämeidän selitystä 120 kappaletta, Hunajan pisaroita 125, Parannuksen harjoitusta noin 100, kirkkopostilloja 4 kappaletta, Vanhoja Siionia ja Hengellisiä lauluja noin 50—60 kappaletta ja Uusia Siionia noin 40 kappaletta.[638]

Joidenkin mielestä kaikki Hyvärisen myymät kirjat eivät olleet oikeaoppisia, mutta kirjoja ostanut oli siihen sanonut:

---

[635] *Nieminen & Dobrinin* 1999. 54.
[636] *Arffman* 2004, 473.
[637] TUMA K Tilastot. Yleiskertomus seurakunnista synodaali- ja kirkolliskokoukselle. 1932—1936; Ka 50. Hengellisen kirjallisuuden käyttö. Tavallisimmat saarna- ja hartauskirjat sekä kristilliset aikakauskirjat ja sanomalehdet; TUMA K Tilastot. Yleiskertomus seurakunnista synodaali- ja kirkolliskokoukselle. 1937—1941; Ka 76. Hengellisen kirjallisuuden käyttö. Tavallisimmat saarna- ja hartauskirjat sekä kristilliset aikakauskirjat ja sanomalehdet. Liite 9.
[638] *HK.* 1921, 154–155.

Kyllä on tärkeää, että oikea oppi ja oikea sana on meille niin kallis, että sen kadottamista pelkäämme kuin kruunumme menettämistä. Mutta jos oikean opin ohella elämä puuttuu, on hukkumisemme sitä onnettomampi.[639]

Wilhelmi Malmivaaran postillaa *Viestejä vaivatuille* luettiin jo 1900-luvun alussa etenkin Kajaanissa, Ristijärvellä, Sotkamossa, Vuolijoella, Hyrynsalmella ja Suomussalmella. *Berghin, Nohrborgin ja Wegeliuksen* postillat olivat silti vielä 1920–1930-luvuillakin yleisiä kainuulaisten hartauskirjoja.[640]

Wegeliuksen postillassa on paljon uustestamentillasta morsiusmystiikkaa. Sen mukaan Kristus on ottanut jo kasteessa ihmisen morsiamekseen. Siinä puhutaan myös vajavaisesta uskosta. Sen Wegelius oli lainannut suoraan Arndtilta. Hänen mukaansa heikko usko, joka on ikävöivää uskoa, on voimakasta. Vajavaisuuden tunto on merkki kilvoittelijan kulkemisesta pelastuksen tiellä. Wegeliuksen kuvaukset ristin kantamisesta pohjautuvat hänen omiin kokemuksiinsa ja Scriverin *Sielun aarre* -kirjaan. Juuri "ristin korkeakoulussa" opitaan turvautumaan Jumalan lupauksiin. *Pertti Repo* toteaa, että suomalaiset mieltyivät Wegeliuksen postillaan ehkä sen "ristin korkeakoulun" hengen vuoksi.[641]

Kainuulaisen kirkkoherran *Aarne J. Kyllösen* mukaan Wegeliuksen postilla vähitellen syrjäytti "lakihenkiset" Nohrborgin ja Björkqvistin postillat. Hän puhui "nohrborgilaisesta" ja "wegeliuslaisesta" herännäisyydestä. Se käsitys, että vanhurskauttava usko ei ole riippuvainen niinkään parannuksesta ja pyhityksestä vaan hengen köyhyydestä Jumalan ja Kristuksen edessä, on lähtöisin Nohrborgin postillasta. Hänen mukaansa herännäisyyden tunnusomaisin piirre Kainuussa on ollut hengen köyhyys ja sydämen nöyryys. Hän kirjoittaa: "Hengen köyhyys on perinteinen kainuulaisen uskonopin kuvastin ja sydämen nöyryys sen elämän eettinen ohje". Se tuli Wegeliuksen postillasta.[642]

On huomattava, että Wegeliuksen postillaa luki myös Paavo Ruotsalainen, joten se vaikutti hänenkin uskonnäkemykseensä ja hänen johtamaansa herännäisyyteen.[643]

---

[639] *HK.* 1921, 155.
[640] TUMA K Tilastot. Yleiskertomus seurakunnista synodaali- ja kirkolliskokoukselle. 1932–1936; Ka 50. Hengellisen kirjallisuuden käyttö. Tavallisimmat saarna- ja hartauskirjat sekä kristilliset aikakauskirjat ja sanomalehdet; TUMA K Tilastot. Yleiskertomus seurakunnista synodaali- ja kirkolliskokoukselle. 1937–1941; Ka 76. Hengellisen kirjallisuuden käyttö. Tavallisimmat saarna- ja hartauskirjat sekä kristilliset aikakauskirjat ja sanomalehdet; Liite 9.
[641] *Halila* 1953, 543, 562, 569, 570, 630; *Haavio* 1965, 28; *Repo* 1999, 25; *Koivulahti* 2003, 93.
[642] Aarne J. Kyllösen haastattelu 26.7.2010; *Kyllönen* 1995, 96–97.
[643] *Haavio* 1965, 28.

Heitä oli moneksi

Kainuussa on ollut vanhaa, uutta ja osittain uudistunutta herännäisyyttä. Vanha herännäisyys muotoutui 1800-luvulla Kainuussa siellä puhjenneista pietistisistä herätyksistä. Paavo Ruotsalainen, Jonas Lagus sekä Pohjanmaalta ja Savosta tulleet herännäispapit olivat herätykseen tulleiden ohjaajina. Joillakin paikkakunnilla kuten Paltamossa, Puolangalla, Hyrynsalmella ja Suomussalmella, heränneiden hoitajina toimivat myös maallikot. Vanha herännäisyys oli yhtenäistä "laguslaista" herännäisyyttä. Vanhoja heränneitä nimitettiin myös "vanhojen kirjojen käyttäjiksi".

Kainuun eristäytyneisyys muusta Suomesta ja kirkossakäynnin vähäisyys aiheuttivat sen, että vanhat jopa pakanallisiksi katsottavat uskomukset säilyivät heränneiden keskuudessa 1900-luvulle saakka. Vanhat uskomukset kuuluivat kotipiiriin. Ne eivät häirinneet kirkon uskoa, jolla vain päästiin Taivaaseen.

Herännäisjohtajien kuoltua tai muutettua pois vanhan herännäisyyden voima väheni, mutta ei sammunut. Sitä vaalittiin kodeissa postilloja eli saarnakirjoja lukien ja "vanhaa Siionia" veisaten. Se vaikutti vielä 1900-luvulla etenkin Hyrynsalmella, Suomussalmella, Puolangalla ja Ristijärvellä.

Uusi herännäisyys levisi Kainuuseen 1800–1900 -lukujen vaihteessa nuorten pappien, Kainuun kansanopiston ja Herättäjä-Yhdistyksen välityksellä. Vanhaan ja uuteen herännäisyyteen lukeutuvien eli vanhojen ja uusien heränneiden välillä oli ristiriitojakin, koska heidän uskonnäkemyksensä erosivat toisistaan. Vanhat heränneet arvostelivat uutta herännäisyyttä väärästä hengestä, joka oli vanhaa herännäisyyttä evankelisempi.

Uudessa herännäisyydessä tuodaan entistä voimakkaammin esille Jumalan armo, joka on syntiselle aina tarjolla ja jonka saa omistaa jo täällä eläessään ja ikävöidessäänkin eikä vasta kuoleman hetkellä. Ei tarvitse katsella vain "omia puutoksia", vaan "verellään puhdistavaa Jumalan Karitsaa", kuten Wilhelmin Malmivaaran Siionin virsiin ottamassa Matti Paavolan virressä sanotaan.

Usein uusienkin heränneiden seuroissa luettiin vanhoja kirjoja ja siellä puhuivat myös arvostetut vanhat heränneet. Heiltä käytiin kysymässä neuvojakin. Vanhojen heränneiden Jaakko Heikkisen ja Salomo Pulkkisen hartauskirjoituksia luettiin viikoittain sanomalehdistä. Näin "vanhan herännäisyyden henkeä" siirtyi uuteenkin. Kainuussa oli yhtä aikaa vanhaa, uutta ja osittain uutta herännäisyyttä.

Paltamossa, jossa oli eniten kansanopiston vaikutusta ja Ristijärvellä, missä vanhat ja uudet heränneet olivat erillään, uusi herännäisyys jäi hengeltään uudeksi.

Kainuun heränneet ovat olleet vakavia ja mietiskeleviä. Kainuun kansanopistossa painotettiin vakavaa kristillisyyttä. Koska herännäisyys "seuloutui" seurakuntiin pappien kautta, se kirkollistui varhain. Heränneet eivät aina tienneetkään kuuluvansa johonkin herätysliikkeeseen, vaan sanoivat olevansa "tavallisia kirkkouskovaisia".

Todellinen herännäisusko vaikutti ihmisen koko elämään eikä vain ulkonaisiin tapoihin. Alkoholi ei vanhoille heränneille ollut erikoinen ongelma. Koska Paavo Ruotsalainenkin käytti alkoholia, sitä sai käyttää kohtuullisesti. Juopottelu oli syntiä. Uuden herännäisyyden johtajat Wilhelmin Malmivaara, Juho Malkamäki ja Mauno Rosendal olivat täysraittiuden kannattajia. kieltolakiäänestyksessä vuonna 1931 näkyi vanhan ja uuden herännäisyyden kannatus. Hyrynsalmella, Puolangalla ja Suomussalmella, missä vielä 1900-luvun alussa oli paljon vanhaa herännäisyyttä, ei kieltolaki saanut erikoista kannatusta. Ristijärvellä ja Paltamossa, missä uusi herännäisyys nuorten pappien ja kansanopiston myötä vaikutti eniten, puolustettiin sitä innokkaimmin.

Kainuun maaseudulla kuten 1900-luvun alkupuolelle saakka muuallakin Suomessa saatiin elanto maa- ja metsätaloudesta. Kainuussa oli pääasiassa pienviljelijöitä. Maatalous ja karjanhoito olivatkin monelle kainuulaiselle vain sivuelinkeinoja. Elanto saatiin metsän puista ja metsätöillä. Maaseudun heränneet olivat 1900-luvun alkupuolella pääasiassa maalaisliittoon lukeutuneita. Kansanopiston oppilaat tulivat maalaiskodeista, joihin he tavallisesti palasivatkin. Kajaanissa monet heränneet olivat pohjalaisten tavoin oikeistolaisia.

Monet herännäispapit toimivat innokkaasti myös yhteiskunnassa. Useilla muillakin kainuulaisilla yhteiskunnan vaikuttajilla oli herännäistausta, vaikkei sitä aina ole korostettu. Näin vakava herännäishenki pääsi vaikuttamaan myös yhteiskunnassa.

Liitteet

Liite 1: Kainuun seurakuntajaon historia 1900-luvulle mennessä[644]

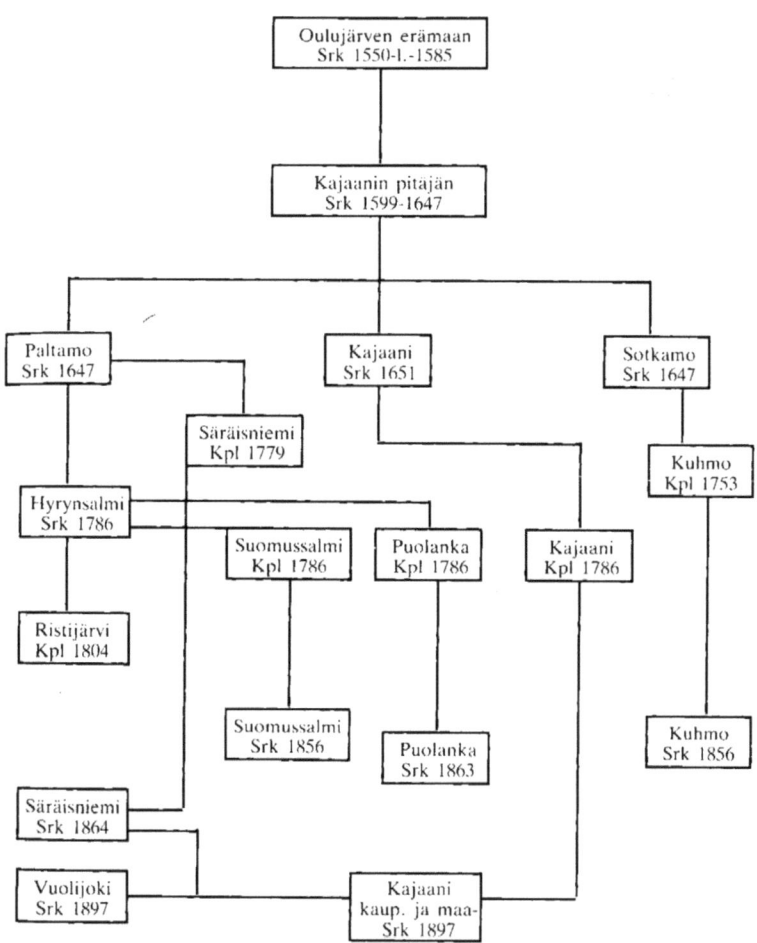

---

[644] *Heikkinen* 1986, 123.

Liite 2: Kainuun kuntien asukasmäärän kehitys 1800-luvun lopulta 1930-luvulle[645]

Kunta	1880	1920	1930
Kajaani	890	4282	7401
Kajaanin mlk	2353	3767	4487
Hyrynsalmi	1654	2693	3100
Kuhmo (Kuhmoniemi)[646]	5851	8901	10204
Paltamo	3567	5772	6706
Puolanka	3941	5704	5436
Ristijärvi	1863	2683	3086
Sotkamo	6933	11235	12973
Suomussalmi	5353	7738	8970
Säräisniemi	3072	3588	3759
Vuolijoki[647]		2035	2251
Koko Kainuu	35477	58398	68385

Liite 3: Kainuun seurakuntien herännäispapit 1800-luvun lopulla ja 1900 luvun alussa[648]

Kajaani
Johannes Väyrynen   1894—1927
Uuno Seppo   1929—1959

Kuhmoniemi, Kuhmo
August Holmström   1874—1904
Jorma Kauko   1938—1939

Paltamo
Antero Vartiainen   1894—1909
Vilho Wihma   1933—1936
Erkki Kaikkonen   1937—1953

Puolanka
Paavo Hamunen   1912—1917
Hannes Hyvärinen   1920—1921
Väinö Tanskanen   1921—1935
Toivo Laitinen   1935—1943

Ristijärvi
Frans Fredrik Lönnrot   1860—1907
Eljas Lönnrot   1887—1891
Väinö Malmivaara   1913—1914
Eino Seppo   1928—1931
Wilhelm Alarik Malmberg   1931—1939
Aarne Savolainen   1939—1940

---

[645] STV XXX 1939, 38. Väestö; SVT VI 1950, C 102. Nide I, 36—38. Vuoden 1950 virallinen väestölaskenta; *Turpeinen* 1985, 211.
[646] Kuhmoniemestä alettiin käyttää nimeä Kuhmo vuonna 1935. *Väisänen* 2002, 116; Kuhmoniemi-nimi muuttui virallisesti nimeksi Kuhmo vuoden 1937 alussa. https://fi.wikipedia.org/wiki/Kuhmo
[647] Vuolijoen seurakunta perustettiin vuonna 1897. *Heikkinen* 1986, 123.
[648] Luetteloon, johon saatu tiedot lukemattomista lähteistä, lisätty pappien koko virassaoloaika.

Sotkamo

Nils Holmström	1889–1892
Heikki Mustakallio (Henrik Schwartzberg)	1896–1913
Eljas Lönnrot	1917–1933
Jafet Räty	1928–1958

Suomussalmi

Paavo Hamunen	1892–1912
Lauri Ferdinand Säippä	1935–1970
Pentti Pyy	1938–1939

Vaala =Säräisniemi

Johannes Jaakko Mustakallio	1917–1936

Vuolijoki

Johannes Väyrynen (v. t)	1898–1907
Johannes Jaakko Mustakallio	1912–1917
Otto Stenij	1.5.–1.8. 1926
Antti Hakala	1937–1944

Liite 4. Kainuun kansanopiston oppilaat seurakunnittain

Seurakunta 1909-1920	Palta-mo	Risti-Järvi	Kajaani kaup.	Kajaan msrk msrk	Sotka-mo	Vuoli-joki	Säräis-niemi	Kuhmo niemi[64]	Hyryn-salmi	Puo-lanka	Suomu salmi	Muut seurak.	Yht.
Tyttöjä	49	10	7	11	33	3	9	14	4	14	11	16	181
Poikia	40	6	-	11	16	7	5	10	2	9	6	12	124
Yhteensä	89	16	7	22	49	10	14	24	6	23	17	28	305

Seurakunta 1921-1930	Palta-mo	Risti-Järvi	Kajaani kaup.	Kajaani msrk	Sotka-mo	Vuoli-joki	Säräis-niemi	Kuhmo niemi*	Hyryn-salmi	Puo-lanka	Suomu salmi	Muut seurak.	Yht.
Tyttöjä	42	30	8	22	130	2	2	44	18	27	26	53	404
Poikia	12	7	-	2	19	1	1	10	2	3	7	11	75
Yhteensä	54	37	8	24	149	3	3	54	20	30	34	64	479

Seurakunta 1930-1939	Palta-mo	Risti-Järvi	Kajaani kaup.	Kajaani msrk	Sotka-mo	Vuoli-joki	Säräis-niemi	Kuhmo niemi*	Hyryn-salmi	Puo-lanka	Suomu salmi	Muut seurak.	Yht.
Tyttöjä	76	38	13	16	110	5	4	73	42	47	70	92	586
Poikia	18	2	2	3	26	2	2	11	10	10	16	32	134
Yhteensä	94	40	16	19	136	7	6	84	52	57	86	124	720

Seurakunta 1909-1939	Palta-mo	Risti-Järvi	Kajaani kaup.	Kajaani msrk	Sotka-mo	Vuoli-joki	Säräis-niemi	Kuhmo niemi*	Hyryn-salmi	Puo-lanka	Suomu salmi	Muut seurak.	Yht.
Tyttöjä	167	78	28	49	273	10	15	131	64	88	107	161	1171
Poikia	70	15	2	16	61	10	8	31	14	22	29	65	333
Yhteensä	237	93	30	65	334	20	23	162	78	110	136	216	1514

---

[649] Vuonna 1935 alettiin Kuhmoniemestä käyttää nimeä Kuhmo. *Väisänen* 2002, 116. Se tuli viralliseksi vuoden 1937 alussa. https://fi.wikipedia.org/wiki/Kuhmo

Liite 5: Kainuun ulkopuolelta tulleet oppilaat 1920-ja 1930-luvulla[650]

1920-luku:

Paikkakunta	Tyttöjä	Poikia	Yhteensä
Pohjois-Karjala: Juuka	3	-	3
Nurmes	2	1	3
Parikkala	1	-	1
Pielisjärvi	2	1	3
Valtimo	3	-	3
Yhteensä	11	2	13
Savo: Heinävesi	1	-	1
Hirvensalmi	1	-	1
Kiuruvesi	2	-	2
Lapinlahti	1	-	1
Leppävirta	1	-	1
Nilsiä	2	-	2
Pielavesi	1	-	1
Sonkajärvi	2	-	2
Suonenjoki	2	-	2
Säyneinen	1	-	1
Virtasalmi	1	-	1
Yhteensä	15	-	15
Pohjanmaa: Kestilä	1	-	1
Kärsämäki	2	-	2
Merikarvia	1	1	2
Pulkkila	1	-	1
Utajärvi	1	-	1
Ylihärmä	-	1	1
Ylivieska	1	-	1
Yhteensä	7	2	9
Muu Suomi: Teisko	1	-	1
Vienan Karjala	17	5	22
Yhteensä	51	13	64

1930-luku:

Paikkakunta		Tyttöjä	Poikia	Yhteensä
Pohjois-Karjala:	Juuka	-	5	5
	Kitee	1	-	1
	Nurmes	27	6	33
	Pielisjärvi	7	-	7
	Valtimo	16	8	24
	Yhteensä	51	19	70
Savo:	Kiuruvesi	1	-	1
	Nilsiä	-	1	1
	Rantasalmi	1	-	1
	Rautalampi	1	-	1
	Rautavaara	1	1	2
	Yhteensä	4	2	6
Pohjois-Pohjanmaa:	Haukipudas	2	1	3
	Muhos	1	1	2
	Oulujoki	2	-	2
	Paavola	1	-	1
	Piippola	2	-	2
	Taivalkoski	1	-	1
	Utajärvi	11	6	17
	Yhteensä	20	8	28
Muu Suomi:	Elimäki	1	-	1
	Kittilä	1	-	1
	Petäjävesi	1	-	1
	Ranua	1	-	1
	Saarijärvi	1	1	2
	Salla	1	-	1
	Sortavala	1	-	1
	Tyrvää	-	1	1
	Viipuri	-	1	1
	Yhteensä	7	3	10
Koko Suomi yhteensä		92	32	124

---

[650] *Maunumaa & Ranta* 1959, 55—60. Oppilasluettelo.

Liite 6: Johtaja Armas Antilan paimenkirje opiston entisille oppilaille [651]

KAINUUN KANSANOPISTO
MIESLAHTI

Mieslahdella elokuun 17 p:nä 1936.

Rakas entinen oppilaani!

Huomaan, että on täsmälleen vuosi, kun lähetin kaikille oppilailleni kirjeen ja sain sen jälkeen hyvin monta kirjettä ja tervehdystä. Sen kirjeen jälkeen alkoi myös virrata hakemuksia aivan tulvimalla, että olimme viime syksynä hukkua hakemuksiin. Saa nähdä, miten nyt tänä syksynä käy, joudummeko lopuille hakijoille vastaamaan kieltävästi, kuten viime vuonnakin. Se, että hakijoita on ollut, on kokonaan entisten oppilaitten ansiota, jotka ovat uskollisesti muistaneet opistoa arvattavasti Jumalankin edessä paljon uskollisemmin kuin me muistamme täällä oppilaitamme. Merkillistä on, miten läheisinä siteet ovat kuitenkin säilyneet, vaikka me opettajat ja minä eritoten olen sellainen kuin olen. Tuntuu, että opistoaikanakin saisi olla joka hetki yhtä anteeksipyyntöä täynnä.

Viime vuosi opistossa oli sangen raskas liika suuren oppilasmäärän vuoksi, paljon sairastamisen tähden ja liekö ollut jotakin muutakin. Omalla kohdallani oli työkauden alussa jatkolukuja ja tuntui siltä, että ei oikein pirteäksi selvinnyt enää koko työkautena. Ehkäpä kuitenkin pohjimmainen syy oli se, että puuttui valvova mieli. On niin helppoa katsella ja arvostella toisten parannuksen mieltä ja pysyä itse tieltä syrjässä. Tämän kesän aikana olen joutunut tekemään tästä tiliä hiljaisuudessa Jumalan edessä ja kerran taas olen luvannut Herralle uutta pyrkimystä ja kilvoittelua. Kuinka sitten kevään tullen taas saakaan hävetä. Sellaista mieltä kuitenkin tällä hetkelläkin olisi.

Monellaiset merkit viittaavat siihen, että seulomisen ajat ovat tulossa Jumalan kutsuman kansan keskuudessa. Monet entisistä oppilaista ovat ankarasti kiusattuja, niin ankarasti, että säälittää. Luonnollista on, että nuoren ihmisen kiusat ovat useimmiten kiusauksia painua maailmallisuuteen. Maailma ei enää olekaan vaarallinen, jota olisi peljäten paettava, vaan on se se tavallinen „vanha maailma", joka ei tee hyvää eikä pahaa, vaan joka on pantu ihmisen asuttavaksi. Kun pelko loppuu, alkaa ystävyys maailman kanssa ja siten vihollisuus Jumalaa vastaan. Usein tahtoo pahahenki olla kiusaamassa, että kaikki painuvat maailmaan, mutta sitten taas, kun näkee suuret joukot entisiä opistolaisia ja muita ystäviä koossa Jumalan sanan ääressä, herää uusi usko ja toivo. Odotan nyt kovin Kuhmon seuroja, joita vietetään ensi lauantaina ja sunnuntaina. Paljon varmaankin sinne kokoontuu ystäviä, vaikka seurapaikka onkin jonkun verran etäällä. Odotan niitä siitäkin syystä, että saisimme uutta herätystä, jota ainakin minä tarvitsen. Kumpa meidät Herra Henkensä kautta tekisi eläviksi oksiksi, ettei jäisi Herran pelko täällä vain kuin tähdenlennoksi. Meillä on vaikea tie edessämme, mutta ihana päämäärä. Sitä kohden on vaikeuksissakin katse nostettava. Emme saa kukaan antaa maailmalle emmekä perkeleelle iloa. Meidät on kutsuttu Jumalan kunniaksi ja me olemme hetken kuluttua näkevä suuren ystäväjoukon ympärillämme vaeltamassa kohti taivasta, iäistä autuutta, jossa niillä, jotka ovat itkien täällä matkaansa tehneet „menee nauruun suu".

Jos jaksat vielä kehoittaa joitakin opistoon, niin tee se heti, sillä emme tiedä miten myöhästyneitten hakijoitten käy. Kansakoulun käyneille lähetetään heti kutsu ja kansakoulun käymättömille lokakuun ensi viikolla.

Jumalan armo olkoon kanssasi! Tule käymään! Kirjeita!

JOHTAJA.

Antilan paimenkirje.

[651] *Kemppainen & Pykäläinen* 2009, 76.

Liite 7: Työseuratulot sekä jäsenmaksut 1920-ja 1930-luvulla

Kainuusta tilitetyt työseuratulot Herättäjä-Yhdistykselle vuosina 1927–1930 [652]

Vuosi	1927–1928	1928–1929	1929–1930
Kajaani	4976	5865,20	8684,70
Sotkamo	500	1572,75	1476,55
Ristijärvi	-	650	680
Yhteensä	5476	8087,95	10841,25

Kainuusta tilitetyt työseuratulot Herättäjä-Yhdistykselle 1930-luvulla [653]

	1930-1931	1931-1932	1932-1933	1033-1934	1934-1935	1935-1936	1936-1937	1937-1938	1938-1939	1939-1940
Kajaani	10650	6229,75	6000	7965	6300	4000	3800	5150	4065	1500
Melalahti	-	-	-	-	-	-	-	377,25	805,35	-
Mieslahti	-	-	-	-	-	500	800	800	2000	-
Paltamo	-	-	-	-	-	-	-	-	300	-
Ristijärvi	1080	-	-	-	500	500	500	500	640	-
Sotkamo	2600	2960,45	1200	1350	1000	1850	1550	1200	2866,26	620
Yhteensä	14330	9190,20	7200	9315	8800	6850	6800	8027,25	10676,61	2120

Kainuusta tilitetyt jäsenmaksut mk Herättäjä-Yhdistykselle 1920-luvulla.[654]

Vuosi	1927–1928	1928–1929	1929–1930
Kajaani	4976	5865,20	8684,70
Sotkamo	500	1572,75	1476,55
Ristijärvi	-	650	680
Yhteensä	5476	8087,95	10841,25

Kainuusta tilitetyt jäsenmaksut mk Herättäjä-Yhdistykselle 1930-luvulla [655]

Vuosi	1930-1931	1931-1932	1932-1933	1033-1934	1934-1935	1935-1936	1936-1937	1937-1938	1938-1939
Kajaani	460	310	995	105	75	-	90	-	125
Ristijärvi	130	-	-	-	-	-	-	-	-
Sotkamo	100	-	50	-	-	-	-	-	-
Yhteensä	690	310	1045	105	75	-	90	-	125

---

[652] HK 1928,150–151, 1929, 129–131, 1930, 179–181. Herättäjä-Yhdistyksen kannatus ompeluseuroilta.
[653] HK 1931, 166–167; 1932, 179; 1933, 209–210; 1934, 229; 1935, 164–165; 1936, 259; 937, 257–258, 1938, 313–315; 1939, 211–212; 1940, 235–236. Herättäjä-Yhdistyksen kannatus ompeluseuroilta.
[654] HK 1923, 141; 1924, 142; 1925, 14–142; 1926 180–181; 1927, 140–141; 1928, 149–150; 1929, 131–132; 1930, 181.Herättäjä-Yhdistyksen kannatus jäsenmaksuina.
[655] HK 1931, 167–168; 1932, 180–181; 1933, 211–212; 1934, 230; 1935, 164–165; 1936, 259; 1937, 258–259; 1938, 315–316; 1939, 211–212; 1940, 237. Herättäjä-Yhdistyksen kannatus jäsenmaksuina.

Liite 8: Kajaanin Herättäjäjuhlien ohjelma 5—7. 7.1932[656]

Heinäkuun 5. päivä 1932

Kello 19 Aattoseurat juhlakentällä. Puhuvat rovasti Max Katavisto, lääninrovasti Eljas Lönnrot, talollinen Hannes Korhonen, kirkkoherra V. A Malmberg. ja pastori Jafet Räty.

Heinäkuun 6. päivä1932

Kello 8. Aamuseurat juhlakentällä. Puhuvat kansanopistojen johtajat Armas Antila, Juho Kytömäki, Vilho Pesonen ja Jaakko Lammi sekä maisteri Erkki Kurkisuonio ja diakonissalaitoksen johtaja Otto Korpijaakko.

Kello 11. Juhlajumalanpalvelus kirkossa. Saarnaa piispa J. R. Koskimies. Alttarilla ovat kirkkoherra Matti Markkanen ja pastori Jussi Sinnemäki.

Kello 14. Juhlapuhe kentällä. Puhuu kouluneuvos Matti Pesonen.

Kello 15. Vuosikokoukset.

Kello 17. Seurat juhlakentällä. Puhuvat kauppias J. K. Kuoppala, maanviljelijä Paavo Tiihonen, kirkkoherra Kosti Kankainen, kirkkoherra Arvi Malmivaara ja Herättäjän matkapuhuja Aukusti Räty.

Kello 20. Herran P. Ehtoollisella käynti kirkossa. Rippisaarnan pitää kirkkoherra Sulo Rantanen. Alttarilla ovat pastorit Jorma Sipilä ja Eino Seppo

Heinäkuun 7 päivänä 1932

Kello 8. Aamuhartaus juhlakentällä. Saarnaa asessori K. R. Kares.

Kello 10. Seurat juhlakentällä. Puhuvat lehtori Vilho Tikanoja, J. Järvi, Eemeli Ponsimaa ja Eero Linnola ynnä rovasti Väinö Malmivaara. Ohjelmasta poiketen seuroissa puhui myös lähetyssaarnaaja Heikki Saari.

Kello 13.30. Päättäjäisseurat juhlakentällä. Puhuvat pastorit Toivo Laitinen, Kalevi Vihma ja Arvi Simojoki, lehtori Uuno Seppo ja toimittaja Oskari Vihantola.

---

[656] *Kajaani* 2.7.1932. Herättäjäjuhlat alkavat ensi tiistaina t. k. 5. päivänä. (Tässä ohjelmassa muutokset alkuperäisestä.)

Liite 9: Hengellinen kirjallisuus ja lehdet Kainuussa

Hengelliset kirjat ja lehdet Kainuussa 1920-luvulla[657]

Seurakunta	Kirjat ja lehdet
Hyrynsalmi	Luther, Nohrborg, Björkqvist, Kotimaa, Herättäjä, Pyhäkoululehti
Kajaani, Kaup.- ja Maaseurak..	Luther, Nohrborg, Wegelius, Bergh, Björkqvist, Lestadius, Rosenius, Malmivaara, Kilpeläinen, Muroma, Kotimaa, Herättäjä
Kuhmonniemi (Kuhmo)	Lutherin ym postillat, Kotimaa, Herättäjä, Herää valvomaan, Heräävä nuoriso, Lähetyslehti
Paltamo	Lutherin postilla, Kotimaa, Herättäjä, Pyhäkoululehti
Puolanka	Nohrborg, Wegelius, Herättäjä
Ristijärvi	Nohrborg, Bergh, Viestejä vaivatuille j. n. e.
Sotkamo	Luther, Nohrborg, Wegelius, Bergh, Björkqvist, Rosenius, Malmivaara, Kilpeläinen, Kotimaa, Herättäjä, Heräävä nuoriso, Herää valvomaan, Heng. kuukauslehti, Pyhäkoululehti, Lähetyslehti
Suomussalmi	Nohrborg, Arndt, Luther, Vanha virsikirja, Siionin virret, myöhemmin Malmivaaran saarnat
Säräisniemi	Nohrborgin ja Lutherin saarnakirjat, Kotimaa, Koti, Herättäjä, Siionin lähetyslehti, Lähetyssanomat
Vuolijoki	Lutherin postilla Lestadiuksen postilla, Malmivaaran postilla, Kotimaa, Siionin lähetyslehti, Huutavan ääni

Hengelliset kirjat ja lehdet Kainuussa 1930-luvulla[658]

Hyrynsalmi	Nohrborg, Björkqvist, Luther. Kotimaa , Rauhan tervehdys (Oulu), Sanansaattaja, Hengellinen Kuukauslehti Malmivaara, A. Härkönen, Herää valvomaan
Kajaani, Kaup. ja Maaseurakunta.	Lutherin, Nohrborgin, Wegeliuksen, Berghin, Björkqvistin, Segersvärdin, Lestadiuksen, Roseniuksen, Malmivaaran, Muroman, Kilpeläisen kirjat, Hengellinen Kuukauslehti, Heräävä nuoriso, Kotimaa, Herättäjä, Herää valvomaan, Siionin lähetyslehti, Huutavan ääni, Suomen lähetyslehti (=Lähetyssanomat?), Sanansaattaja, Autuus pakanoille, Rauhan tervehdys
Kuhmoniemi/ Kuhmo	Lutherin ym. tunnetut postillat Herättäjä, Kotimaa Heräävä nuoriso, Lähetyslehti ym.
Paltamo	Lutherin postilla, Laestadius, Nohrborg ym. Vartijan ääni, Suomen lähetyslehti (Lähetyssanomat), Kristillinen kuukauslehti?, Isien perintö, Kotimaa, Herää valvomaan
Puolanka	Nohrborg, Wegelius, Björkqvist, Luther. Heräävä nuoriso, Herättäjä, Kotimaa, Hengellinen kuukauslehti, Siionin lähetyslehti, Rauhan tervehdys
Ristijärvi	Nohrborg, Bergh, Wegelius, Björkqvist, Viestejä vaivatuille j. n. e.
Sotkamo	Luther, Nohrborg, Wegelius, Bergh, Rosenius, Malmivaara, Heräävä nuoriso, Pyhäkoululehti, Hengellinen kuukauslehti, Herää valvomaan, Kotimaa, Herättäjä, Lähetyssanomat
Suomussalmi	Nohrborg, Wegeliuksen ym postillat, Herännäiskirjat nykyvuosina, Isien perintö, Heräävä nuoriso, Kotimaa, Rauhan tervehdys
Säräisniemi	Nohrborgin ja Lutherin saarnakirjat, Siionin lähetyslehti, Koti, Kotimaa, Herättäjä, Heräävä nuoriso, Rauhan tervehdys
Vuolijoki	Lutherin postilla, L L. Laestadiuksen postilla, Siionin lähetyslehti. Huutavan ääni

---

[657] TUMA K Tilastot. Yleiskertomus seurakunnista synodaali- ja kirkolliskokoukselle 1927–1931, Ka 29. Hengellisen kirjallisuuden käyttö. Tavallisimmat saarna- ja hartauskirjat sekä krist. aikakauskirjat ja sanomalehdet.

[658] TUMA K Tilastot. Yleiskertomus seurakunnista synodaali- ja kirkolliskokoukselle 1932–1936; Ka 50. Hengellisen kirjallisuuden käyttö. Tavallisimmat saarna- ja hartauskirjat sekä kristilliset aikakauskirjat ja sanomalehdet. TUMA K Tilastot. Yleiskertomus seurakunnista synodaali- ja kirkolliskokoukselle 1937–1941. Ka 76. Hengellisen kirjallisuuden käyttö. Tavallisimmat saarna- ja hartauskirjat sekä krist. aikakauskirjat ja sanomalehdet.

PETER JOHANNES SELIN:

Ristijärvi

1. *Kirkollisella pohjalla syntyneet hengelliset liikkeet.*
a) Vanhojen hengellisten liikkeiden nykyinen leviäminen ja luonne seurakunnassa.
b) Maallikkopuhujia, kokouksia, järjestöjä, kokoushuoneita.
c) Onko herätyksiä viime aikoina tapahtunut ja minkäluontoisia?
d) Seurakunnan hengellisen tilan yleisluonne ja kehityssuunta?

TOIVO JANHONEN:

Suomussalmi

Kirkollisella pohjalla syntyneet hengelliset liikkeet.
a) Vanhojen hengellisten liikkeiden nykyinen leviäminen ja luonne seurakunnassa.
b) Maallikkopuhujia, kokouksia, järjestöjä, kokoushuoneita.
c) Onko herätyksiä viime aikoina tapahtunut ja minkäluontoisia?
d) Seurakunnan hengellisen tilan yleisluonne ja kehityssuunta?

VÄINÖ TAUSKANEN:

Puolanka

4. *Kirkollisella pohjalla syntyneet hengelliset liikkeet.*
a) Vanhojen hengellisten liikkeiden nykyinen leviäminen ja luonne seurakunnassa.
b) Maallikkopuhujia, kokouksia, järjestöjä, kokoushuoneita.
c) Onko herätyksiä viime aikoina tapahtunut ja minkäluontoisia?
d) Seurakunnan hengellisen tilan yleisluonne ja kehityssuunta?

---

[659]TUMA. K. Tilastot. Yleiskertomukset seurakunnista synodaali- ja kirkolliskokoukselle 1922–1927. Ka 2. Kirkollisella pohjalla syntyneet hengelliset liikkeet

24. *Kirkollisella pohjalla syntyneet*
   hengelliset liikkeet.
   a) Vanhojen hengellisten liikkeiden ny-
      kyinen leviäminen ja luonne seura-
      kunnassa.
   b) Maallikkopuhujia, kokouksia, järjes-
      töjä, kokoushuoneita.
   c) Onko herätyksiä viime aikoina tapah-
      tunut ja minkäluontoisia?
   d) Seurakunnan hengellisen tilan yleis-
      luonne ja kehityssuunta?

Saraisniemi

vanha lastadiolainen suunta on joksenkin voimakkaasti vaikuttamassa, kirkon ystävällinen

maallikkopuhujat pitävät seuroja – erityisiä huonetta sitä varten puuttuu.

pienessä määrin edellä mainitussa suunnassa

on jossain määrin pientä

MAX KATAVISTO:

24. *Kirkollisella pohjalla syntyneet*
   hengelliset liikkeet.
   a) Vanhojen hengellisten liikkeiden ny-
      kyinen leviäminen ja luonne seura-
      kunnassa.
   b) Maallikkopuhujia, kokouksia, järjes-
      töjä, kokoushuoneita.
   c) Onko herätyksiä viime aikoina tapah-
      tunut ja minkäluontoisia?
   d) Seurakunnan hengellisen tilan yleis-
      luonne ja kehityssuunta?

Kajaani

Kaikki kirkolliset suunnat edusteltuna

Herätysyhdistyksen saarnaaja. Kokous-
huoneita on pyytynyt piirti ja Petrolan rukous-
on yksityisiä   huone

näyttää olevan nousemassa

KUSTAA EMIL ROINE:

24. *Kirkollisella pohjalla syntyneet*
   hengelliset liikkeet.
   a) Vanhojen hengellisten liikkeiden ny-
      kyinen leviäminen ja luonne seura-
      kunnassa.
   b) Maallikkopuhujia, kokouksia, järjes-
      töjä, kokoushuoneita.
   c) Onko herätyksiä viime aikoina tapah-
      tunut ja minkäluontoisia?
   d) Seurakunnan hengellisen tilan yleis-
      luonne ja kehityssuunta?

Paltamo

Vanha herännäisyys jonkun verran kasvamassa
Kainuun kansanpuolen vaikutukset

Ei ole

Ei ole

Pientä ja edelleen kylmenemään päin

J. KARJALAINEN:

24. *Kirkollisella pohjalla syntyneet*
   hengelliset liikkeet.
   a) Vanhojen hengellisten liikkeiden ny-
      kyinen leviäminen ja luonne seura-
      kunnassa.
   b) Maallikkopuhujia, kokouksia, järjes-
      töjä, kokoushuoneita.
   c) Onko herätyksiä viime aikoina tapah-
      tunut ja minkäluontoisia?
   d) Seurakunnan hengellisen tilan yleis-
      luonne ja kehityssuunta?

Vuolijoki

vanhempaa lastadiolaisliikettä ollut ja kasvaa
olemassa ja näyttää se olevan laajenemassa

tarkoin tunnetun maallikkopuhujat pitävät
seuroja, joissa käy runsaasti Vuolijoki o.

ei tunnela

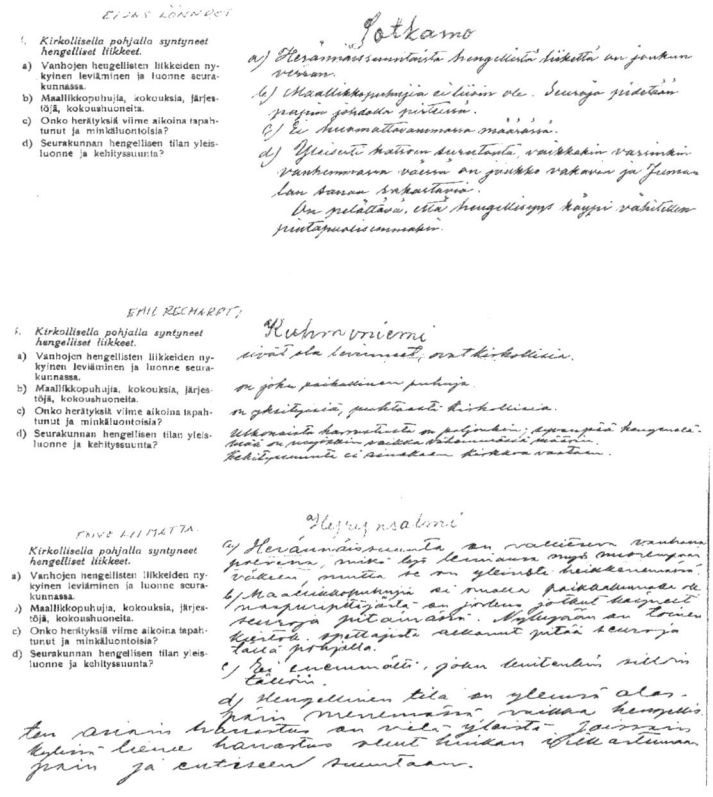

Liite 11: Herätysliikkeet Kainuussa 1930-luvulla[660]

Seurakunta	Vanha heränn.	Uusi heränn.	Vanh.lestadiol..	Lest. uusher.	Evankelisuus	Härkösläisyys
Hyrynsalmi	▮		—	—		▮
Kajaani, Kaup. ja Msrk.			▮		▮	—
Kuhmo				▮		
Paltamo					—	—
Puolanka					—	—
Ristijärvi			—	—		—
Sotkamo		—	▮	—		
Suomussalmi						
Säräisniemi	▮					
Vuolijoki						

Merkkien selitykset: ▮ = tiedetään esiintyneen seurakunnassa, — = Ei tietoja esiintymisestä

---

[660] Taulukko laadittu seuraavan lähteen pohjalta: TUMA K Tilastot. Yleiskertomukset seurakunnista synodaali- ja kirkolliskokoukselle 1932—1936. Ka 50. Kirkollisella pohjalla syntyneet hengelliset liikkeet.

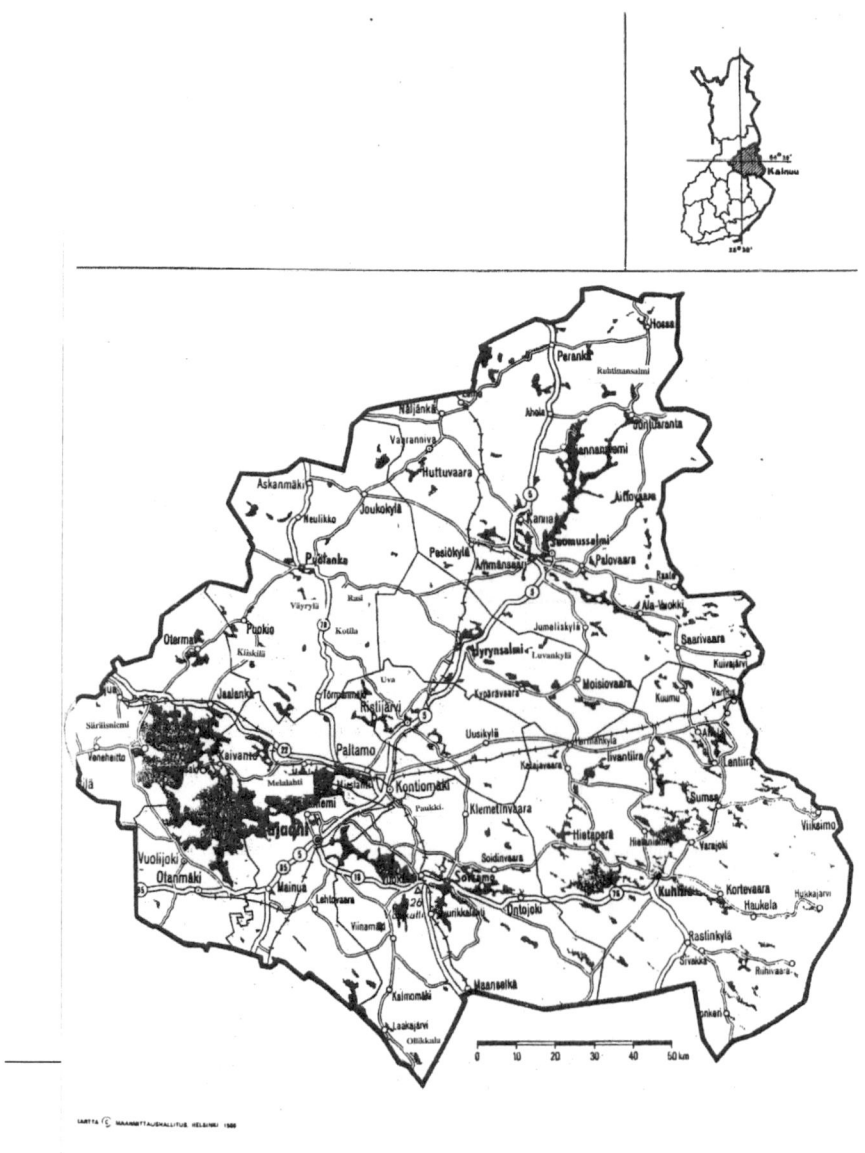

661 Pohja: *Moilanen* 1986, 279. Vuonna 1935 alettiin Kuhmoniemestä käyttää nimeä Kuhmo. Se tuli viralliseksi vuoden 1937 alussa. https://fi.wikipedia.org/wiki/Kuhmo

Lyhenteet

AKS	Akateeminen Karjalaseura
Diss.	Akateeminen väitöskirja
EKA	Eduskunnan kirjaston arkisto-osasto
ELVT	Elias Lönnrot, Valitut teokset
HA	Historiallinen Aikakauskirja
HK	Hengellinen Kuukauslehti
HTK	Humanistinen tiedekunta
H-Y	Herättäjä-Yhdistys
H-YA	Herättäjä-Yhdistyksen arkisto
HYKTL	Helsingin yliopisto. Kasvatustieteen laitos
HYTTK	Helsingin yliopisto. Teologinen tiedekunta
JYHTK	Joensuun yliopisto. Humanistinen tiedekunta
K	Kirkolliskokous
KA	Kirkon arkisto
KKA	Kirkollisen kansanperinteen arkisto
KOA	Kainuun opiston arkisto
KS	Kainuun Sanomat
KSA	Kajaanin seurakunnan arkisto
ML	Maalaisliitto
OMA	Oulun maakunta-arkisto
PSA	Paltamon seurakunnan arkisto
PSHY	Pohjois-Suomen historiallinen yhdistys
PTPK	Piispantarkastuksen pöytäkirja
SDP	Suomen demokraattinen puolue
SHS	Suomen historiallinen seura
SKH	Suomen kirkkohistoria
SKHS	Suomen kirkkohistoriallinen seura
SKHSA	Suomen kirkkohistoriallisen seuran arkisto
SKS	Suomen kirjallisuuden seura
SKST	Suomalaisen kirjallisuuden seuran tutkimuksia
SKSK	Suomen kirjallisuuden seura. Kansanrunousarkisto
SRK	Suomen Rauhanyhdistysten keskusyhdistys
SSA	Suomussalmen seurakunnan arkisto
SV	Siionin virret
SVT	Suomen virallinen tilasto
TA	Teologinen aikakauskirja
TuMa	Turun maakunta-arkisto
TYHL	Turun yliopisto Historian laitos
WM	Wilhelmi Malmivaaran kirjeet
WSOY	Werner Söderströmin Osakeyhtiö

Lähteet ja kirjallisuus

Painamattomat lähteet

Kansallisarkisto, Helsinki	KA
K.O. Kareksen kokoelma 1 ja 2	KOK
J. Väyrysen kirjeet W. Malmbergille	WM
Eduskunnan kirjaston arkisto-osasto	EKA
Ehdokaslistojen yhdistelmät eduskuntavaaleissa 1910−1939	
Herättäjä-Yhdistyksen arkisto	HYA
Hengellinen Kuukauslehti. Pää- ja Henkilökirja Ca 10	
Kustannusosakeyhtiö Herättäjä. Kassakirja II Cb 8	
Hengellisen Kuukauslehden kassakirja 1937−1946 II Cb 11	
Tilaajaluettelo kirjapainoille 1938−1948. I Cc 1	
Kainuun opiston arkisto	KOA
Kainuun Kansanopiston perustamista koskevan kokouksen pöytäkirja 1906	
Kainuun kansanopiston johtokunnan pöytäkirjat 1912, 1920, 1921 ja 1926	
Oulun maakunta-arkisto	OMA
Kajaanin kirkonarkisto	KaKA
Paltamon kirkonarkisto	PKA
Hyrynsalmen kirkonarkisto	HKA
Kirkolliset kuulutukset 1923−1937	AD2
Kajaanin kirkonarkisto	KaKA
Kirkolliset kuulutukset ja ilmoitukset 1927−1953	II Dc 3
Kuhmon kirkonarkisto	KuKA
Kirkolliset kuulutukset ja ilmoitukset 1921−1935	II Dc 4
Kirkolliset ilmoitukset 1936−1949	II Dc 5
Puolangan kirkonarkisto	PuKA
Jumalanpalveluspäiväkirjoja 1935−1939	II Bc 2
Ristijärven kirkonarkisto	RKA
Kirkolliset kuulutukset 1923−1938	II Dc
Sotkamon kirkonarkisto	SoKA
Kirkolliset kuulutukset 1918−1926	II Dc 9
Kirkolliset kuulutukset1926−1932	II Dc 10
Kirkolliset kuulutukset 1933−1940	II Dc 11
Suomussalmen kirkonarkisto	SuKA
Seurakuntaan muuttaneet	

Suomussalmen kunnan kirjasto   Skk
Kianto, Ilmari
1930   Vilho Miettiselle morsiamineen. Tilapäinen hääloru
1943   Paikallista pakinaa Kalle Miettisen 60-v. Syntymäpäivänä
           3.p. huhtik. 1943

Suomalaisen kirjallisuuden Seuran kirjallisuusarkisto   SKS
  Elias Lönnrotin kokoelma   ELK
  Kirkollisen kansanperinteen arkisto, Helsinki   KKA
    Kainuuta koskevat haastattelut

Suomen Kirkkohistoriallisen Seuran arkisto   SKHSA
    Samuli Paulaharjun kokoelma 17261

Turun maakunta-arkisto   TuMa
  Tilastot.   K
  Yleiskertomukset seurakunnista synodaali- ja kirkolliskokoukselle
  1922–1927, 1927–1931 ja 1932–1936

Painetut lähteet

Aho, Juhani
1952   Kootut teokset X. Sis. Muistatko–? 12. painos,
           Sanomalehtimiesajoiltani. 8. painos,   Muistelmia ja matkakuvia.   8.
           painos, Tuomio. 8. painos. Porvoo: WSOY.
1987   Heränneitä. Pieksämäki: Kirjaneliö.
Antikainen, Marjo-Riitta
2009   Tuokiokuvia pitkältä matkalta. Kainuun kansa on harrasta ja mietiskelevää.
           – Kirkko ja koti.
Antila, Armas
1949   Jumalan kunniaksi. – Ne olivat elämäni parhaat päivät.
           Herännäiskansanopistojen julkaisu. Lapua: H-Y.
1952   Kansanopistojen kasvatustehtävästä. – Herättäjä.
1954   Hartauskirjoitus 7.7.-päivälle. – Suomen kansan kotihartaus. Elämän sanaa
           vuoden joka päivälle. Toimittanut E. F. Juurmaa. Helsinki: Tammi.
1972   Viimeinen vaivattu. Lapua: H-Y.
Aulis, Kaarlo
1959   Kainuun Kristillinen Kansanopisto 1909–1959. – Kainuun Kristillinen
           Kansanopisto
           1909–1959. Toimintakertomus. Toim. Väinö Maunumaa ja Juhani Ranta.
           Ylivieska: Kainuun Kristillinen kansanopisto.
Colliander, O. I.
1910   Suomen kirkon paimenmuistio 19:n vuosisadan alusta nykyaikaan.
           Ensimmäinen osa. Helsinki: Otava.
Edustajamatrikkeli
1982   Suomen kansanedustajat 1907–1982. Helsinki: Suomen eduskunta.
Elenius, Jaakko
1985   Herätysliikkeiden kirkko. – Vastaa minulle Herra. Herättäjä-yhdistyksen
           vuosikirja 1985. Toim. Arto Peltola. Lapua. H-Y.
Godenhjelm, Hugo
1916   Suomen evankelisluterilaisen kirkon ja papiston matrikkeli. Tampere:
           Tekijä.
1927   Suomen Evankelisluterilaisen papiston matrikkeli. Sortavala: Tekijä.

1935 Matrikkeli. Biografinen luettelo kirkon papeista. Joensuu: Tekijä
1944 Suomen Evankelisluterilaisen papiston matrikkeli. Kuopio: Tekijä
Haapanen, K. A.
1936 Luja on pohja. — Hajanaisia piirteitä ja muistoja. Hyrynsalmen seurakunnan vaiheita v. v. 1786–1936. Toim. H. V. Claudelin. Kajaani: [s. n.]
Hakalehto, Lauri
1959 Hyviä elämän muistoja. — Kainuun Kristillinen Kansanopisto 1909–1959. 1909–1959. Toim. Väinö Maunumaa ja Juhani Ranta. Ylivieska: Kainuun Kristillinen kansanopisto
Heikkinen, Antero
1984 Mille pohjalle nousi Kainuun Kansanopisto. — Kansanopiston juhlaa ja arkea. Toim. Tuomo Ruuttunen. Kajaani: Kainuun Opisto.
1995 Rippikirja kuolotalven kertomuksena. HA 2/1995.
Huttunen, Veikko
1959 Kainuun Kristillinen Kansanopisto ja Kainuun seurakunnat. — Kainuun Kristillinen Kansanopisto 1909–1959. Toimintakertomus. Toim. Väinö Maunumaa ja Juhani Ranta. Ylivieska: Kainuun Kristillinen kansanopisto.
Jaatinen,Esko
1991 Seppä Jumalan armosta. Lapua: H-Y.
Junkkaala, Timo
1990 Urho Muroma – Herätyssaarnaaja. Kauniainen: Perussanoma OY.
Juntunen, Kyösti
1975 Elämänkerta. – Aapeli Seppänen, Korpivaeltajan kirjeitä. Edvin Seppänen, Kyynelten läpi. Toim. Antti Seppänen ja Kyösti Juntunen. Kajaani: Toimittajat.
Kainuun Kristillinen Kansanopisto
1959 Toim. Väinö Maunumaa ja Juhani Ranta. Ylivieska: Kainuun Kristillinen kansanopisto.
Kares, Olavi
1976 Olavi Kares kertoo elämästään. Lapsuus ja nuoruus. Toinen painos. Porvoo: WSOY.
Karppinen, Eetu
1979 Herran tuli. Kajaani: Omakustannus.
Kauko, Jorma
1959 Kainuulaisesta uskonkilvoituksesta. — Kainuun Kristillinen Kansanopisto 1909–1959. Toimintakertomus. Toim. Väinö Maunumaa ja Juhani Ranta. Ylivieska: Kainuun Kristillinen kansanopisto.
Kianto, Ilmari
1923 Valitut teokset II. Sis.: Pyhä viha. Neljäs painos. Pyhä rakkaus tai pienen lapsen elämä ja kuolema. Kolmas painos. Helsinki: Otava.
1924 Ryysyrannan Jooseppi. Köyhälistötarina Suomesta. Helsinki: Otava.
1928 Papin poika. Kirja elämästä. Helsinki: Otava.
1930 Kertomuksia ja kuvauksia. Helsinki: Otava
1931 Nuori runoilijamaisteri. Papin poika muistelee menneitä. Helsinki: Otava.
1961 Vanha pappila. Toinen painos. Helsinki: Otava.
1997 Punainen viiva. Ensimmäinen painos ilmestyi vuonna 1909. Helsinki: Otava.
1999 Maan sielu. Kertomuksia. Toim. Raija-Liisa Kianto. Helsinki: Otava.
Kieltolakiäänestys vuonna 1931
1931 Suomen virallinen tilasto (SVT) XXIX. Vaalitilasto C 1. Helsinki: Valtioneuvosto.
Korhonen, Kusti
1959 Otto Korpijaakko. Pappi – innoittaja – isä ja ystävä. — Kainuun Kristillinen Kansanopisto 1909–1959. Toimintakertomus. Toim. Väinö Maunumaa ja Juhani Ranta. Ylivieska: Kainuun Kristillinen kansanopisto.
1977 Pappina murrosajassa. Helsinki: Kirjaneliö.

Korven ääni
1976 Korven ääni. Maallikkosaarnaaja Jaakko Heikkisen sunnuntai- ja hartauskirjoituksia, jotka useimpien vuosien kuluessa on julkaistu Kainuun Sanomissa, koottuna teokseksi. 2. painos. Kajaani: [K. A. Haapanen ja Veikko Juntunen.]

Koukkari, Jaakko
1959 Lähdeihminen. – Kainuun Kristillinen Kansanopisto – 1909–1959. Toimintakertomus. Toim. Väinö Maunumaa ja Juhani Ranta. Ylivieska: Kainuun Kristillinen kansanopisto.

Kyllönen, Aarne J.
1975 Elämänkerta. – Aapeli Seppänen, Korpivaeltajan kirjeitä. Edvin Seppänen, Kyynelten läpi. Toim. Antti Seppänen ja Kyösti Juntunen. Kajaani: Toimittajat.
1993 Minäpä oon kirkonni nähny. Kajaani: [Tekijä]
1998 Kainuulaisella kristillisyydellä omintakeisia piirteitä. –HK.

Lehtonen, K. F.
1959 Kansanopiston osuus Kainuun henkisessä ja taloudellisessa nousussa. – Kainuun Kristillinen Kansanopisto 1909–1959. Toimintakertomus. Toim. Väinö Maunumaa ja Juhani Ranta. Ylivieska: Kainuun Kristillinen kansanopisto.

Lämsä, Erkki
1997 Kainuun kirkot. Raahe: Viestimix.

Lönnrot. Fr. Fr.
1980 Saarnoja. Ristijärven kappalainen Fr. Fr. Lönnrot. Toim. Veikko Juntunen. Kajaani.

Lönnrot, Elias
1990 Elias Lönnrot valitut teokset 2. Mehiläinen. Toim. Raija Majamaa. Suomalaisen Kirjallisuuden seuran Toimituksia 531. Pieksämäki: SKS.

Malmivaara Wilhelmi
1946 Viestejä Vaivatuille. Lapua: H-Y.

Malmivaara, Väinö
1916 Kertomus Karhunmäen Kristillisen kansanopiston sekä siihen yhdistetyn isäntä- ja emäntäkoulun toiminnasta työkautena 1915–1916. –HK 1916.

Maunumaa, Väinö
1959 Viisikymmentä vuotta kansanopistotyötä Kainuussa. – Kainuun Kristillinen Kansanopisto 1909–1959. Toimintakertomus. Toim. Väinö Maunumaa ja Juhani Ranta. Ylivieska: Kainuun Kristillinen kansanopisto.

Matrikkeli
1953 Suomen Evankelis-luterilaisen kirkon seurakuntien ja papiston Matrikkeli. Helsinki: Suomen kirkon Pappisliitto.

Matrikkeli
1963 Suomen Evankelis-luterilaisen kirkon seurakuntien ja papiston Matrikkeli. Helsinki: Suomen kirkon Pappisliitto.

Meriläinen, Heikki
1888 Korpelan Tapani. Kuvaus kansan elämästä. Porvoo WSOY.
1892 Pietolan tytöt. Porvoo WSOY.
1927 Heikki Meriläisen elämä hänen itsensä kertomana. Porvoo: WSOY.

Mustakallio, Hannes
1958 Henrik ja Laura Schwartzberg. Elämänkuvaus. Vammala: Tekijä.

Oikarinen, Anna
1959 Se oli Juhla-aikaa. – Kainuun Kristillinen Kansanopisto 1909–1959. Toimintakertomus. Toim. Väinö Maunumaa ja Juhani Ranta. Ylivieska: Kainuun Kristillinen kansanopisto.

Oikarinen, Heikki
1959   "Kiitos sulle, Jumalani". – Kainuun Kristillinen Kansanopisto 1909–1959.
              Toimintakertomus. Toim. Väinö Maunumaa ja Juhani Ranta. Ylivieska:
              Kainuun Kristillinen kansanopisto.
Paulaharju, Samuli
1958   Kainuun mailta. Kansantietoutta Kajaanin kulmilta. Porvoo: WSOY.
Pesonen, Matti
1935   Kristillisistä kansanopistoistamme. – HK.
Pulkkinen, Salomo
1912   Ristijärven muistoja ja kuvauksia. Helsinki:
Rissanen, Paavo
1985   Hengen itäinen ja läntinen tie. – Vastaa minulle Herra. Herättäjä-yhdistyksen
              vuosikirja 1985. Toim. Arto Peltola. Lapua. H-Y.
Romppainen, Paavo
1998   Miehen tie. – Ristijärven muistoja ja kuvauksia, kirjoittanut Salomo
              Pulkkinen. Toinen laajennettu painos. Toim. Paavo Romppainen. Paltamo:
              Ristijärven kunta
Ruotsalainen, Paavo
1978   Muuan sana heränneille talonpojan säädystä. – Turvaksi tielle. Kirjoittanut
              Ruotsalainen, Paavo & Malmivaara, Wilhelmi,. Lapua. H-Y.
Ruuttunen, Tuomo
1984   Paltamon herännäisyydestä. – Kansanopiston juhlaa ja arkea. Kainuun
              Opisto 1908–1984. [Paltamo]: Kainuun Opisto.
Räty, Aku
1960   Rikas elämä. – Toivorikas ja uskollinen. Piispa Väinö Rafael
              Malmivaaran muistokirja. Toim. H-Y. Lapua: H-Y.
Sinnemäki, Jussi
1958   Heränneen kansan äitejä. Lapua: H-Y.
Suomen virallinen tilasto (SVT)
1932   XXIX Vaalitilasto C 1. Kieltolakiäänestys vuonna 1931. Helsinki:
              Valtioneuvosto.
1951   VI Väestötilastoa C 102. Nide I. Vuoden 1950 yleinen väestölaskenta.
              Väkiluku, väestön ikä ja kielisuhteet. Helsinki: Tilastollinen päätoimisto.
Tuomi, Lauri
1978   Aika on tallettaa. Helsinki: Kirjaneliö.
Turunen, Heikki
1968   Muistelmia Suomussalmen 1. nuorisoseuran perustamisesta ja sen yli 50
              vuoden takaisesta toiminnasta. – Suomussalmi. Toim. Hannes Kemppainen.
              Helsinki: Otava.
Tyrkkö, Martti
1945   Mies riensi levähtämättä. Kajaanin rovastin Johannes Wäyrysen
              elämänkerta. Porvoo: WSOY.
Vaalilippu
1919   Vaalilippu Oulun läänin eteläisessä vaalipiirissä 1919.
1922   Vaalilippu Oulun läänin eteläisessä vaalipiirissä 1922.
1929   Vuoden 1919 eduskuntavaalia varten ilmoitettujen ehdokaslistojen
              lopullinen yhdistelmä Oulun läänin eteläisessä vaalipiirissä.
Wegelius, K.A.
1931   Routaa ja rautaa. Peräpohjolassa ja Kainuussa jääkäriliikkeen vuosina
              suoritettu itsenäisyystyö IV. Porvoo. WSOY.
Vihantola, Aarno
1963   Uskonvanhurskaus. Helsinki: Suomen Lähetysseura.
Viipurin diakonissalaitos
1944   Viipurin diakonissalaitos. Lahti. [Viipurin - Lahden diakonissalaitos.]

Virtanen, Mauri E.
1984   Puhe Kainuun opiston vihkiäisissä 20.3.1983. — Kansanopiston juhlaa ja
            arkea. Kainuun Opisto 1909—1984. Toim. Tuomo Ruuttunen. Kajaani:
            Kainuun Opisto.

Väinölä, Tauno
1987   Esipuhe : Juhani Ahon Heränneitä. – Juhani Aho: Heränneitä.
            Pieksämäki: Kirjaneliö.

Vähäsarja, Väinö
1984   Kainuun neljä kasvattajaa. — Kansanopiston juhlaa ja arkea. Kainuun Opisto
            1909—1984. Toim. Tuomo Ruuttunen. Kajaani: Kainuun Opisto.

Sanoma- ja aikakauslehdet

HA	Historiallinen Aikakauskirja 1995	
HK	Hengellinen Kuukauslehti	1894–1945, 1998, 1999
	Herättäjä	1952
	Kajaani	1923, 1931, 1932
	Kajaanin lehti 1904, 1909	
	Kaikuja Kajaanista	1908, 1914
KS	Kainuun Sanomat	1920–1928
	Kirkko ja koti 2009	
	Kylväjä	2009

Internet-lähteet

http://fi:wikipedia.org/wiki/EdvardMerikari. Katsottu 1.3.2012.
http://fi:wikipedia.org/wiki/OskariVihantola. Katsottu 12.3.2012
http://perinne.50webs.com/pappilassa.html. Katsottu 21.4.2012.
http://fi.vikipedia.org/wiki/Paltaniemen kuvakirkko. Katsottu syysk. 2013.
http://www.kainuunliitto.fi/nalkamaan laulu. Katsottu 10.5.2015.
https://www.h-y.fi/126-4. Tarkat säännöt. Katsottu 19.9.2015.
http://www.heikkistensukuseura.fi. Heikkiset Kainuun asuttajina ja vaikuttajina.
Katsottu 19.11.2016.
http://www.kolumbus.fi/kansi. Tiesitkö tämän Ilmari Kiannosta? Katsottu 19.1.2016
http://wikipedia.org/wiki/ Beckiläisyys. Katsottu 20.1.2016.
https://fi.wikipedia.org/wiki/Suomussalmi. Katsottu 26.1.2019
https://fi.wikipedia.org/wiki/Kuhmo. Katsottu 27.1.2019
https://fi.wikipedia.org/wiki/Vuolijoki. Katsottu 27.1.2019
https://fi.wikipedia.org/wiki/Aarno Pesonen. Katsottu 18.5. 2019
https://fi.wikipedia.org/wiki/Oskari Partanen. Katsottu 18.5.2019

Haastattelut ja tiedonannot

Iida Tolvasen haastattelut 28.4.2006 ja 23.7.2006.
Sirkku ja Heikki Vaahtoniemen haastattelu 26.6.2006.
Irja Hölimäen useat haastattelut 2007.
Kaarlo Arffmanin tiedonannot 24.9.2008.
Aarne J. Kyllösen haastattelu 26.7.2010.
    Maija Partasen puhelinhaastattelu 25.10.2010.
    Tuomo Ruuttusen haastattelu 1.4. 2012.
    Matti Mäkelän useat haastattelut 2012 —2017.

Kirjallisuus

Ahonen, Felix
1961   Kajaanin kaupungin historia III. Kajaani: Kajaanin kaupunki.

Alapuro, Risto
1977   Uskonto ja poliittinen mobilisoituminen maaseudulla. – Maailmankuvan
                muutos   tutkimuskohteena. Näkökulmia teollistumisajan Suomeen.
                Toim. Matti Kuusi, Risto Alapuro ja Matti Klinge. Helsinki: Otava.

Anttila, Aarne
1931   Elias Lönnrotin elämä ja toiminta. I. SKST 190. Helsinki: SKS.
1934   Lisätietoja Elias Lönnrotin toisesta tutkimusmatkasta v. 1831.
                Kalevalaseuran vuosikirja 14. Helsinki: SKS.
1962   Elias Lönnrot. II painos. Tietolipas 2. Helsinki: SKS.

Arffman, Kaarlo
2004   Ristijärveläisen uskon historia. Erillispainos Ristijärven Historia -kirjasta.
                Jyväskylä: Ristijärven kunta ja Ristijärven seurakunta.
2014   Pekka Jansson – sotkamolainen herännäisvaikuttaja. –Juhlaviesti. Sotkamon
                Herättäjäjuhlien 2015 tiedotuslehti. Kajaani: Sotkamon Herättäjäjuhlien
                juhlaorganisaatio.

Bucht, Per-Erik
1975   Kirkolliset eksklusiiviset liikkeet herännäishenkisessä Hyrynsalmen
                seurakunnassa. Kirkkohistorian laudaturtutkielma. HYTTK.

Calamnius, Rurik
1912   Suomussalmen seurakunnan historia. Oulu: Oman kannan kirjapaino.

Haavio, Ari
1965   Suomen uskonnolliset liikkeet. Porvoo: WSOY.

Haavio, Jaakko
1983   Ukko-Paavon eväät. [Helsinki]: Kirjapaja.

Halila, Aimo
1953   Oulun kaupungin historia II 1721–1809.Oulu: Kirjola OY.

Hartikainen, Esko
2005   Heränneitä ja nukahtaneita: Kulttuuri, kontrolli ja herätys 1800-luvun
                alussa. Helsinki: SKS.

Heikkilä, Markku & Seppo, Juha
1987   Uskonnollinen liike, esivalta ja "maailma". – Kansa liikkeessä. Toim.
                Risto Alapuro, Ilkka Liikanen, Kerstin Smeds ja Henrik Stenius. Helsinki:
                Kirjayhtymä.

Heikkilä, Markku
1988   Syntyvaiheiden kirkollinen ja yhteiskunnallinen tausta. – Hengellinen
                Kuukauslehti. 1888 –1988. Juhlakirja. Toim. Markku Heikkilä, Juha
                Seppo, Pentti Taipale, Jaakko Ripatti, Aarre Huuskonen ja Hannu
                Kuosmanen. Lapua: H-Y.

Heikkinen, Antero
1986   Kainuun historia 3. Kajaani: Kainuun maakuntaliitto.
1998   Kulttuurin vainioilta ja korpisoilta. Kirjoituksia Kajaanin ja
                Kainuun kulttuurihistoriasta. [Kajaani]: Lönnrot-instituutti.

Heikkinen, Jalo
1995   Ilmari Calamnius I. (Esityöt.)Ämmänsaari: Suomussalmen
                kulttuurilautakunta.
2002   Turjanlinna. Kadonnutta etsimässä. Helsinki: Otava.

Heikkinen, Jorma
1996   Vienan karjalaisten pakolaiskoulut Kainuussa. – Rajamailla II 1995. Toim.
                Kyösti Julku. Rovaniemi: PSHY.

Heikkinen, Reijo

1995   Kasvatus ja koulutus Kainuussa. Kainuun koulutusjärjestelmän kehitys
        syyskuuhun 1945 mennessä. Diss. Kajaanin opettajankoulutuslaitos, Oulun
        yliopisto. Kajaani: Kajaanin opettajankoulutuslaitos, Oulun yliopisto.

2000   Koulutusta ja kulttuuria Kajaanin kamppuksella. Sata vuotta
        opettajankoulutusta Kajaanissa. Jyväskylä: Kajaanin
        opettajankoulutusyksikkö, Oulun yliopisto.

2003   Aavoja ja vaaroja. Eino Leino ja kotiseutu. Lönnrot-instituutin julkaisuja n:8.
        Kajaani: Lönnrot-instituutti.

Heinonen, Reijo

1965   Papiston osuus isänmaallisen kansanliikkeen alkuvaiheissa vuosina
        1932–36. Pro gradu -tutkielma. HYTTK.

1977   Kirkko ja oikeistoradikalismi Suomessa 1930-luvulla. – Kirkko
        suomalaisessa yhteiskunnassa 1900-luvulla. Toim. Markku Heikkilä, Eino
        Murtorinne. Hämeenlinna: Kirjapaja.

Huhta, Ilkka

1999   Kansanliike, valtio ja kirkko. Körttiläisiä kannanottoja kirkon ja valtion
        suhteeseen ennen itsenäistymistä. – TA.

2001   "Täällä on oikea Suomenkansa". Körttiläisyyden julkisuuskuva 1880–1918.
        Diss. SKHST. 186. Helsinki: SKHS.

Huotari, Voitto

1981   Herätysliikkeen leviämisen edellytykset. – TA.

1981   Kirkkomme herätysliikkeet tänään. Helsinki: Kirjapaja.

Huttunen, Veikko

1959   Kainuun kristillinen kansanopisto ja Kainuun seurakunnat. – Kainuun
        Kristillinen Kansanopisto 1909–1959. Toimintakertomus. Toim. Väinö
        Maunumaa ja Juhani Ranta. Ylivieska: Kainuun Kristillinen kansanopisto.

Hyyryläinen Toivo

1973   Kirkolliset herätysliikkeet Säräisniemi – Vaalassa vuosina 1870–1970.
        Laudaturtutkielma 1973. HYTTK.

1979   Kirkolliset herätysliikkeet Säräisniemi – Vaalassa vuosina 1870–1970. –
        Säräisniemen kirkko ja seurakunta. Toim. Simo Mäkelä. Oulu: Vaalan kunta.

1985   Puolangan seurakunta. – Puolangan kirja. Toim. Jorma Vilmi. Jyväskylä:
        Puolangan kunta ja seurakunta.

Immonen, Kerttu

2001   Saara Malis -perinne ja kuhmolaiset Japanin lähetit. Tutkielma kuhmolaisten
        Japanin-lähetyksen taustoista. Pro gradu -tutkielma. HYTTK.

Innanen, Tapani

2003   Teologiksi nuoressa tasavallassa. Suomalaisten teologian yliopilaiden
        rekrytoituminen, opiskeluaika ja valmistuminen teologiprofession
        murroksessa 1918–1929. Diss. SKHST 190. Helsinki: SKHS.

Isohookana-Asunmaa, Tytti

1980   Maalaisliitto Pohjois-Suomessa. Kehitysjakso 1906–1939. Turun yliopiston
        julkaisuja C:29. Diss. Turku: Turun yliopisto.

Järvilehto, Jussi

1954   Kiertokoulunopettaja Paavo Lassila. Kuopion tuomiokapituli. Pastoraalityö.

Kakkuri, Teemu

2014   Suomalainen herätys. Herätyskristillisyyden historia nälkävuosista Nokia-
        missioon. Helsinki: Kirjapaja.

Kansanaho, Erkki

1950   Wegeliuksen postillan lähteet ja teologia. Helsinki: STKS.

1958   Savon ja Pohjanmaan herännäisyys. – Oma maa. Tietokirja Suomen kodeille
        I. Porvoo: WSOY.

Kares, Olavi

1932   Heränneen kansan elämää. Porvoo–Helsinki: WSOY.

1937   Palava kynttilä. Niilo Kustaa Malmbergin elämä. Lapua: H-Y.
1932–1952   Heränneen kansan vaellus I–V. Porvoo: WSOY.
1951   Vilhelmi Malmivaara 1854–1921. –. Kirkkomme tienviitoittajia.
                Toim. Uriel Kailo. Helsinki: Agricola-seura.
1952   Juho Malkamäki 1844–1928. –Suomen talonpoikia Lallista Kyösti Kallioon.
                Toimituskunta: Esko Aaltonen, Martti Haavio, Eino Jutikkala, Aulis Oja.
                Porvoo: WSOY:

Karttunen, M. O.
1979   Suomen kansanopisto 1889–1979. Forssa: Suomen kansanopistoyhdistys.
1984   Herännäiskansanopistojen erikoispiirteitä – Kansanopiston juhlaa ja arkea.
                Kainuun Opisto 1909–1984. Toim. Tuomo Ruuttunen. [Paltamo]: Kainuun
                Opisto.

Kauko, Jorma
1959   Kainuulaisesta uskonkilvoituksesta. – Kainuun Kristillinen kansanopisto
                1909–1959. Toimintakertomus. Toim. Väinö Maunumaa ja Juhani Ranta.
                Ylivieska: Kainuun Kristillinen kansanopisto.

Kemppainen, Satu
2008   Koulu elämää varten. Kainuun opisto nuorison kasvattajana1909–1968.
                Pro gradu -tutkielma. Yhteiskunta- ja aluetieteiden tiedekunta, Suomen
                historia. Joensuun yliopisto.

Kemppainen, Satu & Pykäläinen, Lauri
2009   Kainuun Opisto. Kristillinen kansanopisto 100 vuotta. Ei vain koulu
                koulujen joukossa. Jyväskylä: Kainuun Opisto.

Keränen, Jorma
1977   Paltamon seurakunnan historia. [Paltamo]: Paltamon seurakunta.
2009   Kirkko Kainuussa 450 vuotta. Kajaani: Kainuun Museo.

Keskinen, Timo
2000   Sinimustat ja uskonto. Syv. aineiden tutkielma. Helsinki: HYKTL.

Koivulahti, Juha
2003   "Syntisenä Vapahtajan turviin". Elias Laguksen kirjallinen toiminta
                pastoraalisten pyrkimysten edistäjänä kustavilaisella ajalla. SKHS:n
                vuosikirja. Helsinki: SKHS.

Kokkonen, Kerttu
2010   Uuden ja vanhan herännäisyyden kohtaaminen. Kainuun herännäisyyden
                profiili 1894–1939. SKHST. Lisensiaatintutkimus. HYTTK.
2014   Kotimaallensa matkaavaiset. Kainuun körttiläiset ja heidän uskonsa 1800-
                luvulla ja 1900-luvun alussa. Paltamo: Tekijä.

Korhonen, Kusti
1969   Uudistuneen herännäisyyden leviäminen Sotkamoon. – Kirkko Sotkamossa.
                Herättäjäjuhlaliite. [Sotkamo: Sotkamon seurakunta].

Koskimies, Rafael
1947   Elävä kansalliskirjallisuus. Suomalaisen hengen vaiheita 1860–1940. II.
                Helsinki: Otava.

Kortelainen, Tuomas
1986   Hiilloksesta liekkiin.Ylä-Savon herännäisyyttä 1880-luvulta 1920-luvulle.
                Lapua: H:Y.

Kuosmanen, Hannu
1988   Askel askeleelta kansankirkon puolesta ja ratkaisukristillisyyttä
                vastaan. – Hengellinen kuukauslehti.1888-1988 Juhlakirja. Toim. Markku
                Heikkilä, Juha Seppo, Pentti Taipale, Jaakko Ripatti, Aarre Huuskonen ja
                Hannu Kuosmanen. Lapua: H-Y.

Kuuliala, Wiljo-Kustaa
1960   Entisajan talonpoikaisyhteisö ja kirkko. Porvoo: WSOY.

Kuurne, Juhani

1946 Hengen tuulta Karjalassa. Pielisen seudun herännäisyys 1800-luvulla.
    Toinen painos. Porvoo: WSOY.

Laasonen, Pentti
1967 Pohjois-Karjalan luterilainen kirkollinen kansankulttuuri Ruotsin vallan
    aikana. Diss. SKHST. 72. Helsinki: SKHS.
1986 Pietismi, herätysliikkeet ja sekularisaatio. – TA.

Lackman, Matti
1991 Pulaliikkeet. –Suomi 75. Itsenäisen Suomen historia 2. Jyväskylä:
    Weilin+Göös.

Larkio, Mauri
1976 Papisto ja raittiuskysymys kieltolain voimassaolon aikana v. 1919–1932.
    SKHS. toimituksia 98. Helsinki: SKHS.

Lehtonen, Aleksi
1948 Armoitettu sielunpaimen. Piirteitä E.W. Pakkalan elämästä. Helsinki: Kuva
    ja Sana.

Lohi, Seppo
1997 Pohjolan kristillisyys. Lestadiolaisuuden leviäminen Suomessa 1870–1899.
    Diss. Oulu: SRKY.

Lounela, Lauri
1959 Kainuun seurakuntien vaiheita menneinä vuosisatoina. – Kirkko Kainuussa
    1909–1959. Toimituskunta: Mauno Sinnemäki, Lauri Lounela, Paavo
    Kovalainen, Otso Kukkonen. Kajaani: (s. n.)

Malinen, Matti
2004 Tottelin sisäistä kutsumusta. Ristijärveläinen talollinen Matti Mikkonen
    maallikkosaarnaajana Kainuussa vuosina 1826–1835. SKHST Pro gradu -
    tutkielma. HYTTK.

Moilanen, Olavi
1987 Elämän puhuteltavana. Tutkimus ahdistuksen käsittelystä herännäisyyden
    alkuvaiheissa ja tämän vuosisadan Kainuussa. Helsinki: Therapia-säätiö.

Murtorinne, Eino
1983 Herännäisyyden historiallinen profiili. – Ristin luona ankkurissa. .Herättäjä-
    Yhdistyksen vuosikirja 1983. Toim. Minna Saarelma. Vaasa. H-Y.
1992 Suomen kirkon historia 3. Autonomian kausi 1809–1899. Porvoo: WSOY.
1995 Suomen kirkon historia 4. Sortovuosista nykypäiviin 1900–1990. Porvoo:
    WSOY.

Mustakallio, Hannu
1983 Säätypapista kansalaiseksi. Papiston poliittis-yhteiskunnallinen rooli
    demokratisoitumisen murrosvaiheessa 1905–1907. Diss. SKHST
    126.Helsinki: SKHS

Mäkelä, Hannu
1997 Eino Leino. Elämä ja runo. Helsinki: Otava

Nieminen, Markku & Dobrinin, Vitali
1999 Elias Lönnrotin matkat Kainuussa. [Oulu]: Pohjoinen.

Nieminen, Tommi.
1980 Ylistaron talonpoikaismarssijat. –Kansanliikkeitten Pohjanmaa.
    Tutkielma joukkoluonteisista liikkeistä Etelä-Pohjanmaalla Ylistaroa
    koskevan aineiston pohjalta. Kalervo Ilmanen.?

Oikarinen, Eero
2004 Ristijärven koulu- ja kirjastotoimi, yhdistystoiminta. – Ristijärven historia.
    Jyväskylä: Ristijärven kunta ja Ristijärven seurakunta.

Ojanen, Eeva
1966 Kirkko ja kansanelämä Länsi-Hämeessä 1800-luvulla. Diss. SKHST 71.
    Helsinki: SKHS.

Oravala, Aukusti
1913 Paavo Ruotsalainen. Jyväskylä: Gummerus.

Pulma, Panu
1994   Mullistusten aika 1906—1939. — Pulma, Panu & Turpeinen, Oiva.
                Pikkukaupungin unelmia. Kajaani:1906—1976. [Kajaani]: Kajaanin
                kaupunki.
Putkonen, Niina
2008   Talonpoikainen mentaliteetti ja modernin kohtaaminen. Tapaustutkimus
                kainuulaisesta kansankirjailija Heikki Meriläisestä. Suomen ja Skandinavian
                pro gradu-tutkielma. HYTTK.
Raittila, Pekka
1977   Herätysliikkeet 1900-luvulla. — Kirkko suomalaisessa yhteiskunnassa 1900-
                luvulla. Toim. Markku Heikkilä & Eino Murtorinne. Helsinki: Kirjapaja.
Raninen, Ilkka
1994   Herännäiskasvatus kansanopistoissa vuosina 1950—1984. Diss. STKSJ 190.
                Helsinki: STKS.
Ranta. Raimo
1997   Vienan ja Kainuun kaupalliset suhteet menneinä vuosisatoina. — Rajamailla
                III. Toim. Kyösti Julku. Rovaniemi: PSHY.
Remes, Viljo
1995   Herännäisyyden nousu ja hajoaminen. Lapua: H-Y.
Repo, Pertti
1999   Se Pyhä Evangeliumminen Walkeus. — HK.
Ripatti, Aku-Kimmo
1968   Suomussalmi kirjallisuudessa: Rämsän ryysyt ja Korvenkirot. —
                Suomussalmi. Toim. Hannes Kemppainen. Helsinki: Otava.
Romppainen, Hannu
2007   Muistojen Mieslahti. Kylä ja sen asukkaat Oulujärven rannalla. Jyväkylä:
                Hannu Romppainen ja Mieslahden Kyläyhdistys ry.
Romppanen, Helinä
2008   Rajoilla rajan pappilassa. Pappilaelämää Suomussalmen Karhulanvaaralla.
                Jyväskylä: Tekijä.
Rosendal, Mauno
1902-1915   Suomen herännäisyyden historia XIX vuosisadalla 1.—4. Oulu:
                Kustannusosakeyhtiö Herättäjä.
Ruokanen, Tapani
1989   Ukko-Paavo. Paavo Ruotsalainen ja 1800 -luvun heräävä Suomi. Helsinki:
                Otava.
Ruuttunen, Tuomo
1984   Kansanopiston juhlaa ja arkea. Kainuun Opisto 1908—1984. [Paltamo]:
                Kainuun Opisto.
Rytkölä, Heikki
1998   Kainuun ja Karjalan parantaja. Elias Lönnrotin Kajaanin aika.
                Diss. Historiallisia tutkimuksia 18. JYHTK. Historian laitos. Joensuu:
                JYHTK.
Saarenheimo, Mikko
1924   1800-luvun suomalainen realismi. Porvoo: WSOY.
Saarisalo, Aapeli
1969   Erämaan vaeltaja - Paavo Ruotsalainen. Porvoo: WSOY.
Saarisalo, Aapeli & Talasniemi, Erkki
1975   Aku Räty. Körttisaarnaaja. Porvoo: WSOY.
Saarnivaara, Uuras
1975   He elivät Jumalan voimassa. Kirkkohistoriaa Jumalan ihmisten
                elämäkertoina. I. Suolahti: Ev.lut. Herätysseura R.Y.

Selen, Kari
1991   Tasavalta hakee suuntaa. –Suomi 75. Itsenäisen Suomen historia 2.
            Jyväskylä: Weilin+Göös.
Seppo, Juha
1987   Seurakuntaelämä ja uskonnolliset liikkeet Etelä-Pohjanmaalla 1809–1917. []
            Etelä-Pohjanmaan historia VI. Autonomian kausi 1809–1917. Vaasa: Etelä-
            Pohjanmaan   maakuntaliitto.
1988   Kirkollinen ja kansantajuinen. Wilhelmi Malmivaaran (Malmbergin) kausi
            1888–1908. – Hengellinen Kuukauslehti. 1888–1988 Juhlakirja. Toim.
            Markku Heikkilä, Juha Seppo, Pentti Taipale, Jaakko Ripatti, Aarre
            Huuskonen ja Hannu Kuosmanen. Lapua: H-Y.
Simojoki, Martti
1947   Julistus ja opetus. Saarnan opetustehtävästä. Diss. Helsinki: Kirjapaja.
Simojoki, Pentti
2006   Ensimmäiset ja viimeiset kiusaukset. Ukko-Paavon taival. Helsinki: Pentti
            Simojoki ja Kirjapaja OY.
Siltala, Juha
1991   Lapuanliike ja kyyditykset. –Suomi 75. Itsenäisen Suomen historia 2.
            Jyväskylä: Weilin+Göös.
1992   Suomalainen ahdistus. Huoli sielun pelastumisesta. Helsinki: Otava.
Taipale, Pentti
1980   Salatun voiman mies. Matti Pesosen elämä ja toiminta. Lapua: H-Y.
Talonen, Jouko
1980   vanhoillislestadiolaisuus ja kieltolaki vuosina 1931–1932. Eripainos Scipta
            Historica VI. Oulu.
Tapaninen, Pekka
2007   Oskari Heikki Jussila (1888–1955). Lestadiolaispappi, toimen ja
            näkyjen mies. Diss. Studia Historica Septentrionalia 52. PSHY.
            Jyväskylä: Tekijä ja PSHY.
Tarna, Miika
1947   Kristillinen kansanopisto ja kansankirkko. Synodaalikirjoitus Turun
            arkkihiippakunnan pappeinkokoukseen 1947. Rauma.
Tiensuu, Kyllikki
1989   Kristilliset kansanopistot Suomessa. – Vapauden vankina. Sata vuotta
            kansanopistotoimintaa Suomessa. Kansanopistoliikkeen juhlakirja. Helsinki:
            Suomen Kansanopistoyhdistys.
Tiililä, Osmo
1944   Suomalainen kristillisyys Wilhelmi Malmivaaran edustamana. Porvoo:
            WSOY.
1972   Antti J. Pietilä. Kiistelty kirkonmies. Porvoo: WSOY.
Tolonen, Liisa
1985   Kainuun kansanopiston lukuvuosien 1909–1930 oppilaat. Syventävien
            aineiden tutkielma. Helsinki. HYKTL.
Tuovinen, Maire
1971   Kajaanissa vuosina 1878–1949 vaikuttaneet kirkolliset herätysliikkeet.
            Suomen kirkkohistorian laudaturtutkielma 1973. HYTTK.
Turpeinen, Oiva
1968   Katsaus Suomussalmen menneisyyteen. – Suomussalmi. Toim. Hannes
            Kemppainen. Helsinki: Otava.
1985   Kainuun historia 2. [Kajaani]: Kainuun maakuntaliitto.
1986   Nälkä vai tauti tappoi? Kauhunvuodet 1866–1868. Historiallisia tutkimuksia
            136. Helsinki SHS 1986.
1988   Seurakunnallinen ja uskonnollinen elämä. – Hyrynsalmen historia. Toim.
            Matti Huurre, Jorma Keränen ja Oiva Turpeinen. [Hyrynsalmi]:
            Hyrynsalmen kunta ja seurakunta.

1991   Näläntorjunta ja hyvinvointivaltion perusteet. Hallinto ja kansalainen
Suomessa 1808–1905. Helsinki: VapK -kustannus, Hallintohistoriakomitea
1992   Suomussalmi 1500-luvulta 1990-luvulle. – Huurre, Matti & Turpeinen,
Oiva: Leipä luonnosta Suomussalmen historian kymmenen vuosituhatta.
Helsinki: Otava.
2002   Kainuu nälkämaana. Tutkimus Kainuun väestön vaiheista ja elinkeinojen
kehityksestä. Suomussalmi: Suomussalmen sivistyslautakunta.
2002   Kun kahvi tuli Kainuuseen. Valikoima artikkeleista Kainuun Sanomissa
1969–1970. Suomussalmi: Suomussalmen sivistyslautakunta.

Vaahtoniemi, Heikki
1958   Piirteitä Kainuussa 1930- ja 1940-luvuilla vaikuttaneesta herätysliikkeestä.
Kuopion tuomiokapituli. Pastoraalityö.

Vahtola, Jouko
2003   Suomen historia. Jääkaudesta Euroopan unioniin. Helsinki: Otava.

Vester, Lippo
2005   Ihmisten asialla. Suomussalmen osuuspankki 1906–2005. Nurmijärvi:
Suomussalmen osuuspankki.

Viitaniemi, Olli
2007   Modernin herännäisyyden synnytyskivut. Wilhelm Malmbergin Siionin
virsien raitistustyön konteksti aikalaisvastaanotto. Pro gradu -tutkielma.
HYTTK.
2009   Modernin herännäisyyden synnytyskivut. Wilhelm Malmbergin Siionin
virsien raitistyön konteksti ja aikalaisvastaanotto. Jyväskylä: Paino
Korpijyvä OY. Väärin pappilan julkaisuja 5.

Wilenius, Reijo
1984   Lönnrot ja uskonto 1830-luvulla. – Lönnrotin aika. Kalevalaseuran
vuosikirja 64. Toimittanut Pekka Laaksonen. Helsinki: SKS.

Vilkuna, Kustaa
1928   Heränneiden körttipuku. –Kyrönmaa II. Helsinki: Epo.
1957   Kainuu–Kvenland. Missä ja mikä? Helsinki SKS.

Wilmi, Eija
1985   Puolankalaisia merkkihenkilöitä. – Puolangan kirja. Toim. Jorma Wilmi.
Jyväskylä: Puolangan kunta ja seurakunta.

Wilmi. Jorma
1997   Sotkamon historia. [Sotkamo]: Sotkamon kunta.
2003   Kuhmon historia. Kuhmo: Kuhmon kaupunki.

Visti, Aira Liisa
1980   Ylistaron nuorisoseurat1894–1917. –Kansanliikkeitten Pohjanmaa.
Tutkielma joukkoluonteisista liikkeistä Etelä-Pohjanmaalla Ylistaroa
koskevan aineiston pohjalta. Kalervo Ilmanen.?

Voutilainen, Pertti
1995   Rajaseututyön alkaminen Suomen evankelis-luterilaisessa kirkossa. –
Rajamailla   I. 1994. Toim. Kyösti Julku. Jyväskylä: Tekijät ja PSHY.

Väisänen, Heino
2002   Kainuun kansan vaiheita 2 vv 1901–2000. [Kajaani]: Tekijä.

Väisänen, Martti
1968   Taikoja, loitsuja, uskomuksia. –Suomussalmi. Toim. Hannes Kemppainen.
Helsinki: Otava.

Ylikangas, Heikki
1979   Körttiläiset tuomiolla. Massaoikeudenkäynnit heränneitä vastaan Etelä-
Pohjanmaalla 1830- ja 1840-lukujen taitteessa. Helsinki: Otava.

Henkilöhakemisto